Band 726

Grundriss der Psychologie

Herausgegeben von Bernd Leplow und Maria von Salisch

Begründet von Herbert Selg und Dieter Ulich

Diese Taschenbuchreihe orientiert sich konsequent an den Erfordernissen des Bachelorstudiums, in dem die Grundlagen psychologischen Fachwissens gelegt werden. Jeder Band präsentiert sein Gebiet knapp, übersichtlich und verständlich!

H. E. Lück
Geschichte der Psychologie

D. Ulich/R. Bösel
Einführung in die Psychologie

K. Rentzsch, A. Schütz
Psychologische Diagnostik

F. Rheinberg/R. Vollmeyer
Motivation

D. Ulich/P. Mayring
Psychologie der Emotionen

J. Kienbaum/B. Schuhrke
Entwicklungspsychologie der Kindheit

T. Faltermaier/P. Mayring/ W. Saup/P. Strehmel
Entwicklungspsychologie des Erwachsenenalters

H. M. Trautner
Allgemeine Entwicklungspsychologie

T. Greitemeyer
Sozialpsychologie

S. Trepte/L. Reinecke
Medienpsychologie

H.-P. Nolting/P. Paulus
Pädagogische Psychologie

L. Laux
Persönlichkeitspsychologie

J. Felfe
Arbeits- und Organisationspsychologie, Bd. 1 und 2

L. v. Rosenstiel/W. Molt/ B. Rüttinger
Organisationspsychologie

F. J. Schermer
Lernen und Gedächtnis

R. Guski
Wahrnehmung

T. Faltermaier
Gesundheitspsychologie

Sabine Trepte
Leonard Reinecke

Medienpsychologie

Verlag W. Kohlhammer

Dieses Werk einschließlich aller seiner Teile ist urheberrechtlich geschützt. Jede Verwendung außerhalb der engen Grenzen des Urheberrechts ist ohne Zustimmung des Verlags unzulässig und strafbar. Das gilt insbesondere für Vervielfältigungen, Übersetzungen, Mikroverfilmungen und für die Einspeicherung und Verarbeitung in elektronischen Systemen.

Die Wiedergabe von Warenbezeichnungen, Handelsnamen und sonstigen Kennzeichen in diesem Buch berechtigt nicht zu der Annahme, dass diese von jedermann frei benutzt werden dürfen. Vielmehr kann es sich auch dann um eingetragene Warenzeichen oder sonstige geschützte Kennzeichen handeln, wenn sie nicht eignes als solche gekennzeichnet sind.

Es konnten nicht alle Rechtsinhaber von Abbildungen ermittelt werden. Sollte dem Verlag gegenüber der Nachweis der Rechtsinhaberschaft geführt werden, wird das branchenübliche Honorar nachträglich gezahlt.

1. Auflage 2013

Alle Rechte vorbehalten
© 2013 W. Kohlhammer GmbH Stuttgart
Gesamtherstellung:
W. Kohlhammer Druckerei GmbH + Co. KG, Stuttgart
Printed in Germany

ISBN 978-3-17-021438-5

Inhalt

Geleitwort 9

Vorwort 11

1 Einleitung 13

1.1 Was ist Medienpsychologie? 14
1.2 Geschichte der Medienpsychologie 20
1.3 Medienpsychologie und Medienwissen 23
Zusammenfassung 24
Literaturempfehlungen 25

2 Methoden der Medienpsychologie 27

2.1   Der Forschungsablauf 27
2.2   Experiment 29
2.3   Befragung 35
2.3.1 Formen der Befragung 37
2.3.2 Vor- und Nachteile von Befragungen 40
2.4   Psychophysiologische Methoden 42
2.4.1 Elektrodermale Aktivität 43
2.4.2 Herzrate 44
3.4.3 Vor- und Nachteile psychophysiologischer
       Methoden 47
2.5   Weitere Methoden 48
2.5.1 Inhaltsanalyse 49
2.5.1 Qualitative Verfahren 50
Zusammenfassung 51
Literaturempfehlungen 51

3 Medienselektion 53

3.1 Persönlichkeit und Medienwahl 54
3.2 Medienwahl als Streben nach Konsistenz 59

3.3 Soziale Identität und Medienwahl 63
3.4 Emotionsbezogene Medienwahl 66
3.5 Aktuelle Ansätze zur Medienwahl 72
Zusammenfassung 74
Literaturempfehlungen 75

4 Medienrezeption 77

4.1 Kognitive Verarbeitung von Medienbotschaften 77
4.1.1 Kognitive Prozesse bei der Nutzung von
 Lernmedien 82
4.2 Emotionen bei der Medienrezeption 88
4.2.1 Affective Disposition Theory 90
4.2.2 Excitation Transfer 94
4.3 Unterhaltungserleben 96
4.4 Die Auseinandersetzung mit Medienfiguren 97
4.4.1 Parasoziale Interaktionen und parasoziale
 Beziehungen 98
4.4.2 Identifikation mit Medienfiguren 101
4.5 Eintauchen in mediale Welten 105
4.5.1 Involvement 105
4.5.2 Präsenzerleben 107
4.5.3 Flow 109
Zusammenfassung 112
Literaturempfehlungen 113

5 Medienwirkungen 116

5.1 Priming 116
5.2 Sozial-kognitive Theorie der Massenkommunikation 121
5.3 Elaboration-Likelihood-Model 127
5.4 Emotionale Desensibilisierung 133
Zusammenfassung 137
Literaturempfehlungen 138

6 Medienwirkungen auf aggressives und prosoziales Verhalten 140

6.1 Die Wirkung von Medien auf aggressives Verhalten 140
6.1.1 General Aggression Model und kurzfristige Medienwirkungen 143
6.1.2 General Aggression Model und langfristige Medienwirkungen 147
6.1.3 Kritik an der Forschung zu Gewaltwirkungen 149
6.2 Die Wirkung von Medien auf prosoziales Verhalten 151
Zusammenfassung 155
Literaturempfehlungen 156

7 Computervermittelte Kommunikation 157

7.1 Einleitung 157
7.2 Modelle der computervermittelten Kommunikation 159
7.2.1 Hyperpersonal Model 164
7.2.2 SIDE-Model 169
7.3 Sozial-Kognitive Prozesse der CvK 173
7.3.1 Selbstoffenbarung im Internet 173
7.3.2 Selbstdarstellung im Internet 175
7.3.3 Soziale Beziehungen im Netz 178
Zusammenfassung 181
Literaturempfehlungen 182

8 Mensch-Computer-Interaktion und virtuelle Umgebungen 184

8.1 Einleitung 185
8.2 Computer als soziale Akteure oder Maschinen? 187
8.3 Gestaltung und Wirkung der MCI 193
8.4 Virtuelle Umgebungen 197
Zusammenfassung 201
Literaturempfehlungen 203

9 Medienkompetenz 204

9.1 Einführung und Definition 205
9.2 Das Bielefelder Medienkompetenzmodell
 von Baacke 206
9.3 Groebens Prozessmodell der Medienkompetenz ... 208
9.4 Media Literacy 211
9.5 Die Erfassung der Medienkompetenz 212
9.6 Anwendungsbeispiel: Medienkompetenz älterer
 Menschen im Umgang mit dem Internet 216
Zusammenfassung 217
Literaturempfehlungen 219

10 Berufsfelder 220

10.1 Mediaforschung 220
10.2 Medienentwicklung 225
10.3 Marketing 228
10.4 Unternehmensberatung 231
10.5 Coaching, Beratung, Therapie 233
Zusammenfassung 235
Literaturempfehlungen 236

Danksagung 238

Literatur 239

Stichwortverzeichnis 273

Geleitwort

Neue Studiengänge brauchen neue Bücher! Bachelor und Master sind nicht einfach verkürzte Diplom- oder Magisterausbildungen, sondern stellen etwas qualitativ Neues dar. So gibt es jetzt Module, die in sich abgeschlossen sind und aufeinander aufbauen. Sie sind jeweils mit Lehr- und Lernzielen versehen und spezifizieren sehr viel genauer als bisher, welche Themen und Methoden in ihnen zu behandeln sind. Aus diesen Angaben leiten sich Art, Umfang und Thematik der Modulprüfungen ab. Aus der Kombination verschiedener Module ergeben sich die neuen Bachelor- und Masterstudiengänge, welche in der Psychologie konsekutiv sind, also aufeinander aufbauen. Die Bände der Reihe »Grundriss der Psychologie« konzentrieren sich auf das umgrenzte Lehrgebiet des Bachelor-Studiums.

Da im Bachelorstudium die Grundlagen des psychologischen Fachwissens gelegt werden, ist es uns ein Anliegen, dass sich jeder Band der Reihe »Grundriss der Psychologie« ohne Rückgriff auf Wissen aus anderen Teilgebieten der Psychologie lesen lässt. Jeder Band der Grundrissreihe orientiert sich an einem der Module, welche die Deutsche Gesellschaft für Psychologie (DGPs) im Jahr 2005 für die Neugestaltung der Psychologieausbildung vorgeschlagen hat. Damit steht den Studierenden ein breites Grundwissen zur Verfügung, welches die wichtigsten Gebiete aus dem vielfältigen Spektrum der Psychologie verlässlich abdeckt. Dies ermöglicht nicht nur den Übergang auf den darauf aufbauenden Masterstudiengang der Psychologie, sondern auch eine erste Berufstätigkeit im psychologisch-assistierenden Bereich.

So führt der Bachelorabschluss in Psychologie zu einem eigenen, berufsbezogenen Qualifikationsprofil. Aber auch Angehörige anderer Berufe können von einer ergänzenden Bachelorausbildung in Psychologie profitieren. Überall dort, wo menschliches Verhalten und Erleben Entscheidungsabläufe beeinflusst, hilft ein fundiertes Grundwissen in Psychologie. Die Bandbreite reicht vom Fachjournalismus über den Erziehungs- und Gesundheitsbereich, die Wirtschaft mit diversen Managementprofilen, die Architektur und die Ingenieurwissenschaften bis hin zu Führungspositionen in Militär und Polizei. Die Finanz- und Wirtschaftskrise der Jahre 2008/09 ist nur ein Beispiel für die immense Bedeutung von Verhaltensfaktoren für gesellschaftliche Abläufe. Die wissenschaftliche Psychologie bietet insofern ein Gerüst, über welches man auf die Gesellschaft positiv Einfluss nehmen kann. Daher können auch Studierende und Praktiker aus anderen als den klassischen psychologischen Tätigkeitsfeldern vom Bachelorwissen in Psychologie profitieren. Weil die einzelnen Bände so gestaltet sind, dass sie psychologisches Grundlagenwissen voraussetzungsfrei vermitteln, sind sie also auch für Angehörige dieser Berufsgruppen geeignet.

Jedes Kapitel ist klar gegliedert und schließt mit einer übersichtlichen Zusammenfassung. Literaturempfehlungen und Fragen zur Selbstüberprüfung runden die Kapitel ab. Als weitere Lern- und Verständnishilfen wurden Exkurs-Kästen, Beispiele und Erklärungen aufgenommen. In einigen Bänden finden sich darüber hinaus Definitionen, und wo es sich anbietet, wird besonders Wichtiges in einem Merke-Satz wiederholt.

Wir möchten den ausgeschiedenen Herausgebern für ihre inspirierende Arbeit an dieser Reihe danken und hoffen, auch weiterhin auf ihre Erfahrungen zurückgreifen und ihren wertvollen Rat in Anspruch nehmen zu können. Den Leserinnen und Lesern wünschen wir vielfältige Erkenntnisse und Erfolge mit den Bänden der Reihe »Grundriss der Psychologie«.

Maria von Salisch
Bernd Leplow

Vorwort

Medienpsychologie adressiert die spannendsten Themen unserer Zeit: Das menschliche Erleben und Verhalten als immer herausforderndes wissenschaftliches Problem auf der einen Seite und Medien als ultrakomplexe, ästhetisch und kulturell geprägte Kreativprodukte auf der anderen. Mit kaum einer anderen Tätigkeit verbringen Menschen so viel Zeit wie mit der Mediennutzung, so dass ihre Gefühle, Gedanken und Handlungen in erheblichem Maße von Mediennutzung und Medienkommunikation geprägt sind. Gleichzeitig sind Medien das Produkt der menschlichen Auseinandersetzung und von Menschen gemacht.

Wir finden das Fach Medienpsychologie so inspirierend wie kein anderes. Unseren Studierenden geht es häufig ebenso, und ihnen möchten wir diesen Band widmen. Wir sind dankbar dafür, dass sie unsere Begeisterung teilen, und auch dafür, dass sie uns immer wieder mit ihren Medienrepertoires und ihren Vorstellungen zur Mediennutzung erschrecken. Mit ihren daraus resultierenden Fragen erschüttern sie immer wieder aufs Neue die Grundfesten der medienpsychologischen Forschung und zwingen uns damit, unser Fach niemals nur akademisch, sondern immer auch im Spiegel ihrer Medienrealität zu verstehen.

Sabine Trepte und Leonard Reinecke
September 2012

1 Einleitung

Medienpsychologie ist ein lebensnahes Fach, dessen Themen fest im Alltag verankert sind. Die meisten Menschen verbringen täglich viele Stunden mit Fernsehen, dem Surfen im Internet, Lesen und Musikhören. Unser gesamter Alltag ist durch die Mediennutzung geprägt, sei es im Beruf oder in der Freizeit. Aus der Mediennutzung resultieren viele Fragen dazu, warum wir bestimmte Medieninhalte auswählen, wie wir uns während der Rezeption fühlen und welche Wirkungen diese Medienangebote auf unser Denken und Handeln haben. All diesen Fragen widmet sich die Medienpsychologie.

In diesem Kapitel werden die grundlegenden Definitionen und das Selbstverständnis des Faches Medienpsychologie dargestellt. Im Abschnitt 1.1 wird gezeigt, dass Medienpsychologie entlang von zwei Strukturen verstanden und definiert werden kann. Einmal anhand der psychologischen Trias: Emotion, Kognition und Verhalten. Darüber hinaus anhand der Formen der Mediennutzung: Selektion, Rezeption, Wirkung, Kommunikation. Wir zeigen, wie wir dieses Buch anhand beider Strukturen – der psychologischen und der medienbezogenen – gegliedert haben und welche Forschungsfragen den jeweiligen Strukturen zuzuordnen sind.

Im Abschnitt 1.2 skizzieren wir kurz die Geschichte der Medienpsychologie. Dies bietet sich gerade bei einem jungen Fach wie dem unseren an, um die in diesem Buch behandelten Themenschwerpunkte vor dem Hintergrund der theoretischen und thematischen Entwicklungen des Faches verstehen und einordnen zu können.

Im Abschnitt 1.3 zeigen wir auf, dass Medienpsychologie auch das Wissen über den Medienmarkt, Quoten, Reichweiten und repräsentative Nutzerzahlen beinhaltet. Wir zeigen

> auf, warum »kalte Zahlen« die Voraussetzung für fundierte medienpsychologische Forschung sind und wo man sie recherchieren kann.

1.1 Was ist Medienpsychologie?

Die Grundlage für dieses Lehrbuch zur Medienpsychologie ist die Auseinandersetzung mit dem Selbstverständnis des Faches, mit seiner Historie und seinen Perspektiven. Einsteigen möchten wir hier mit den wesentlichen Definitionen. Dazu zerlegen wir den Begriff Medienpsychologie in seine Bestandteile und fügen dann die Einzelteile wieder zusammen. Die Bezeichnung Medienpsychologie setzt sich aus »Medien« auf der einen und »Psychologie« auf der anderen Seite zusammen. Insofern definieren wir zunächst diese beiden Begriffe, um dann zu einer übergreifenden Definition des Begriffs Medienpsychologie zu gelangen.

Massenmedien sind Übertragungskanäle, die Informationen bzw. Inhalte an ein Publikum übermitteln oder Organisationsformen. Man unterscheidet klassische Medien von neuen Medien. Zu den klassischen Medien werden Funkmedien (Radio, Fernsehen), Druck- und Pressemedien (Zeitung, Zeitschrift, Buch) sowie Bild- und Tonträgermedien (Kino, Film, Video, CD) gezählt. Zu den neuen Medien zählen Medien, die sich computervermittelt realisieren lassen. Demnach bezieht sich *Massenkommunikation* vor allem auf die durch die hier genannten technischen Verbreitungsmittel stattfindende Kommunikation. Sieben Kriterien beschreiben die Massenkommunikation mit klassischen Medien, also dem Fernsehen, Radio und der Presse (Kunczik & Zipfel, 2005). Demnach bezieht sich Massenkommunikation auf die Kommunikation von (1) Inhalten, (2) die kontinuierlich und regelmäßig mithilfe von (3) Medien (4) in der Regel gleichzeitig einer Vielzahl von Personen übermittelt wird. Diese ist (5) öffentlich und ohne Zugangsberechtigung, (6) einseitig und ohne dass Kommunikator und Rezipient die Rollen tauschen können sowie (7) ohne direkte Rückkopplung vom Rezipienten an den Kommunikator.

In der Medienpsychologie sind jedoch nicht nur Massenmedien und Massenkommunikation, sondern auch die *Individualkommunikation* und die dafür benötigten Kommunikationsmedien (wie z. B. ein Smartphone oder ein Computer mit E-Mail-Programm) von Interesse (Six, Gleich, & Gimmler, 2007). Zwei Formen der Individualkommunikation möchten wir hier unterscheiden: Die *direkte interpersonale Kommunikation* erfolgt in sozialen Situationen und innerhalb kleiner Gruppen oder Dyaden. Sie findet als *Face-to-face-Kommunikation* ohne Medieneinsatz statt. Im Gegensatz dazu kommunizieren Menschen bei der *computervermittelten* Individualkommunikation zunächst mit Maschinen. Entweder werden Computer verwendet, um eine (indirekte) Interaktion zwischen Personen zu ermöglichen (computervermittelte Kommunikation). Oder User kommunizieren direkt mit Anwendungen bzw. dem Computer (Mensch-Computer-Interaktion).

Sowohl für die Massen- als auch für die Individualkommunikation spielen Sender, Empfänger und die vermittelte Botschaft eine Rolle. Mit dem Internet sind außerdem eine Reihe von Schnittmengen zwischen interpersonaler- und Massenkommunikation entstanden. Die öffentlich produzierten Inhalte auf sozialen Netzwerkseiten entsprechen beispielsweise sowohl den Kriterien der Massenkommunikation als auch der computervermittelten Individualkommunikation. Konflikte bringt das nicht nur für die wissenschaftlichen Definitionen, sondern zuweilen auch für die User, die sich manches Mal nicht sicher sind, ob sie öffentlich oder persönlich kommunizieren (Schmidt, 2009).

Ausgehend von dem Verständnis von Medien und Kommunikation wenden wir uns nun dem zweiten Teil des Begriffs Medienpsychologie zu. Die Aufgabe der *Psychologie* wird in der Regel darin gesehen, das menschliche Erleben und Verhalten zu beschreiben, zu erklären und zu prognostizieren (Lück, 2011). Dementsprechend lässt sich aus diesen beiden Bereichen die folgende Definition ableiten (vgl. Definition):

Definition
▶ *Medienpsychologie*
Medienpsychologische Forschung beschäftigt sich mit der Beschreibung, Erklärung und Prognose des Erlebens und Verhal-

tens, das mit Medien verknüpft ist bzw. das aufgrund oder während der Mediennutzung stattfindet. ◄◄

Dieser globale Anspruch wird nicht in allen Definitionen vertreten. In den Anfängen der Medienpsychologie definierte Peter Winterhoff-Spurk, der als einer der Begründer dieser Forschungsrichtung gilt, Medienpsychologie als psychologische Teildisziplin mit der Aufgabe, »eine Beschreibung und Erklärung desjenigen Verhaltens von Individuen zu geben, das durch Medien beeinflusst wird« (Winterhoff-Spurk, 1989, S. 18). Medienwirkung steht hier als Aufgabenstellung im Vordergrund, Medienselektion und -rezeption hingegen werden in dieser Definition nicht angesprochen. Darüber hinaus wird das Verhalten als die vorrangige psychologische Dimension genannt. Später wurde »auch das Handeln, das Denken und das Fühlen im Zusammenhang mit der Nutzung von Medien in den Fokus medienpsychologischer Forschung« (Vorderer & Trepte, 2000, S. 707) gerückt und »die der Mediennutzung vorausgehenden sowie die sie begleitenden Kognitionen, Emotionen und Handlungen« (ebd.) untersucht. Dementsprechend lassen sich von dieser Definition zwei Ansätze ableiten, anhand derer die medienpsychologische Forschung gegliedert werden kann (vgl. Merksatz).

Merke
▶ Das Fach Medienpsychologie lässt sich anhand zweier Ansätze gliedern: Erstens anhand der psychologischen Trias *Emotion*, *Kognition* und *Verhalten* und zweitens anhand der Formen der Mediennutzung: *Selektion*, *Rezeption*, *Wirkung* und *medienvermittelte Kommunikation*. ◄◄

Zum besseren Verständnis erläutern wir hier zunächst die im Merksatz verwendeten Begriffe: *Emotionen* beschreiben das Fühlen und den Affekt, *Kognition* beschreibt das Denken. *Verhalten* bezeichnet jegliche beobachtbare Reaktion.

Die *Medienselektion* bezieht sich auf alles, was sich vor der eigentlichen Medienrezeption abspielt. Die *Medienrezeption* umfasst den Prozess der Mediennutzung im engeren Sinne. Dabei handelt es sich zunächst nur um die passiven Aspekte der Mediennutzung. Die *Medienwirkung* umfasst den Einfluss der Mediennutzung auf die der Rezeption nachfolgenden Gedanken, Gefühle und Verhaltensweisen. Die *medienvermittelte Kommunikation* umfasst die aktive Kommunikation und ergänzt deshalb den Begriff der Rezeption im Hinblick auf viele Medienangebote. Wenn beispielsweise im Internet ein Nachrichtentext rezipiert wird, so ist das eine primär passive Nutzungsform. Wenn jedoch im Nachhinein mit anderen face-to-face oder computervermittelt darüber kommuniziert wird, so gehen aktive und passive Nutzungsformen Hand in Hand.

Um nun beide Ansätze – die psychologische Trias und die Formen der Mediennutzung – mit Leben zu füllen, sind in **Tabelle 1.1** die wichtigsten sie betreffenden Forschungsfragen zusammengefasst.

Wir haben uns bei der Konzeption dieses Buches für eine Gliederung entsprechend der Formen der Mediennutzung entschieden. Diese Gliederung erscheint uns für ein Studienbuch am besten nachvollziehbar, weil sie das unmittelbare Medienerleben und die Mediennutzung aufgreift. Ganz explizit entscheiden wir uns damit in der Gliederung für eine anwendungsorientierte Perspektive, um die Lesbarkeit des Bandes für Studierende zu erhöhen und die Bezüge zur eigenen Mediennutzung herzustellen. Die psychologische Trias Emotion, Kognition und Verhalten findet man dann innerhalb der einzelnen Kapitel wieder.

Tab. 1.1: Medienpsychologische Forschungsfragen nach Formen der Mediennutzung (erste Spalte), und nach Dimensionen des psychologischen Erlebens und Verhaltens (erste Zeile)

	Emotion	Kognition	Verhalten	Kapitel
Selektion	Wie beeinflussen Stimmungen die Selektion unterhaltsamer Fernsehinhalte und warum hören wir gern traurige Musik?	Haben politische Einstellungen einen Einfluss darauf, welche Inhalte einer Zeitung wir lesen?	Haben politische Diskussionen mit anderen Personen einen Einfluss auf die Auswahl und Präferenz der Nachrichtenmedien?	Kapitel 3
Rezeption	Wie entsteht Spannungserleben beim Anschauen eines Films?	Welche Rolle spielen Aufmerksamkeit, Verarbeitungstiefe und Involvement bei der Rezeption?	Mit welchen sichtbaren Verhaltensweisen (z. B. Auslachen, Anfeuern, Kommentieren der Handlung) reagieren Rezipientinnen und Rezipienten auf Charaktere in den Medien?	Kapitel 4
Wirkung	Kann die dauerhafte Nutzung gewalthaltiger Medien zur emotionalen Abstumpfung führen?	Wie beeinflussen persuasive Botschaften (z. B. Werbung oder politische Kampagnen) unsere Einstellungen?	Hat die Darstellung überschlanker Models im Fernsehen einen Einfluss auf das Essverhalten von Frauen und Mädchen?	Kapitel 5 und Kapitel 6
Computervermittelte Kommmunikation (CvK)	Welche psychophysiologischen Reaktionen zeigen sich während des Empfangens von Nachrichten in den Social-Media-Plattformen?	Warum ist die Identifikation mit der eigenen Gruppe während der Online-Kommunikation wichtiger als bei der Offline-Kommunikation?	Welche Formen der Kommunikation – z. B. im Hinblick auf Breite und Tiefe – kennzeichnen verschiedene Kommunikationsmedien?	Kapitel 7

Mensch-Computer-Interaktion (MCI)	Empfinden Menschen gegenüber menschlich gestalteten technischen Schnittstellen menschliche Emotionen wie Zuneigung oder Freundschaft?	Welche Gestaltungskriterien eines virtuellen Agenten beeinflussen, wie überzeugend die von ihm dargebotenen Inhalte wahrgenommen werden?	Legen Menschen gegenüber Computern ähnliche Maßstäbe der Kommunikation an wie in der direkten Individualkommunikation?	Kapitel 8
Medienkompetenz	Sind Rezipientinnen und Rezipienten in der Lage, Medien auszuwählen, die Unterhaltung oder Genuss versprechen?	Verstehen die Mediennutzerinnen und -nutzer rezipierte Medieninhalte und können einen Transfer auf ihren Alltag leisten?	Sind Mediennutzerinnen und -nutzer in der Lage, Medien selbst zu erstellen und zu produzieren?	Kapitel 9

1.2 Geschichte der Medienpsychologie

Medienpsychologische Forschung arbeitet mit den Theorien und empirischen Erkenntnissen einer Vielzahl psychologischer Grundlagenfächer. Im Hinblick auf die institutionelle Abgrenzung wird Medienpsychologie als Subdisziplin der Psychologie definiert und als »Fachgruppe Medienpsychologie« in der Deutschen Gesellschaft für Psychologie (DGPs) sowie in Form medienpsychologischer Lehrstühle an psychologischen Fachbereichen organisiert. Darüber hinaus hat das Fach viele Überschneidungsbereiche mit der Kommunikationswissenschaft und der Kommunikationspsychologie.

In diesem Abschnitt werden wir die Geschichte der Medienpsychologie anhand von drei Phasen betrachten (für einen ausführlichen Überblick vgl. Trepte, 2004b).

1900 bis 1950

In der ersten Phase wurden bereits medienbezogene Fragen an einigen (vor allem deutschen) Lehrstühlen bearbeitet, das Fach Medienpsychologie wurde jedoch noch nicht als solches bezeichnet. Die medienpsychologische Forschung wurde für Psychologinnen und Psychologen zunehmend interessanter, weil Medien im Alltag der Menschen an Bedeutung gewannen. Der erste Stummfilm wurde 1895 in den USA und 1912 in Deutschland vorgeführt. Aufgrund der Reaktionen der Menschen auf diese neue Form der Unterhaltung und Information ergaben sich wissenschaftliche Fragestellungen und erste Veröffentlichungen im »Journal of Applied Psychology« (ab 1917). Diese Artikel thematisierten die Mediennutzung im Zusammenhang mit der Soziodemografie, mit Persönlichkeitseigenschaften und dem Lernverhalten der Menschen.

Die ersten medienpsychologischen Forschungsarbeiten thematisierten die Bedeutung des Stummfilms für Gesellschaft und Individuum und beschäftigten sich deskriptiv mit psychologischen Wirkungen und Ästhetik. Beispielhaft ist hier die Studie von Hugo Münsterberg zu nennen. Hugo Münsterberg war ein Schüler Wilhelm Wundts, der als Begründer der Psychologie gilt

(Lück, 2011). In seiner Arbeit adressiert Münsterberg (1916) den Unterschied zwischen der Rezeption des Stummfilms und des Theaters und kommt zu dem Schluss, dass ein tiefgehendes Verständnis und Mitfühlen beim Film schwerer fallen müsse, weil die Schnitte und Close-ups dazu führen, dass der Erzählfluss unterbrochen und verkürzt wiedergegeben wird.

Paul F. Lazarsfeld gilt als einer der Begründer der frühen Medienforschung und widmete sich vor allem dem Medium Radio. Er war Schüler der großen Denkpsychologen Karl und Charlotte Bühler und führte mit seiner damaligen Frau Herta Herzog Studien zum Erleben der Stimme von Radiosprechern in Wien durch (Langenbucher, 2008). Gordon W. Allport widmete sich ebenfalls dem Rundfunk. Er veröffentlichte gemeinsam mit Hadley Cantril das bis heute spannende Buch »The psychology of radio« (Cantril & Allport, 1935).

1950 bis 1985

In der zweiten Phase erlebten medienpsychologische Forschungsfragen einen Boom, der zunächst durch die flächendeckende Ausstattung der deutschen Bevölkerung mit Fernsehgeräten hervorgerufen wurde und der dann durch die Privatisierung des Fernsehens weiteren Vorschub erfuhr. In dieser Zeit wurden die beforschten Themen vielfältiger, und das Fach wurde erstmalig als »Medienpsychologie« bezeichnet. Stark beforschte Gebiete dieser Zeit waren Kinder, Gewalt und Medien, Medienkompetenz, Wirkung der Medien auf Einstellungen und psychophysiologische Methoden. Kennzeichnend für diese zweite Phase ist der Widerstreit zweier grundsätzlicher Ansichten und Ansätze. Zum einen wurden Medien als einflussreich wahrgenommen und der Einfluss der Rezipientinnen und Rezipienten nach heutiger Auffassung häufig unterschätzt. Den »starken Medien« unterstellte man, dass sie Menschen mit ihren Botschaften beeinflussen, ohne dass diese sich des Einflusses erwehren können (Groebel, 1986). Zum anderen war – als Reaktion auf diese Überzeugung – das Thema Medienkompetenz populär (vgl. Kap. 9). Wissenschaftlerinnen und Wissenschaftler aus der Psychologie befassten sich intensiv mit der Frage, wie Medien rezipiert werden sollten, um möglichst nützlich zu sein, und sie diskutierten, welche Eigenschaften und welches Wissen auf Seiten der Rezipientinnen und Rezipienten vorhanden sein müssten, damit dies gelingt.

Der Einfluss der »kognitiven Wende« im Mutterfach Psychologie ist den Forschungsthemen dieser Zeit deutlich anzumerken. In den 1950er Jahren rückten das menschliche Denken und seine Wirkung auf Kognition, Emotionen und Verhalten als Forschungsgegenstand in den Fokus (Shiraev, 2011). Die psychologischen Modelle und Theorien dieser Zeit sind im weitesten Sinne Kommunikationsmodelle bzw. betrachten »Information Processing« (Newell, 1994). Grundlegend ist eine Computer-Metapher: Der Mensch wurde – vereinfacht gesprochen – als ein System gesehen, das mit Daten gefüttert wird, sie verarbeitet und Ergebnisse auswirft. Denkprozesse werden mit Algorithmen bzw. Plänen und die menschliche Kognition mit einem Rechenvorgang verglichen (Lück, 2011). In den sozial-kognitiven Modellen werden dabei sowohl Motive und interne Ziele als auch »externe« Stimuli (z. B. Medien oder andere Einflüsse aus der Umwelt) berücksichtigt. Die Kognitionspsychologie ist in der Psychologie in den 1970er Jahren zur dominierenden Richtung geworden, und ihre Einflüsse sind in der Medienpsychologie bis heute deutlich nachvollziehbar und spürbar.

Die Konsistenztheorien (vgl. ausführlich Abschnitt 3.2) und die Persuasionsforschung (vgl. ausführlich Abschnitt 5.3) spielten ebenfalls eine wichtige Rolle. Als wichtige Vertreter dieser Zeit und als Begründer der heutigen Medienpsychologie können Hertha Sturm, Peter Winterhoff-Spurk und Peter Vitouch gelten. Hertha Sturm befasste sich mit der »fehlenden Halbsekunde« bei der Fernsehrezeption. Sie postulierte, dass – im Gegensatz zu anderen, nicht audio-visuellen Formen der Rezeption – oft eine halbe Sekunde für eine tiefe Verarbeitung der Inhalte fehle (Sturm, 1984), ein Postulat dessen Gültigkeit als sehr umstritten gelten kann. Peter Winterhoff-Spurk machte sich neben seinen inhaltlichen Beiträgen zum Einfluss der Nachrichtenrezeption auf Einstellungen insbesondere um die Entwicklung des Selbstverständnisses und die institutionelle Weiterentwicklung des Faches verdient (Winterhoff-Spurk,

1989, 1998). Peter Vitouchs Leistung war es, die psychophysiologische Forschung als medienpsychologische Methode zu initiieren (Vitouch, 1980).

1985 bis heute

In der dritten Phase fand eine starke inhaltliche Weiterentwicklung und institutionelle Konsolidierung statt. Institute und Lehrstühle führten nun die »Medienpsychologie« im Titel, die Fachgruppe Medienpsychologie wurde innerhalb der DGPs gegründet. Die wichtigsten Vertreterinnen und Vertreter dieser Zeit werden in diesem Band vorgestellt, ebenso wie die zentralen Erkenntnisse, Theorien und Perspektiven.

1.3 Medienpsychologie und Medienwissen

Medienpsychologie kann nicht ohne Medienwissen sinnvoll verstanden und beforscht werden. Anstatt an dieser Stelle die aktuellen Mediennutzungszahlen wiederzugeben, gestalten wir diesen Abschnitt als eine Aufgabe zum Selbststudium. Die eigene Recherche aktueller Nutzerzahlen und Marktdaten befähigt aus unserer Sicht, diese Zahlen und Fakten zu verstehen und sie kritisch im Kontext der jeweiligen Studien zu reflektieren.

Im Folgenden werden die fünf wichtigsten Quellen zur Recherche der Nutzerdaten und Medienmärkte angegeben.

Merke
▶ *Die wichtigsten Quellen zur Recherche der Mediennutzung und des Medienmarktes*

1. *Media Perspektiven:* Monatlich werden Artikel zum Medienmarkt, zu aktuellen Medienangeboten und dem Nutzungsverhalten publiziert. Die Beiträge sind kostenlos zugänglich und basieren häufig auf großangelegten, repräsentativen Studien. Es handelt sich um eine von der ARD/ZDF-Fernsehforschung finanzierte Fachzeitschrift.
www.media-perspektiven.de

2. *Media Perspektiven Basisdaten:* Eine jährliche Publikation der Media Perspektiven, in der alle Daten zu Nutzungsdauer, Nutzungshäufigkeit audiovisueller Medien und zu den Auflagen der Printmedien aus verschiedenen Studien und Erhebungen zusammengefasst sind.
www.ard.de/intern/medienbasisdaten
3. *ARD/ZDF-Langzeitstudie Massenkommunikation:* Die Langzeitstudie Massenkommunikation ist eine seit 1964 laufende Studie. Diese längsschnittlichen Daten beziehen sich teilweise auf dieselben Befragten und teilweise auf jährlich wechselnde Befragte.
(van Eimeren & Ridder, 2010)
4. *KIM, JIM, FIM:* Vom Medienpädagogischen Forschungsverbund Süd-West werden jährlich drei repräsentative Studien durchgeführt, die sich dem Mediennutzungsverhalten von Kindern (KIM), Jugendlichen (JIM) und Familien (FIM) befassen. Diese stehen im Internet frei zum Download zur Verfügung.
www.mpfs.de
5. *Daten der Medienforschungsunternehmen:* Von Medienforschungsunternehmen wie Nielsen oder Comscore werden regelmäßig Nutzungsdaten erhoben und veröffentlicht. Ein Teil dieser demografischen- und Mediennutzungsdaten sind frei zugänglich.
www.comscore.com
www.nielsen-wire.com ◄◄

Zusammenfassung

Mit dem Fach Medienpsychologie betrachten wir die gesamte Bandbreite des menschlichen Erlebens und Verhaltens im Kontext der Mediennutzung. Zur Gliederung der Kapitel dieses Buches werden die Formen der Mediennutzung verwendet: Medienselektion, Medienrezeption, Medienwirkung und medienvermittelte Kommunikation dienen als Leitfaden, anhand dessen die Inhalte der Medienpsychologie vorgestellt werden.

Die Geschichte der Medienpsychologie kann in drei Phasen unterteilt werden: Die frühe Phase bis 1950, in der Psychologinnen und Psychologen sich für medienbezogene Fragen interessierten, aber diese noch nicht als eigene Forschungstradition verstanden; die Phase des Forschungsbooms bis 1985; und die Phase nach 1985, welche bis in die Gegenwart reicht und in der nicht nur die Benennung des Faches, sondern auch die Gründung der gleichlautenden Fachgruppen, Lehrstühle und Institute zu einer Konsolidierung des Faches mit der Herausbildung einzelner Schulen und Forschungstraditionen geführt hat.

Neben der Darstellung von Definitionen und der Geschichte in diesem Kapitel ist für ein vollständiges Begreifen der Medienpsychologie auch das Wissen über Nutzungsgewohnheiten, Nutzergruppen und Märkte relevant. Nur wenn Medienpsychologinnen und Medienpsychologen aus repräsentativen Studien die genaue Nutzungsdauer und -häufigkeit für die klassischen und neuen Medien kennen, können sie die Relevanz ihrer Forschung für die Medienpraxis einschätzen.

Literaturempfehlungen

Six, U., Gleich, U. & Gimmler, R. (2007). Kommunikationspsychologie. In U. Six, U. Gleich & R. Gimmler (Hrsg.), *Kommunikationspsychologie und Medienpsychologie* (S. 21–24). Basel: Beltz.

Trepte, S. (2012). Medienpsychologische Grundlagen. In W. Schweiger & A. Fahr (Hrsg.), *Handbuch Medienwirkungen*. Wiesbaden: VS-Verlag.

Winterhoff-Spurk, P. (1998). Psychologie und Medienpsychologie – Perspektiven einer langen Freundschaft? *Medienpsychologie, 4*, 231–240.

Fragen zur Selbstüberprüfung

1. Definieren Sie »Medienpsychologie«.
2. Nennen Sie die sieben Kriterien zur Definition der Massenkommunikation mit klassischen Medien.
3. Warum sind Massen- und Individualkommunikation heute nicht immer klar voneinander abzugrenzen?
4. Nennen Sie die vier Formen der Mediennutzung und darüber hinaus eine Beispielforschungsfrage für jeden der Prozesse.

5. Welche drei Phasen der medienpsychologischen Geschichte lassen sich unterscheiden?
6. Warum haben Medienentwicklungen stets einen Einfluss auf die medienpsychologische Forschung gehabt?
7. Recherchieren Sie anhand der in diesem Kapitel angegebenen Quellen: Wie lange sieht ein Deutscher durchschnittlich fern?
8. Recherchieren Sie anhand der in diesem Kapitel angegebenen Quellen: Wie lange surfen die Deutschen pro Tag durchschnittlich im Internet?
9. Recherchieren Sie anhand der in diesem Kapitel angegebenen Quellen: Wie viel Zeit pro Tag verbringen Deutsche durchschnittlich mit dem Lesen der Zeitung?

2 Methoden der Medienpsychologie

Die Medienpsychologie ist eine empirische Wissenschaft. Die meisten Erkenntnisse stammen aus wissenschaftlichen Studien. Deshalb ist es wichtig, die grundlegenden Methoden zu kennen und zu verstehen. Vor allem Experimente, quantitative Befragungen und psychophysiologische Methoden haben sich in der Vergangenheit als geeignet erwiesen, die meisten medienpsychologischen Forschungsfragen zu beantworten.

Die verschiedenen Methoden kennenzulernen und zu verstehen, wie und warum sie verwendet werden, ist das Lernziel dieses Kapitels. Es ergänzt, aber ersetzt nicht das Studium der grundlegenden Lehrbücher im Bereich der Statistik und Methoden (vgl. Literaturempfehlungen am Ende des Kapitels). Im Folgenden werden der Forschungsablauf (Abschnitt 2.1), das Experiment (vgl. Abschnitt 2.2), die Befragung (vgl. Abschnitt 2.3), psychophysiologische Methoden (vgl. Abschnitt 2.4) und andere Ansätze wie beispielsweise qualitative Verfahren und die Inhaltsanalyse (vgl. Abschnitt 2.5) vorgestellt, ihre Chancen und Einschränkungen im Kontext der Medienpsychologie diskutiert.

2.1 Der Forschungsablauf

Ebenso wie die Psychologie basiert die Medienpsychologie auf einem fest definierten Forschungsablauf (vgl. **Abb. 2.1**, vgl. auch Bortz & Döring, 2006). Am Anfang steht das wissenschaftliche »Problem«, das einen spezifischen Aspekt des Erlebens und Verhaltens im Umgang mit (neuen) Medien umfassen kann. Beispielsweise interessieren sich Medienpsychologinnen und -psychologen seit dem Aufkommen der sozialen Netzwerke für den

Umgang mit Privatsphäre, der Selbstdarstellung und Selbstoffenbarung im Internet (Trepte & Reinecke, 2011b). Eine *Forschungsfrage* könnte hier lauten: »Verändert die Preisgabe privater Informationen in den sozialen Netzwerken das individuelle Bedürfnis nach Privatsphäre?«. Wenn das Problem benannt ist, wird es mit den vorhandenen Daten zur Mediennutzung konkretisiert (z. B. aus der Zeitschrift »Media Perspektiven«, vgl. dazu Abschnitt 1.3). Forscherinnen und Forscher finden heraus, wie viele Menschen eigentlich in sozialen Netzwerken aktiv sind. Daraufhin werden psychologische *Theorien* zur Privatsphäre und zur Selbstoffenbarung betrachtet. Basierend auf diesen Informationen werden *Hypothesen* aufgestellt. Eine Hypothese könnte beispielsweise lauten: Menschen, die seit mehreren Jahren in den Netzwerken aktiv sind, haben ein geringeres Bedürfnis nach Privatsphäre als Personen, die erst seit kurzem in sozialen Netzwerken aktiv sind. Im nächsten Schritt müssen eine geeignete *Methode* gefunden und die in der Hypothese benannten Variablen operationalisiert werden. Hier könnte sich eine längsschnittliche Befragung als geeignetes Vorgehen erweisen, da langfristige Wirkungen untersucht werden sollen. Dann wird die *Untersuchung* geplant und durchgeführt, und die erhobenen Daten werden mit statistischen Methoden ausgewertet. Die Ergebnisse werden in wissenschaftlichen Fachartikeln publiziert und ermöglichen die Anwendung in der Medienpraxis, stimulieren gesellschaftspolitische Diskurse und weitere Forschung. Die Durchführung einer Studie zieht immer auch eine Reflektion der verwendeten Methoden und Theorien nach sich. Deshalb ist der in **Abbildung 2.1** dargestellte Forschungsablauf auch als zirkulärer Prozess zu verstehen: Die mithilfe einer Studie gewonnenen Erkenntnisse zur Eignung der Methoden und Theorien werden in der darauf folgende Forschung aufgegriffen.

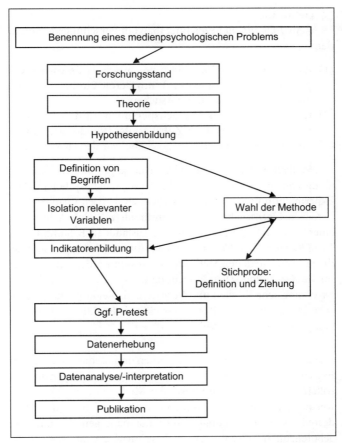

Abb. 2.1: Der Forschungsablauf

2.2 Experiment

Das Experiment gilt nach wie vor als die klassische medienpsychologische Vorgehensweise. Das Experiment ist keine Methode im engeren Sinne, sondern ein Versuchsaufbau, der das Prüfen von Hypothesen ermöglicht (vgl. Definition).

Definition
▶ Als *Experiment* bezeichnet man ein Forschungsdesign, in dem

(1) eine unabhängige Variable systematisch variiert wird (experimentelle Manipulation), um deren Einfluss auf eine abhängige Variable zu untersuchen;
(2) die Zuweisung der Versuchspersonen zu den Untersuchungsbedingungen per Zufall erfolgt (Randomisierung),
(3) Störfaktoren möglichst ausgeschaltet werden (Kontrolle).

Unabhängige Variable: Variable, von der angenommen wird, dass sie die abhängige Variable beeinflusst. Im medienpsychologischen Experiment untersucht man vor allem zwei Arten unabhängiger Variablen: Eigenschaften von Medienstimuli (z. B. Unterhaltsamkeit einer TV-Serie) oder psychologische Zustände (z. B. Stimmung).

Abhängige Variable: Reaktion auf die unabhängige Variable, die mit verschiedenen Methoden gemessen werden kann. In der medienpsychologischen Forschung untersucht man häufig das psychologische Erleben und Verhalten als Reaktion auf spezifische Medenstimuli (z. B. Aggressivität als Reaktion auf gewalthaltige Medieninhalte, vgl. Kap. 6). ◀◀

Warum führen Medienpsychologinnen und Medienpsychologen Experimente durch? Mit medienpsychologischen Experimenten sollen vor allem kausale Effekte der Mediennutzung gemessen werden. Im Experiment werden den Probanden zufällig mindestens zwei Ausprägungen einer unabhängigen Variable dargeboten, um herauszufinden, ob diese Variablen unterschiedliche Reaktionen hervorrufen. Dabei wird die Wirkung einer unabhängigen Variable auf eine abhängige Variable untersucht. Damit diese Schlussfolgerung möglichst verlässlich ist, wird die Wirkung anderer *Störvariablen* ausgeschaltet. Störvariablen sind Variablen, die in der experimentellen Situation auftreten und systematisch mit den gemessenen Variablen variieren, die man jedoch nicht kontrollieren kann.

Das Experiment kann unter kontrollierten Bedingungen als *Laborexperiment* oder in einer natürlichen Umgebung als *Feldex-*

periment stattfinden. Mit der unabhängigen Variable werden verschiedene experimentelle Bedingungen definiert. Interessant ist dann zu beobachten, wie Probanden auf diese verschiedenen experimentellen Bedingungen reagieren. Es lassen sich in der Medienpsychologie Selektions- und Wirkungsexperimente unterscheiden.

Im *Selektionsexperiment* fungiert die Auswahl des Medieninhalts als abhängige Variable, und Eigenschaften der Person fungieren als unabhängige. Beispielsweise haben Bryant und Zillmann (1984) im Kontext ihrer Forschung zum »Mood Management« (vgl. ausführlich Abschnitt 3.4) laborexperimentell untersucht, welche Fernsehinhalte Probanden am liebsten einschalten, nachdem sie eine langweilige Aufgabe (Experimentalgruppe 1 = Dichtungsscheiben ohne Zeitvorgabe auf eine Schnur auffädeln) bzw. eine stressinduzierende Aufgabe erledigt haben (Experimentalgruppe 2 = universitären Aufnahmetest unter Zeitdruck lösen). Die Autoren wollten damit herausfinden, ob Menschen mit Medien ihre Stimmung optimieren. Zur Auswahl standen spannende und ruhige Fernsehprogramme. Wie erwartet, wählten die gelangweilten Probanden die spannenden Fernsehangebote aus.

Im *Wirkungsexperiment* werden Medienstimuli als unabhängige Variablen und das Erleben und Verhalten der Probanden als abhängige Variable gemessen. Beispielsweise wurde untersucht, ob Leser die Qualität eines journalistischen Textes in Abhängigkeit von der Quelle als besser oder schlechter beurteilen (Trepte, Reinecke & Behr, 2008b). In diesem Fall ist die Quelle die unabhängige Variable. Sie kann in verschiedenen Ausprägungen vorliegen (z. B. überregionale Qualitätszeitung vs. Blog). Die Beurteilung der Qualität ist die abhängige Variable und wurde mithilfe einer kurzen Befragung gemessen.

Weitere Merkmale eines Experiments betreffen die Anzahl der untersuchten unabhängigen und abhängigen Variablen. Die Anzahl der unabhängigen Variablen wird in wissenschaftlichen Publikationen wie in **Abbildung 2.2** (oberer Kasten) dargestellt. Das Versuchsdesign wird als Produkt ausgedrückt. Das Ergebnis des Produkts repräsentiert die Anzahl der im Experiment untersuchten Gruppen bzw. Versuchsbedingungen. Mit dieser

Darstellung ist auf einen Blick erkennbar, wie viele unabhängige Variablen untersucht werden, wie viele Ausprägungen bzw. Gruppen jede unabhängige Variable hat und welche Art von Design vorliegt. In dem oben erwähnten Experiment zur Beurteilung der Qualität von journalistischen Texten aus dem Internet wurden beispielsweise zwei unabhängige Variablen (UV), nämlich die Quelle (Tageszeitung vs. Blog) und die Art der Darstellung (ethisch vs. unethisch) manipuliert und ihr Einfluss auf die Bewertung eines Zeitungsartikels untersucht (Trepte et al., 2008b). Demnach handelt es sich um ein 2x2-Experiment.

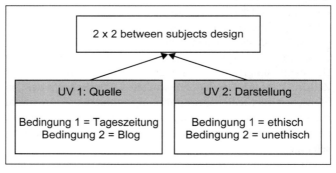

Abb. 2.2: Beispiel für ein 2x2-Design

In diesem Beispiel resultieren also vier Gruppen: Die erste Gruppe liest den Text einer Tageszeitung mit unethischem Inhalt, die zweite Gruppe den Text des Blogs mit unethischem Inhalt, die dritte Gruppe den Tageszeitungstext mit ethischem Inhalt und die vierte Gruppe den Blogeintrag mit ethischem Inhalt. Am gängigsten ist das hier dargestellte *between-subjects design*. Wie in den zuvor beschriebenen Beispielen werden verschiedene Versuchspersonen verglichen, die jeweils einer Experimentalgruppe zugeordnet werden. Möglich ist auch das *within-subjects design*, bei dem dieselbe Gruppe im Hinblick auf unterschiedliche Merkmale verglichen oder im Längsschnitt betrachtet wird.

Die besondere Herausforderung medienpsychologischer Experimente liegt darin, Medienstimuli und Medienangebote zu verwenden. Medienstimuli sind sehr komplexe, reichhaltige Stimuli und repräsentieren nicht nur die interessierenden Variablen. Möchte man untersuchen, wie die Gewalthaltigkeit eines Computerspiels auf die Aggression wirkt, so gilt es zunächst die Gewalthaltigkeit eines Computerspiels zu definieren. Vielleicht zieht man einen Ego-Shooter mit vielen Gewaltszenen für die experimentelle Bedingung »Gewalt« heran und ein Lernspiel für die experimentelle Bedingung »keine Gewalt«. Dies wäre eine extern valide Operationalisierung (vgl. Definition). Problematisch an dieser Auswahl wäre, dass die Spiele nicht nur Gewalthaltigkeit manipulieren, sondern eine Vielzahl anderer Störvariablen, die ebenfalls auf die abhängigen Variablen wirken und systematisch mit der unabhängigen Variable kovariieren. Man würde also möglicherweise den Einfluss der Farbenvielfalt, der Handlung oder der Hintergrundmusik (und nicht den Einfluss des Gewaltgehalts) auf die Aggressivität messen. Alternativ zu diesen echten Spielen könnte man sog. *Vignetten* verwenden, also kurze Beschreibungen eines Spiels. Dies wäre eine intern validere Operationalisierung. Damit wären Hintergrundmusik oder Ästhetik nicht erlebbar, die Anzahl der Störvariablen wäre also reduziert. Gleichzeitig sind jedoch Stimuli in Vignettenform wenig repräsentativ für echte Computerspiele.

Für jede medienpsychologische Studie und insbesondere für das Experiment muss die Frage gestellt werden, ob der internen oder externen Validität größere Bedeutung beigemessen werden soll (Trepte & Wirth, 2004).

Definition
▶ *Interne Validität* betrifft die Frage, wie gut die Störvariablen kontrolliert sind.

Externe Validität betrifft die Frage, wie gut sich das Ergebnis auf andere Gegebenheiten verallgemeinern lässt. Wie gut lassen sich die Gegebenheiten des Experiments auf andere Medieninhalte als die untersuchten, andere Situationen als die experimentelle Situation, andere Methoden als die verwendete Methode oder andere Stichproben übertragen? Je besser die Gegebenheiten übertragbar sind, umso höher kann die externe Validität beurteilt werden. ◄◄

Anhand der genannten Definitionen wird bereits deutlich: Die Forderungen der internen und externen Validität widersprechen sich. Sollen die Ergebnisse repräsentativ für die Medienstimuli und damit extern valide sein? Oder gilt es, die interne Validität zu stützen, indem möglichst wenige Störvariablen – also kurz: eine möglichst geringe Bandbreite medienbezogener Stimuli – in der Studie berücksichtigt werden? Beide Fragen können nie gleichzeitig mit »Ja« beantwortet werden. Um den Balanceakt zwischen interner und externer Validität noch besser zu verdeutlichen, wird im Folgenden ein fiktives Studienbeispiel vorgestellt.

Beispiel
▶ *Studie zur Wirkung gewalthaltiger Fernsehinhalte: Intern oder extern valider Versuchsaufbau?*
Eine Forschergruppe möchte herausfinden, ob Jugendliche durch höheren Konsum gewalthaltiger Fernsehserien aggressiv werden. Es sollen zwei Gruppen miteinander verglichen werden. Eine Gruppe sieht gewalthaltige TV-Serien, die andere nicht. In Abhängigkeit davon soll die Aggressivität mit einer Skala (Selbstauskunft) erfasst werden.

Ein Teil der Forschergruppe argumentiert für ein Feldexperiment, damit die Probanden für die Rezeption der einschlägigen Serien nicht ins Labor kommen müssen. Ein Feldexperiment sei im Hinblick auf die Situation des Fernsehens extern valide. Die Fernsehnutzung in der häuslichen Situation repräsentiert den Alltag und die natürliche Situation der Mediennutzung.

Ein anderer Teil der Gruppe bevorzugt hingegen eine Studie im Labor. Diese sei intern valide, da Störeinflüsse (z. B. von anderen Familienmitgliedern) gering gehalten werden. Sie argumentieren, dass die häusliche Umgebung den Einfluss der Serien beeinflusst, weil die Jugendlichen mit ihren Eltern darüber reden könnten und damit eine Konfundierung der Serien mit der häuslichen Situation und den Gesprächen vorliegt. (Konfundierung = Störvariable variiert systematisch mit der unabhängigen Variablen; die dabei auftretenden Effekte in der abhängigen Variable können irrtümlich auf die unabhängige Variable zurückgeführt werden) ◀◀

Für welches Design würden Sie sich entscheiden? Überlegen Sie, welche weiteren Vor- und Nachteile die Realisierung der beiden verschiedenen (extern vs. intern validen) Designs hätte und welche Alternativen möglich sind.

2.3 Befragung

Unter dem Begriff der Befragung lässt sich eine Reihe von Verfahren zusammenfassen. Zu den häufigsten Verfahren gehören der quantitative Fragebogen und das qualitative Interview (Möhring & Schlütz, 2010; Scholl, 2009). Bevor wir diese Verfahren eingehend beschreiben, folgt eine Definition des Begriffs Befragung.

Definition
▶ Unter dem Begriff *Befragung* werden Verfahren subsumiert, die durch die Konfrontation mit gezielten Fragen auf die Erfassung individueller Merkmale einer Person abzielen. Von der individuellen Reaktion auf die Fragestimuli wird auf die Ausprägung bestimmter Eigenschaften rückgeschlossen. ◀◀

Der Einsatz von Befragungen ermöglicht in der medienpsychologischen Forschung die Erfassung zahlreicher wichtiger Variablen, etwa in Bezug auf das Rezeptionserleben (z. B. Spannungs- oder Unterhaltungserleben bei der Mediennutzung), Nutzungsmotive (z. B. Gründe für die Nutzung bestimmter Medien), Meinungen, Einstellungen und Bewertungen (z. B. Bewertungen bestimmter Medienformate), psychologische Merkmale (z. B. individuelle Aggressionsbereitschaft) oder Verhaltensweisen (z. B. Häufigkeit und Intensität der Nutzung bestimmter Medien). Es existiert inzwischen eine Vielzahl erprobter Skalen, mit denen spezifische medienpsychologische Konstrukte wie zum Beispiel das Unterhaltungserleben, die Bewertung der Glaubwürdigkeit oder Überzeugungskraft einer Nachricht gemessen werden können (Rössler, 2011).

Eine notwendige Voraussetzung für den Einsatz von Befragungen im Forschungsprozess besteht in der Übersetzung der »Forschungsfragen« in sogenannte »Testfragen« (Kromrey, 2006).

So könnten sich Medienpsychologen für die Forschungsfrage interessieren, ob Personen mit stark ausgeprägter Extraversion eine höhere Tendenz zur Nutzung sozialer Netzwerkseiten wie Facebook tendieren. Sie stehen vor der Aufgabe, für die einzelnen in der Forschungsfrage enthaltenen Variablen Indikatoren zu bestimmen und diese zu *operationalisieren,* also messbar zu machen. Für eine Befragung, die die oben genannte Forschungsfrage beantworten soll, müssen Fragen entwickelt werden, die zum einen die psychologische Eigenschaft *Extraversion* und zum anderen die Verhaltensweise *Nutzung sozialer Netzwerkseiten* messbar machen.

Zur Operationalisierung von Variablen kann in Befragungen auf mehrere Frageformen zurückgegriffen werden. So lässt sich in Abhängigkeit von der Art der Antwortvorgabe zwischen offenen und geschlossenen Fragen differenzieren. Im Fall von *offenen Fragen* liegt die Formulierung der Antwort vollständig bei den Befragten, während diese im Fall von geschlossenen Fragen gezwungen sind, ihre Antwort einer der vorgegebenen Antwortalternativen zuzuordnen. In der Kategorie der geschlossenen Fragen findet sich eine Vielzahl unterschiedlicher Frageformen, z. B. Einfach- oder Mehrfachauswahlfragen, Rangordnungsfragen oder Intensitätsfragen (für eine Übersicht siehe z. B. Möhring & Schlütz, 2010, S. 76–113). Besonders häufig werden in der medienpsychologischen Forschung sogenannte *Rating-Skalen* eingesetzt. Dabei wird der oder die Befragte gebeten, ein *Intensitätsurteil* abzugeben und z. B. die Stärke der Zustimmung zu einer Aussage oder die Häufigkeit eines bestimmten Verhaltens anzugeben.

Beispiel
▶ *Rating-Skala*

Im »Aggression Questionnaire« von Buss und Perry (1992) werden die Befragten darum gebeten, auf einer 7-stufigen Rating-Skala anzugeben, inwieweit eine Reihe von Aussagen auf sie persönlich zutrifft. Eine dieser Aussagen lautet in der deutschen Übersetzung »Manche Leute haben mich schon so weit gebracht, dass wir uns geprügelt haben« (Stemmler, Hagemann, Amelang & Bartussek, 2011, S. 392). Erwartet wird nun, dass die Reaktion der Befragten auf den Fragebogen in Abhängigkeit von ihrer persönlichen Disposition für Aggressivität erfolgt. Personen mit einer stärkeren Neigung zu aggressivem Verhalten sollten also mit einer höheren Wahrscheinlichkeit zustimmend auf die Fragen reagieren als weniger aggressionsbereite Personen. ◂◂

In manchen Fällen werden auch *visuelle* Rating-Skalen eingesetzt, um psychologische Merkmale zu messen. Eine solche Skala ist etwa das »Self-Assessment Manikin« (SAM) von Bradley und Lang (1994), bei dem kleine Piktogramme genutzt werden, um das aktuelle Erregungsniveau einer Person zu messen (s. **Abb. 2.3**).

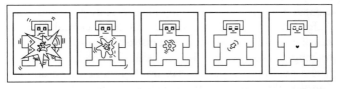

Abb. 2.3: Visuelle Skala zur Messung des Erregungslevels nach Bradley und Lang (1994), Abbildung aus Irtel (2007).

2.3.1 Formen der Befragung

Grundsätzlich lassen sich zwei unterschiedliche Formen der Befragung unterscheiden. In *standardisierten* Befragungen gibt man den Befragten das Thema, den Ablauf und die Antwortmöglichkeiten weitgehend vor. Demgegenüber lassen *nicht standardisierte* Befragungsformen erheblichen Freiraum beim Ablauf der Befragung und der Frageformulierung. Diese Art der Befragung findet sich häufig im Bereich der qualitativen Forschungsmethoden (z. B. in Form von Experteninterviews oder Gruppendiskussionen), die in Abschnitt 2.5 vorgestellt werden.

Neben der Frage der Standardisierung lassen sich Befragungen auch hinsichtlich des Kommunikationsmodus klassifizieren, der für die Übermittlung der Fragen an die Befragten genutzt wird. Befragungen können sowohl mündlich als auch schriftlich durchgeführt werden. Bei *mündlichen Befragungen* liest ein Interviewer die Fragen in einem persönlichen Gespräch (persönlich-mündliches Interview) oder am Telefon (Telefonbefragung) vor und notiert die Antworten der Befragten. Bei der *schriftlichen*

Befragung wird der Fragebogen den Befragten in schriftlicher Form ausgehändigt, und diese füllen ihn selbständig aus. Die *Online-Befragung* ist eine Variante der schriftlichen Befragung, bei der der Fragebogen online zugänglich ist und die Antworten der Befragten in digitaler Form gespeichert werden.

Jeder dieser Befragungsmodi weist Besonderheiten bzw. Vor- und Nachteile auf, die sich aus den jeweiligen Interaktionsmöglichkeiten von Interviewerin bzw. Interviewer und Befragter bzw. Befragtem, der Art der Ansprache und der Informationsübermittlung ergeben (für eine Übersicht siehe Möhring & Schlütz, 2010). Nicht alle dieser Befragungsformen kommen in der medienpsychologischen Forschung gleichermaßen zum Einsatz. Aufgrund der kostengünstigen Durchführbarkeit und der starken Standardisierung dominieren insbesondere schriftliche Befragungen. Diese werden z. B. im Rahmen von Experimenten (siehe Abschnitt 2.2) eingesetzt, um Kognitionen, Emotionen und Verhalten im Anschluss an eine experimentelle Manipulation zu erheben. Auch Online-Befragungen werden in der medienpsychologischen Forschung viel verwendet. Zwar bringen diese den methodischen Nachteil mit sich, dass nur Internetnutzerinnen und -nutzer erreicht werden können und die Befragungssituation in der Regel nicht standardisiert ist; für eine Fülle internetbezogener Fragestellungen, etwa zur Selbstoffenbarung in sozialen Online-Netzwerken wie Facebook (Christofides, Muise & Desmarais, 2009) oder zum Aufbau von Sozialkontakten in Online-Games (Cole & Griffiths, 2007), eignen sich Online-Befragungen jedoch gut. Mündlich-persönliche bzw. telefonische Befragungen werden im Rahmen von bevölkerungsrepräsentativen Studien, z. B. zur repräsentativen Erfassung der Mediennutzung, eingesetzt. So wird im Rahmen der ARD/ZDF-Online-Studie seit 1997 jährlich die Online-Nutzung in Deutschland mittels repräsentativer Telefonbefragungen ermittelt (van Eimeren & Frees, 2009). Für die medienpsychologische Grundlagenforschung sind bevölkerungsrepräsentative Daten in der Regel nicht erforderlich.

Eine spezielle Variante der mündlichen Befragung, die auch in der Medienpsychologie Anwendung findet, ist die sogenannte *Think-aloud-Technik* (vgl. Definition).

2.3 Befragung

Definition
▶ Bei der *Think-aloud-Technik* werden Befragte aufgefordert, ihre Gedanken laufend zu verbalisieren, um so kognitive Prozesse, z. B. während der Rezeption einer Fernsehsendung oder während des »Surfens« auf einer Website, nachvollziehbar zu machen. ◀◀

Die Think-aloud-Technik wird in der psychologischen Forschung insbesondere zur Analyse von Problemlöseprozessen und zum Vergleich der Lösungsstrategien von Laien und Experten eingesetzt. Die gewonnenen verbalen Daten werden transkribiert und im Anschluss mittels eines Code-Schemas analysiert (für einen Überblick siehe van Someren, Barnard & Sandberg, 1994). Hong und Liu (2003) nutzen beispielsweise die Think-aloud-Technik, um die Problemlösestrategien von Anfängern und Experten im Umgang mit einem Computerspiel zu untersuchen.

Eine weitere Spezialform der Befragung, die für die Medienpsychologie von großer Bedeutung ist, sind *Längsschnittbefragungen* (vgl. Definition).

Definition
▶ Bei einer *Längsschnittbefragung* werden dieselben Personen mehrfach in zeitlichem Abstand zu einem Thema befragt. Eine Gruppe von Personen, die innerhalb einer Längsschnittbefragung mehrfach an aufeinanderfolgenden Zeitpunkten befragt wird, wird als *Panel* bezeichnet. Daher findet sich analog zum Begriff der Längsschnittbefragung auch der Begriff der *Panelbefragung*. ◀◀

Im Vergleich zu Einzelbefragungen ermöglichen Längsschnittbefragungen Aussagen zu Veränderungen von Personen im Zeitverlauf. Dies ist ein enormer Vorteil, da somit zeitliche Kausalzusammenhänge aufgedeckt werden können, die auf der Basis von Befragungen mit nur einem Messzeitpunkt nicht zweifelsfrei zu belegen sind (Lynn, 2009). So kann in Längsschnittbefragungen die Abfolge von unabhängigen und abhängigen Variablen erfasst und der Effekt der unabhängigen auf die abhängigen Variablen im Zeitverlauf nachvollzogen werden. Längsschnittbefragungen werden daher in der Medienpsychologie insbesonre für die Erforschung von Medienwirkungen unter realen Feldbedingungen eingesetzt.

Beispiel
▶ *Längsschnittbefragung zur Wirkung von Instant-Messaging auf die Qualität von Freundschaften*
In einer Online-Panelbefragung mit 812 niederländischen Jugendlichen im Alter zwischen 10 und 17 Jahren untersuchten Valkenburg und Peter (2009) die Auswirkungen der Nutzung von Instant-Messaging (IM) auf die Qualität der Freundschaften. Dazu wurden die Jugendlichen im Abstand von einem halben Jahr zweimal zu ihrer IM-Nutzung und zu ihren bestehenden Freundschaften befragt. Die Ergebnisse belegen einen positiven Langzeiteffekt der IM-Nutzung auf die Qualität von Freundschaften: Starke Nutzung von IM am ersten Befragungszeitpunkt ging mit einer hohen wahrgenommenen Qualität der bestehenden Freundschaften zum zweiten Messzeitpunkt einher. Dass die Nutzung des IM sich positiv auf die Qualität der Freundschaften auswirkte, konnte auf die Selbstoffenbarung der Jugendlichen zurückgeführt werden: Den Jugendlichen fiel es im Internet leichter als in Face-to-face-Situationen, intime und persönliche Informationen auszutauschen, was sich wiederum positiv auf die wahrgenommene Qualität ihrer Freundschaften auswirkte. ◀◀

2.3.2 Vor- und Nachteile von Befragungen

Der Einsatz von Befragungen in der medienpsychologischen Forschung hat eine Reihe von Vorteilen. Standardisierte Befragungen sind ökonomisch, erlauben das Erfassen einer Vielzahl von Variablen und sind in allen medienpsychologischen Themenbereichen einsetzbar. Dem großen Potenzial von Befragungstechniken steht allerdings auch eine Vielzahl methodischer Probleme gegenüber (Bortz & Döring, 2006). Verschiedene Fehlerquellen können die Ergebnisse von Befragungen verfälschen, wobei das *Befragungsinstrument*, der *Interviewer* oder die Interviewerin und der bzw. die *Befragte* selbst mögliche Störeinflüsse darstellen können. Die wichtigsten Störeinflüsse werden gesammelt in **Abbildung 2.4** dargestellt.

2.3 Befragung

Instrument	Interviewer	Befragter
• Unterschiedlicher Bezugsrahmen von Forscher und Befragten • Unverständliche oder komplizierte Fragen • Suggestive Fragen	• Soziodemographie des Interviewers • Einstellungen und Erwartungen des Interviewers • Verhalten des Interviewers	• Antwortverzerrung zum Zwecke der Selbstdarstellung • Soziale Erwünschtheit • Antworttendenzen

Abb. 2.4: Mögliche Fehlerquellen bei der Durchführung von Befragungen

In der Forschungspraxis wird eine Reihe von Maßnahmen getroffen, um die in **Abbildung 2.4** dargestellten Störeinflüsse zu minimieren, z. B. sorgsames Formulieren und Testen der Fragen, intensive Interviewerschulungen und Zusicherung der Anonymität zur Verringerung von Selbstdarstellung und sozial erwünschtem Antwortverhalten.

Neben den Störeinflüssen muss für querschnittliche Befragungen, also für Befragungen mit nur einem Erhebungszeitpunkt, beachtet werden, dass mit ihnen keine Wirkungsaussagen getroffen werden können. Der Geltungsbereich der mit ihnen gewonnenen Erkenntnisse bezieht sich allein auf statistische *Zusammenhänge*, deren Wirkrichtung aber unklar bleibt (vgl. folgender Merksatz).

Merke
► Im Gegensatz zu experimentellen Designs (siehe Abschnitt 2.2) oder Panelbefragungen (siehe Abschnitt 2.3.1) ist die Kausalstruktur der erfassten Variablen bei querschnittlichen Befragungen nicht abschließend zu klären. Bei Befragungen mit nur einem Messzeitpunkt bleibt offen, ob die angenommene unabhängige Variable einen Einfluss auf die Ausprägung der angenommenen abhängigen Variable hat, oder ob es sich umgekehrt verhält. ◄◄

2.4 Psychophysiologische Methoden

Nicht immer sind die Zuschauerinnen und Zuschauer einer Fernsehserie oder die Spielerinnen und Spieler eines Computerspiels in der Lage, ihre Gefühle und Gedanken in Worte zu fassen. Bei der Rezeption eines spannenden Films ist ihnen vielleicht gar nicht bewusst, dass sie aufgeregt sind (Suckfüll, 1998, 2000). Und beim Computerspielen sind die meisten Menschen zu sehr in das Spiel vertieft, um währenddessen oder danach darüber zu berichten, welchen Inhalten sie viel und welchen sie weniger Aufmerksamkeit geschenkt haben. Psychophysiologische Methoden sind unabhängig von Sprache oder Gedächtnis, und sie messen zeitlich präzise. Sie werden eingesetzt, um die Nachteile subjektiv verbaler Datenerhebungen zu umgehen und diese zu ergänzen (Ravaja, 2004). Bevor der Anwendungsbereich psychophysiologischer Methoden und auch die erfassten Variablen näher erläutert werden, definieren wir im Folgenden die Disziplin Psychophysiologie.

Definition
▶ Die *Psychophysiologie* erforscht kognitive, emotionale und verhaltensbezogene Phänomene, die einen Bezug zu physiologischen Prozessen im autonomen und zentralen Nervensystem haben und die physiologisch beobachtbar sind. Die psychophysiologische Forschung widmet sich individuellen Funktionen und Prozessen, setzt sich mit verschiedenen theoretischen Perspektiven auseinander und entwickelt entsprechende Methoden. Psychophysiologie gilt als Disziplin, die biologische, verhaltens- und sozialwissenschaftliche Aspekte berührt (angelehnt an Cacioppo & Tassinary, 1990). ◀◀

Mit psychophysiologischen Daten wird in der Medienpsychologie vor allem nach Antworten auf Fragen gesucht wie »Hat dieser Film die Aufmerksamkeit der Zuschauerinnen und Zuschauer erregt? Was haben sie gefühlt? Haben sie konzentriert aufgepasst?« Die Fragen betreffen demnach die psychologischen Konstrukte Aufmerksamkeit, Aktivation und Affekt. Als *Aktiviertheit* oder *Aktivation* bezeichnet man einen angeregten Zu-

2.4 Psychophysiologische Methoden

stand. Mit *Aktivierung* oder *Arousal* wird der Prozess der Anregung beschrieben. Das Arousal dient der Fokussierung der Aufmerksamkeit zur Auslösung von Orientierungsreaktionen sowie der unmittelbaren Verhaltenskontrolle. Als *Affekt* bezeichnet man eine kurzzeitige emotionale Reaktion. Diese Konstrukte werden in der Regel in Kombination und zusammen mit anderen Maßen erhoben (vgl. folgender Merksatz).

Merke
▶ Psychophysiologische Daten stehen nie für sich allein. Um die Daten sinnvoll interpretieren zu können, werden *mehrere* psychophysiologische Maße erhoben (z. B. Hautleitwert und Herzrate), die sich im Sinne des Untersuchungsziels sinnvoll ergänzen. Darüber hinaus sollten neben psychophysiologischen auch subjektiv verbale Daten erhoben werden. ◀◀

Psychophysiologische Daten sagen etwas über die Quantität oder Richtung einer Reaktion aus (z. B. Ausmaß des Affekts oder Aufmerksamkeit), während subjektiv verbale Daten die Qualität erfassen (z. B. genaue Ursache der affektiven Reaktion oder der Aufmerksamkeitslenkung).

Welche psychophysiologischen Verfahren werden wann eingesetzt? In den folgenden Teilkapiteln werden zunächst die elektrodermale Aktivität (Abschnitt 2.4.1) und die Erfassung der Herzrate mittels Pulsaufnehmer (Abschnitt 2.4.2) vorgestellt. Diese Verfahren werden aufgrund ihrer einfachen Apparaturen am häufigsten verwendet. Trotz ihrer einfachen und auch ökonomisch überschaubaren Anwendbarkeit bilden diese Verfahren das Spektrum der Psychophysiologie nicht vollständig ab (vgl. zur Kritik Abschnitt 2.4.3). In **Tabelle 2.1** wird deshalb ein Überblick aller gängigen psychophysiologischen Verfahren und ihrer Einsatzgebiete gegeben.

2.4.1 Elektrodermale Aktivität

Zur Erfassung der elektrodermalen Aktivität wird zunächst eine nicht-wahrnehmbare Gleichspannung durch ein Hautareal geleitet, so dass ein Stromkreis entsteht. Anhand verschiedener Maße werden Änderungen bioelektrischer Eigenschaften der Haut gemessen (Boucsein, 1988). Erfasst werden Änderungen der Schweißdrüsenaktivität. Mit höherer Schweißproduktion nimmt der elektrische Widerstand ab, der Hautleitwert steigt. Beim Hautleitwert erhöhen sich also die Messwerte proportional zur inneren Anspannung, schwanken aber interindividuell beträchtlich. Deshalb werden nicht die absoluten Werte als »Erregungsmaß« verwendet (Gramann & Schandry, 2009). Vielmehr wird bei der Erfassung zunächst fünf bis fünfzehn Minuten lang eine »Baseline« für jeden Probanden aufgezeichnet und die weitere Entwicklung des Hautleitwertes in Relation zur Baseline berechnet.

Die Ableitorte müssen auf den gleichen Dermatomen, also speziellen Hautgebieten, liegen. Palmare Flächen, d. h. Innenseite der Hände bzw. Finger, eignen sich besonders gut, da Elektroden dort leicht anzubringen sind, die Fläche ausreichend groß ist und die elektrodermale Aktivität relativ stark ist (Boucsein, 1988). Bei der Arbeit am Computer kann der Hautleitwert auch am Fuß abgenommen werden (Boucsein & Thum, 1996; Trepte, Reinecke & Behr, 2008a).

2.4.2 Herzrate

Die Herzrate oder -frequenz gibt die Herzschläge pro Minute an (Vossel & Zimmer, 1998). In der Regel werden 51 Pulsschläge pro Minute unter Ruhebedingungen und bis zu bis zu 251 Pulsschläge pro Minute unter Anstrengung gemessen. Ein Anstieg der Pulsfrequenz (Akzeleration) ist bei Schmerz- und Angstreizen beobachtbar; eine Abnahme der Pulsfrequenz (Dezeleration) bei Entspannung, Orientierung und Aufmerksamkeitsprozessen. Eine in der Medienpsychologie gängige Methode zur Erfassung der Herzrate ist ein optischer, fotoelektrischer Pulsaufnehmer am Ohr. Hier wird ein rotes Licht durch das durchblutete Gewebe geschickt. Je nach Durchblutung wird das Licht mehr oder weniger stark gestreut, dies wird von einem fotoelektrischen Wandler registriert (Bruns & Praun, 2002). Umfassendere Informationen zur Herzschlagfrequenz liefert das Elektrokardiogramms (EKG), es setzt jedoch auch eine aufwändigere Apparatur voraus (vgl. **Tab. 2.1**).

Tab. 2.1: Überblick psychophysiologischer Verfahren und ihrer Einsatzbereiche

Verfahren	Welche physiologische Aktivität wird gemessen?	Mit welcher Apparatur wird was gemessen?	Welcher psychologische Prozess wird beobachtet?	Medienpsychologische Beispieluntersuchung
Eye-Tracking	Blickbewegungen	Blickbewegungskameras, die in einer Brille installiert sind, registrieren die Bewegungen der Augäpfel. Anschließend werden diese auf der Vorlage (z. B. Zeitungsseite oder Website) farbig visualisiert.	Visuelle Aufmerksamkeitslenkung bei der Rezeption von Medieninhalten	Während einer gemeinsamen, virtuellen Aufgabe werden die Blickbewegungen von zwei Personen gemessen und auf den Bildschirm der jeweils anderen Person projiziert, um Teamarbeit zu steuern (Carletta et al., 2010).
EEG Elektroencephalografie	Endhirnrindenaktivität	Elektroden werden an der Kopfhaut an standardisierten Ableitflächen angebracht. Gemessen werden elektrische Hirnpotenziale, die von den Nervenzellen der Endhirnrinde hervorgerufen werden.	Emotionalität und Aufmerksamkeit	Probanden werden emotionale Botschaften als Bewegtbild oder Foto gezeigt. Emotionale Reaktion und Aufmerksamkeit der Probanden sind bei Bewegtbildern stärker ausgeprägt (Simons, Detenber, Cuthbert, Schwartz & Reiss, 2003) .
EKG Elektrokardiografie	Herzschlagfrequenz	Messelektroden werden entlang der Herzachse angebracht. Gemessen werden elektrische Potenzialschwankungen, die mit der Herzmuskelkontraktion verbunden sind.	Abfallende tonische Herzrate: Aufmerksamkeit, negative Bewertung von Medienstimuli Erhöhte tonische Herzrate: Kognitive Herausforderung, Stress, emotionale Erregung	Beim Hören eines Radio-Spots schenken die Probanden negativ konnotierten Inhalten mehr Aufmerksamkeit als positiv konnotierten Inhalten (Bolls, Lang & Potter, 2001).

Tab. 2.1: Überblick psychophysiologischer Verfahren und ihrer Einsatzbereiche (Fortsetzung)

Verfahren	Welche physiologische Aktivität wird gemessen?	Mit welcher Apparatur wird was gemessen?	Welcher psychologische Prozess wird beobachtet?	Medienpsychologische Beispieluntersuchung
EMG Elektromyografie	Muskelaktivität	Oberflächenelektroden werden entlang eines Muskelstranges angebracht. Das EMG wird in der Medienpsychologie zur Messung mimischer Reaktionen eingesetzt. Die Aktivität wird insbesondere am Musculus zygomaticus major (Wange), dem Corrugator Supercilii (Augenbraue) und dem Orbicularis oculi (Augenperipherie) abgenommen.	Emotionalität im Rezeptionsprozess und Aufmerksamkeit bei der Medienwahrnehmung	Beim Computerspielen zeigen Probanden eine höhere mimische Aktivität und positivere emotionale Reaktion, wenn sie gegen einen Freund spielen als wenn sie gegen einen unbekannten Gegner spielen (Ravaja, 2009).
MRT Magnetresonanztomografie	Gehirnaktivität	Mit der MRT werden starke magnetische Felder erzeugt, um Bilder des Gewebematerials zu erstellen. Der Drehimpuls geladener Teilchen erzeugt eine kernmagnetische Resonanz. Die Dichte und die Reaktionszeiten der magnetisch geladenen Wasserstoffteilchen geben Auskunft über die gewebemäßige Beschaffenheit der Gehirnstrukturen wie beispielsweise des Hippocampus. Auch Veränderungen einzelner Gehirnregionen können durch die MRT sichtbar gemacht werden.	Der Einfluss der Gehirnaktivitäten und -veränderungen auf Prozesse der Wahrnehmung, des Denkens und der motorischen Aktivität	Während des Spielens gewalthaltiger Szenen in Computerspielen wurde die Gehirnaktivität von 13 Computerspielern mittels MRT untersucht. Ablesbar war eine unmittelbare Gehirnaktivität als Reaktion auf den virtuellen Schusswaffengebrauch sowie eine verzögerte affektive und antizipierende kognitive Reaktion. Die Autoren vermuten, dass die Spieler positive Emotionen oder Angst unterdrücken, um in den gewalthaltigen Szenen handlungsfähig zu sein (Weber, Ritterfeld & Mathiak, 2006).

3.4.3 Vor- und Nachteile psychophysiologischer Methoden

Psychophysiologische Methoden eröffnen neben der Befragung oder dem Experiment eine zweite Dimension medienpsychologischer Forschung. Nur mit psychophysiologischen Daten können Aktivation, Aufmerksamkeitsreaktionen, Emotionen und Stimmungen objektiv erfasst werden. Bis heute gibt es verglichen mit Befragungsstudien recht wenig Forschung, die mit psychophysiologischen Daten arbeitet – vermutlich, weil diese Art von Forschung aufwändig und teuer ist. Der Aufwand entsteht, weil die Versuche in Laboren durchgeführt werden müssen, und weil in der Regel nur ein oder zwei Versuchspersonen gleichzeitig untersucht werden können. Die Geräte zur Erfassung psychophysiologischer Daten müssen angeschafft und Mitarbeiterinnen und Mitarbeiter eingearbeitet werden. Dies lohnt sich nur, wenn eine große Zahl von Versuchen durchgeführt werden soll. Insofern ist es nicht effizient, psychophysiologische Daten »ab und zu« ergänzend zu anderen Daten erheben.

Die Geräte zur Erfassung elektrodermaler Aktivität und der Herzrate sind einfacher und preiswerter in der Anschaffung und Anwendung als die meisten anderen psychophysiologischen Geräte. In vielen medienpsychologischen Studien mit psychophysiologischem Bezug werden deshalb diese beiden Verfahren verwendet. Sie werden jedoch kritisch diskutiert, weil sie nicht die verfügbare Bandbreite psychophysiologischer Reaktionen abbilden. Bei anderen Verfahren, die eine große Bandbreite an Informationen liefern (wie beispielsweise die bildgebenden Verfahren), läuft man demgegenüber Gefahr, die Komplexität der gewonnenen Informationen nicht immer eindeutig interpretieren oder gar den Medienstimuli zuordnen zu können (Huettel, Song & McCarthy, 2009; Weber, et al., 2006). Im Hinblick auf die Möglichkeiten und Chancen eines Verfahrens wie der Magnetresonanztomographie (MRT) steht die Forschung noch ganz am Anfang. Gerade aufgrund des großen vermuteten Potenzials des Verfahrens ist eine hohe Forschungsaktivität zu bemerken, die immer gleichzeitig auch Grundlagenforschung im Hinblick auf die Methode ist.

Als weiterer Nachteil psychophysiologischer Maße gilt, dass sie *Messartefakte* produzieren. Bei der Messung werden also psychophysiologische Reaktionen erfasst, die nicht aufgrund der Medienstimuli, sondern aus anderen Gründen entstehen. Es ist dann im Nachhinein nicht immer einfach zu begründen, wie bestimmte Effekte entstanden sind. Hier helfen ergänzende Befragungen weiter. Psychophysiologische Daten verraten der Forscherin oder dem Forscher nicht, ob sich ein Erregungszustand »gut anfühlt«, also als positive Spannung erlebt oder aber als unangenehmer Stress wahrgenommen wird. Mittels *Continuous Response Measurement* (CRM) lassen sich die Vorzüge von Befragungen und psychophysiologischen Messungen kombinieren (vgl. Definition).

Definition
▶ *Continuous Response Measurement (CRM)*
Erhebung von Selbstauskunftsdaten im Prozess der Mediennutzung. Dazu erhält die Versuchsperson ein Eingabegerät, z. B. einen Schieberegler, mittels dessen sie während der Medienrezeption ein Intensitätsurteil abgeben kann. So kann in Echtzeit mithilfe einer Rating-Skala ein beliebiges Merkmal (z. B. Unterhaltungserleben, Valenz der erlebten Emotionen, Sympathie für die Protagonistin etc.) erfasst werden (Biocca, David & West, 1994). Anders als beim Ausfüllen eines Fragebogens beansprucht das Rating per Schieberegler weniger kognitive Kapazität und beeinträchtigt somit die Medienrezeption weniger stark. ◄◄

2.5 Weitere Methoden

Während das Experiment, die Befragung und psychophysiologische Methoden die wichtigsten Forschungsinstrumente der Medienpsychologie darstellen, gibt es eine Reihe weiterer Methoden, die ebenfalls wertvolle Erkenntnisse liefern können. Im Folgenden sollen hier die Methode der Inhaltsanalyse und qualitative Methoden skizziert werden.

2.5.1 Inhaltsanalyse

Die Inhaltsanalyse ist ein empirisches Verfahren, dessen Ziel eine systematische Beschreibung inhaltlicher und formaler Merkmale von (Medien-)Botschaften ist (Früh, 2011; Rössler, 2010). Für die medienpsychologische Forschung sind Informationen über die Beschaffenheit von Medieninhalten von großer Bedeutung. Die medienpsychologische Fragestellung, ob die Nutzung gewalthaltiger »Crime«-Fernsehserien zu einer erhöhten Aggressionsbereitschaft führt, ist nur dann relevant, wenn wir genau wissen, ob und in welchen Serien überhaupt Gewalt gezeigt wird.

Mittels Inhaltsanalysen von Medieninhalten lassen sich genau solche Informationen sammeln. Dazu wird zunächst eine möglichst repräsentative Stichprobe aus der Grundgesamtheit der interessierenden Merkmalsträger genommen (z. B. Fernsehsendungen privater und öffentlich-rechtlicher Sender in Deutschland). Danach werden alle *Analyseeinheiten* dieser Stichprobe (z. B. die einzelnen aufgezeichneten Fernsehsendungen) auf das Vorhandensein bestimmter Merkmale (z. B. Darstellung von Gewalt) untersucht. Dazu wird in einem *Codebuch* festgelegt, welche *Analysekategorien* bei der Inhaltsanalyse codiert werden sollen. So könnte im angeführten Beispiel einerseits ermittelt werden, ob und wie viele Gewaltdarstellungen in der jeweiligen Fernsehsendung auftreten. Andererseits können noch viele weitere Analysekategorien berücksichtigt werden, z. B. von welchem Akteur die Gewalt ausgeht, gegen wen sie sich richtet und welche Konsequenzen der Gewalthandlung dargestellt werden. Die Inhaltsanalyse macht durch Codierung die Merkmale der Medienbotschaft quantifizierbar (vgl. folgendes Beispiel):

Beispiel
▶ *Inhaltsanalyse zur Präsenz weiblicher und männlicher Spielfiguren in Computerspielen*

Die Forschung zu Video- und Computerspielen zeigt, dass diese von Männern sowohl im Jugend- als auch im Erwachsenenalter häufiger genutzt werden als von Frauen (Medienpädagogischer Forschungsverbund Südwest, 2009; Trepte & Reinecke,

2010b). Da sowohl Männer als auch Frauen beim Computerspielen Avatare ihres eigenen Geschlechts bevorzugen (Trepte, Reinecke & Behr, 2009), könnte ein möglicher Grund für diesen »gender-gap« das Fehlen weiblicher Protagonisten mit attraktiven Rollenangeboten in Spielen sein. Tatsächlich sprechen Inhaltsanalysen für diese Annahme. So fanden Williams, Martins, Consalvo und Ivory (2009) in einer Inhaltsanalyse der 150 zwischen März 2005 und Februar 2006 in den USA meistverkauften Video- und Computerspiele nur einen Anteil von 10,45 Prozent weiblicher Spielfiguren. ◄◄

2.5.1 Qualitative Verfahren

Quantitative Verfahren, wie etwa standardisierte Befragungen oder psychophysiologische Methoden, erfassen Merkmale mithilfe von Indikatoren und machen sie dadurch zählbar. Im Gegensatz dazu verfolgen qualitative Verfahren ein anderes Erkenntnisinteresse. Hier steht nicht eine Stichprobe im Vordergrund, mittels derer auf die Grundgesamtheit verallgemeinert werden soll, sondern die intensive Auseinandersetzung mit dem Einzelfall. Statt untersuchte Phänomene erklären bzw. statistisch prognostizieren zu können, zielt die qualitative Forschung auf ein induktives Vorgehen, bei dem das Durchdringen und Verstehen des Einzelnen bzw. eines bestimmten Phänomens im Vordergrund steht. Statt Komplexität durch die Isolation und Operationalisierung einzelner Variablen zu reduzieren, versucht die qualitative Forschung, die Realität in ihrer vollen Komplexität zu betrachten und zu verstehen (für eine Diskussion der Unterschiede qualitativer und quantitativer Forschung siehe auch Mayring, 2007).

Innerhalb des breiten Spektrums qualitativer Forschungsmethoden kommt insbesondere das *Leitfadeninterview* zur Exploration medienpsychologischer Fragestellungen zum Einsatz.

Das Leitfaden- oder Experteninterview ist eine qualitative Form der mündlichen Befragung, bei der Einzelpersonen als Spezialisten zu einem bestimmten Themenbereich befragt werden (Gläser & Laudel, 2010). Die Befragung kann dabei z. B. in Form eines *halb-strukturierten* Interviews durchgeführt werden, wobei der Interviewer oder die Interviewerin einem *Gesprächs-*

leitfaden folgt, auf dem zentrale Fragestellungen festgehalten sind. Das Gespräch ist dabei aber nicht auf einen festen Ablauf festgelegt und kann vom Leitfaden abweichen. Auch *nicht-strukturierte* Formen der Befragung sind möglich, z. B. das narrative Interview (siehe z. B. Lamnek, 2005), bei dem die Befragten aufgefordert werden, zu einem bestimmten Thema zu erzählen, und größtmöglichen Spielraum bei der Ausgestaltung der Erzählung haben. In der Medienpsychologie werden Experteninterviews eingesetzt, wenn zu einem neuen Medienformat bisher wenige Erkenntnisse vorliegen oder wenn die interessierende Personengruppe klein bzw. schwer zugänglich ist. Im Gegensatz zu quantitativen Befragungen werden qualitative Interviews in der Medienpsychologie nicht zur Überprüfung von Hypothesen, sondern zur ersten empirischen Annäherung an neue Medienphänomene oder zur Untersuchung schwer zugänglicher Personengruppen genutzt.

Zusammenfassung

Medienpsychologische Studien basieren fast ausschließlich auf empirischen Untersuchungen. Oft entscheidet die Qualität der Studie darüber, welche Ergebnisse erzielt werden und ob sie in einer Fachzeitschrift publiziert wird. Dementsprechend ist es für das Verständnis medienpsychologischer Forschung von großer Bedeutung, dass die methodische Realisierung einer Studie kritisch und basierend auf profunden Methodenkenntnissen beurteilt wird. Die gängigen Methoden Experiment, Befragung, psychophysiologische Verfahren, Inhaltsanalyse und qualitative Befragung wurden in diesem Kapitel mit ihren Vor- und Nachteilen sowie ihren Einsatzgebieten vorgestellt.

Literaturempfehlungen

Gläser, J. & Laudel, G. (2010). *Experteninterviews und qualitative Inhaltsanalyse als Instrumente rekonstruierender Untersuchungen* (4. Aufl.). Wiesbaden: VS-Verlag.

Huber, O. (2009). *Das psychologische Experiment: Eine Einführung*. Bern: Huber.

Möhring, W. & Schlütz, D. (2010). *Die Befragung in der Medien- und Kommunikationswissenschaft* (2. Aufl.). Wiesbaden: VS-Verlag.
Ravaja, N. (2004). Contributions of psychophysiology to media research: Review and recommendations. *Media Psychology, 6*(2), 193–235.
Rössler, P. (2011). *Skalenhandbuch Kommunikationswissenschaft*. Wiesbaden: VS-Verlag.
Schnell, R., Hill, P. B. & Esser, E. (2005). *Methoden der empirischen Sozialforschung*. München: Oldenbourg.

Fragen zur Selbstüberprüfung
1. Erklären Sie den Forschungsablauf anhand eines von Ihnen selbst erdachten medienpsychologischen Beispiels.
2. Definieren Sie interne und externe Validität. Warum ist das Problem der internen und externen Validität in der medienpsychologischen Forschung besonders brisant?
3. Was sind typische Merkmale eines Experiments?
4. Beschreiben Sie ein medienpsychologisches Experiment.
5. Welche Vorteile haben Befragungen und welche Arten von Befragungen werden in der Medienpsychologie am häufigsten eingesetzt?
6. Welche methodischen Probleme sind mit dem Einsatz von Befragungen verknüpft?
7. Welchen Vorteil haben Panelbefragungen im Vergleich zu Befragungen mit nur einem Messzeitpunkt?
8. Nennen Sie fünf psychophysiologische Methoden und was diese messen.
9. Worin besteht das Ziel von Inhaltsanalysen? Inwiefern profitiert die Medienpsychologie von inhaltsanalytischen Ergebnissen?
10. Worin bestehen die wesentlichen Unterschiede zwischen qualitativen und quantitativen Forschungsmethoden?
11. Inwiefern kann die Medienpsychologie von qualitativen Daten profitieren?

3 Medienselektion

Die Medienselektion steht am Anfang einer jeden Mediennutzung. Warum hören Menschen gern traurige Musik?, Welche Persönlichkeitsfaktoren führen dazu, dass jemand gern ein gewalthaltiges Computerspiel spielt? Hat das Geschlecht einen Einfluss darauf, ob User im Social Web mehr oder weniger aktiv sind? Dies sind Fragen, die sich auf die Medienselektion beziehen. Forschung und Theorien zur Medienselektion bzw. Medienwahl lassen sich ebenso wie in den anderen Kapiteln dieses Bandes in emotionsbezogene, sozialkognitiv orientierte und verhaltensbezogene Ansätze unterteilen (vgl. zur Erläuterung dieser Unterteilung Kap. 1). Im Abschnitt 3.1 werden wir anhand empirischer Studien zeigen, welchen Einfluss Persönlichkeitsfaktoren auf die Selektion von Medieninhalten haben können. In den Abschnitten 3.2 und 3.3 wird es um sozial-kognitive Theorien gehen. Zunächst betrachten wir die Konsistenztheorien, von denen insbesondere die Theorie der kognitiven Dissonanz in der Medienpsychologie Beachtung gefunden hat (Abschnitt 3.2). Im nächsten Schritt wird es um Theorien des Selbst und der Identität gehen, also um die Fragen, welche Medien ausgewählt werden, um Orientierung im Hinblick auf das eigene Selbstkonzept oder Fragen der Identität zu gewinnen (Abschnitt 3.3). Im Abschnitt 3.4 widmen wir uns der emotionsorientierten Medienwahl, und zwar insbesondere der Frage, welchen Einfluss bestimmte Stimmungen oder Gefühle auf die Medienwahl haben. Der Abschnitt 3.5 ist neueren Theorien gewidmet, die perspektivisch als vielversprechende Ansätze der Medienselektion erscheinen.

3.1 Persönlichkeit und Medienwahl

Persönlichkeitsvariablen gehören zu den ersten psychologischen Konstrukten, die herangezogen wurden, um Medienwahl zu erklären. Herta Herzog untersuchte bereits in den 1930er Jahren, ob Radiohörer anhand der Stimmen der Radio-Sprecher Rückschlüsse auf deren Persönlichkeit ziehen und welchen Einfluss das auf das Hörinteresse hat (Herzog, 1933, 1944). Nach wie vor werden Persönlichkeitsvariablen häufig herangezogen, um die Frage zu beantworten, warum bestimmte Menschen bestimmte Medieninhalte auswählen (Bommert, Dirksmeyer & Kleyböcker, 2000; Bommert, Weich, & Dirksmeier, 1995; Weaver, 2000). Vielversprechend ist dabei vor allem die Einfachheit und Augenscheinvalidität bei der Vorhersage der Medienwahl. Bei näherem Hinsehen stellt sich jedoch heraus, dass die Vorhersagekraft und Eindeutigkeit nicht immer gegeben ist, und Persönlichkeit nur ein kleiner Stein im Puzzle der Vorhersage der Medienwahl ist.

Persönlichkeitseigenschaften im engeren Sinn weisen eine hohe Stabilität auf. Sie bleiben im Zeitverlauf über verschiedene Situationen hinweg stabil (transsituative Konsistenz). Teilweise konnte sogar eine Erblichkeit von Persönlichkeitsfaktoren nachgewiesen werden. Im weiteren Sinn lassen sich Begabungen und Leistungseigenschaften, Informationsverarbeitungsstile, Einstellungen, Werthaltungen, Normorientierungen und Überzeugungen ebenfalls den Persönlichkeitsvariablen zuordnen. Wir widmen uns in diesem Abschnitt aber ausschließlich den Persönlichkeitsvariablen im engeren Sinne. Anhand der *Big Five* (vgl. Definition) werden wir den Bezug von Medienwahl und Persönlichkeit darstellen.

Definition
▶ *Big Five*

Ein Konstrukt, mit dem die gesamte Persönlichkeit erfasst werden soll, ist das Five-Factor Model (Mc Crae & John, 1992). Fünf Persönlichkeitsfaktoren (die sogenannten Big Five) mit jeweils zwei Polen wurden dazu in vielen Studien und über verschiedene Kulturen hinweg herausgearbeitet.

3.1 Persönlichkeit und Medienwahl

Neurotizismus: ängstlich, instabil, launisch vs. stabil, ruhig, zufrieden

Extraversion: gesprächig, energiegeladen, durchsetzungsfähig vs. ruhig, zurückhaltend, schüchtern

Offenheit für Erfahrungen/Risikobereitschaft: kreativ, intellektuell, offen vs. einfach, oberflächlich, unintelligent

Verträglichkeit: mitfühlend, freundlich, herzlich vs. kalt, streitsüchtig, unbarmherzig

Gewissenhaftigkeit: organisiert, verantwortungsbewusst, vorsichtig vs. sorglos, verantwortungslos, leichtsinnig◄◄

Wie stehen nun diese Persönlichkeitsvariablen in Zusammenhang mit der Medienselektion? Ist es möglich anhand der Persönlichkeit eines Menschen vorherzusagen, welche Filme er mag, zu welcher Musik er sich hingezogen fühlt und welche Bücher er liest? Im Folgenden stellen wir eine Reihe von Studien vor, die diese Fragen beantworten. In der bisherigen Forschung zur Persönlichkeit hat man sich vor allem mit Neurotizismus, Extraversion, Introversion und sensation seeking befasst. Die anderen Persönlichkeitsmerkmale wurden weniger stark beforscht.

Im Hinblick auf *Neurotizismus* schlägt Schmitt (2004) zwei alternative Erklärungen des Zusammenhangs mit Medienselektion vor. Auf der einen Seite sollten neurotische Personen Medieninhalte auswählen, die sie beruhigen. Stimmungsaufhellende oder ablenkende Inhalte wären in der Lage, die Ängste und Befürchtungen der eher neurotischen Personen zu reduzieren. Auf der anderen Seite könnten neurotische Personen Medienangebote auswählen, die zu ihren Ängsten und Befürchtungen passen, um sich zu wappnen und mit Medien eine Orientierungshilfe zu erlangen. Für beide Hypothesen wurden Belege gefunden, wobei die zweite Hypothese häufiger bestätigt wurde. So zeigte sich, dass Personen mit hoch ausgeprägtem Neurotizismus Gewalt- und Horrorfilme, Dramen und Tragödien sowie depressive Musik bevorzugen (Brosius & Weaver, 1994; Weaver, 2000). Abenteuerfilme oder Sitcoms sind bei ihnen weniger beliebt.

Butt und Phillips (2008) fanden in ihrer Studie heraus, dass Personen mit höherer Ausprägung auf der Persönlichkeitsvariable Neurotizismus dazu tendieren, Einsamkeit mithilfe ihrer Internetnutzung zu überbrücken und zu vermeiden. Auch in anderen Studien wurden Zusammenhänge zwischen Social-Web-Nutzung und emotionaler Stabilität bzw. Neurotizismus gefunden: Emotional stabilere Menschen nutzen demnach weniger das Social Web als neurotischere Personen (Correa, Hinsley & de Zuniga, 2010). Die berichteten Zusammenhänge sind jedoch schwach und darüber hinaus problematisch, weil die im Internet genutzten Inhalte in diesen Studien nicht erfasst wurden. Ob also Neurotizismus mit eher passiven Nutzungsformen in Zusammenhang steht (z. B. Videos auf Youtube schauen) oder ob neurotische Personen eher über soziale Netzwerkseiten mit anderen kommunizieren, ob sie eher unterhaltsame oder informierende Angebote auswählen, lässt sich anhand bisheriger Forschung nicht eindeutig bestimmen.

Im Hinblick auf *Extraversion* wird angenommen, dass Personen mit höherer Ausprägung in dieser Persönlichkeitsdimension Medien auswählen, um ihr Erregungsniveau zu steigern. Dies würde ihrem energiegeladenen Wesen entsprechen. Sie sollten deshalb Medienangebote mit intensiven und wechselnden Reizen bevorzugen, in denen Soziabilität als lohnende und angemessene Aktivität gezeigt wird. Introvertierte sollten demgegenüber dazu neigen, sich von Reizen abzuschirmen und reizarme Medienangebote präferieren. In entsprechenden medienpsychologischen Studien bevorzugten extravertierte Personen erotische Fernsehinhalte, Komödien und Actionfilme (Weaver, 2000). Dieser Befund spricht für die These, dass Extravertierte mit der Mediennutzung ihr Erregungsniveau steigern möchten. Sie schauen darüber hinaus Filme gern zu Hause und gehen weniger häufig ins Kino (Hall, 2005). Erklärt wurde dies damit, dass der Kinobesuch eine weitgehend anonyme, abgeschirmte Rezeptionssituation ist, in der keine Gespräche möglich sind. Demgegenüber erlaubt die Filmrezeption mit Freunden zu Hause, dass man sich während des Films über die Inhalte austauscht. So ist auch das Ergebnis zu erklären, dass Extravertierte unmittelbare soziale Kontakte der Mediennutzung vorziehen (Finn, 1997).

3.1 Persönlichkeit und Medienwahl

Im Hinblick auf die Internetnutzung haben Amichai-Hamburger und Kollegen (2002) herausgefunden, dass extravertierte Personen authentischer in der Face-to-face-Kommunikation sind und introvertierte Personen online mehr von sich preisgeben. Extravertierte gaben in dieser Studie wahrheitsgemäß Auskunft über sich, wenn sie ihren Gesprächspartnern face-to-face gegenüberstanden, während Introvertierte wahrheitsgemäßer berichten, wenn sie computervermittelt interagieren. Weil Menschen mit höherer Ausprägung im Persönlichkeitsmerkmal Extraversion gern und viel mit anderen Menschen zusammen sind, haben sie nicht nur mehr Übung in der Face-to-face-Kommunikation als introvertierte Personen, sondern befriedigen mit ihr auch eher ihre Kontaktbedürfnisse. Dies erklärt auch den Unterschied in der Quantität der Social-Web-Nutzung: Insgesamt nutzen extravertierte Personen mehr das Social Web als introvertierte Menschen (Correa et al., 2010). Viele Studien zeigen, dass das Social Web vor allem zur Pflege vorhandener Offline-Freundschaften und zur Aufrechterhaltung von Bekanntschaften geeignet ist (Ellison, Vitak, Steinfield, Gray & Lampe, 2011). Feste Bindungen jedoch werden im Social Web nicht geknüpft. Hier können also die Extravertierten ihre sozialen Kontakte der Offline-Welt pflegen bzw. die Offline-Freundschaften flankieren.

Offenheit für Erfahrungen erwies sich in verschiedenen Studien als guter Prädiktor für das Interesse an neuen Medien. Im Gegensatz dazu wurde deutlich, dass *Gewissenhaftigkeit* eher dazu führt, dass neue Medien, das Internet oder Computerspiele nicht ausprobiert und genutzt werden, um Prokrastination (also den Aufschub der eigenen Pflichten und Aufgaben) zu vermeiden (Hall, 2005; Ross et al., 2009).

Im Gegensatz zu den genannten Studien können viele andere Studien die dargestellten Zusammenhänge zwischen Persönlichkeit und Medienwahl nicht finden. Beispielsweise stellen Ross et al. (2009) fest, dass die Internetnutzungsdauer, die Anzahl der »Facebook-Freunde« oder die Online-Aktivität auf sozialen Netzwerkseiten nicht mit der Persönlichkeit in Zusammenhang steht. Auch in den oben dargestellten Studien zu Extraversion und Neurotizismus sind die Zusammenhänge eher schwach.

Korrelationskoeffizienten für den Zusammenhang von Persönlichkeitsvariablen und Mediennutzung über r = .20 werden so gut wie nie erzielt. Der schwache Zusammenhang ist mit der Komplexität beider Variablen (Persönlichkeit und Medieninhalt) zu erklären: Persönlichkeitsvariablen sind Konstrukte, die sich auf Eigenschaften und Verhaltensmuster auswirken können. Auch Medienangebote beinhalten eine semantische, ästhetische und inhaltliche Vielfalt, die von unterschiedlichen Rezipientinnen und Rezipienten anders wahrgenommen und interpretiert wird. Dementsprechend trifft eine recht unspezifische unabhängige Variable (Persönlichkeit) auf eine breit gefächerte abhängige Variable (Medieninhalt).

Als lohnend erwies sich die Einbindung von Persönlichkeitsvariablen in komplexe Modelle. Beispielhaft soll hier die Eigenschaft *sensation seeking* im Kontext der Nutzung gewalthaltiger Medien herausgegriffen werden (vgl. auch Abschnitt 6.1.1). Sensation seeking bezeichnet das Interesse an neuen und anregenden Erfahrungen (Zuckerman, 1994). Es korreliert nur schwach mit dem Interesse an gewalthaltigen Computerspielen und Fernsehinhalten (Sigurdsson, Gudjonsson, Bragason, Kristjansdottir & Sigfusdottir, 2006). Wird sensation seeking jedoch mit dem Geschlecht in Zusammenhang gebracht, so lässt sich ein interessanter Effekt demonstrieren: Männliche Sensationseeker zeigen ein deutlich höheres Interesse an gewalthaltigen Medieninhalten, weibliche jedoch nicht (Slater, 2003). Auch für Personen mit höherer *Trait-Aggressivität* zeigt sich dieser Zusammenhang, und zwar insbesondere im Zeitverlauf (Anderson, 2000). Im Sinne einer Abwärtsspirale werden Jugendliche zunehmend gewalttätig, wenn sie – männlich und ausgestattet mit einer aggressiven Persönlichkeit – längerfristig gewalthaltige Computerspiele spielen. Insbesondere ein soziokulturelles Umfeld, in dem die Jugendlichen mit häuslicher Gewalt konfrontiert sind bzw. Gewalt sogar belohnt wird, kann diesen Effekt verstärken (Slater, 2003 vgl. zum Thema gewalthaltiger Medieninhalte ausführlich Kapitel 5; Slater, 2007).

Wir möchten hier verdeutlichen, dass die Berücksichtigung der Persönlichkeit vor allem in zwei Fällen Erkenntnisfortschritte verspricht: (1) ein inhaltlicher Bezug zwischen Persönlichkeitsvariable und Medienwahl ist vorhanden (z. B. aggressive Persönlichkeit und Selektion gewalthaltiger Medieninhalte). (2) Persönlichkeitsvariablen werden nicht in einer übermäßig vereinfachenden bivariaten Beziehung (Persönlichkeit und Medienwahl), sondern als Teil eines komplexeren Modells betrachtet. Diese Modelle gehen in der Regel über die Selektion hinaus und beziehen Aspekte der Medienrezeption (vgl. Kap. 4) und Medienwirkung (vgl. Kap. 5 und 6) ein.

3.2 Medienwahl als Streben nach Konsistenz

Konsistenztheorien beinhalten das grundlegende Postulat, dass Menschen nach einem balancierten Zustand von Kognition und Verhalten streben. Wenn Kognition und Verhalten oder auch mehrere Kognitionen als widersprüchlich erlebt werden, tritt ein Zustand der »Dissonanz«, also ein innerer Konflikt, auf (Trepte, 2008). Die betroffene Person nimmt diesen Spannungszustand als unangenehm wahr und ist motiviert, die Dissonanz zu reduzieren. Nehmen wir beispielsweise an, ein junger Wähler hat bei der Landtagswahl seine Stimme für einen Kandidaten der fiktiven »Studierendenpartei« abgegeben. Die Partei ist erfolgreich, und der gewählte Kandidat erhält einen Sitz im Landtag. Nach der Wahl liest dieser Wähler nun in seiner Tageszeitung, dass der gewählte Kandidat während einer Klausurtagung im teuren Grand Hotel die Spenden anderer Parteimitglieder, die für den Wahlkampf bestimmt waren, für Feiern und Wellness ausgegeben hat. Es sollte eine kognitive Dissonanz auf Seiten des Wählers entstehen, denn auf der einen Seite steht sein Wahlverhalten, auf der anderen Seite die aktuelle Berichterstattung. Der Wähler ist nun hochmotiviert, diesen unangenehmen Spannungszustand zu reduzieren.

In der Sozialpsychologie beruht die Konsistenztheorie auf vier Theorien: Festingers Theorie der kognitiven Dissonanz (1957), Heiders Balancetheorie (1958), Osgoods und Tannenbaums Konsistenztheorie (1955) und Rosenbergs Modell der affektiv-kognitiven Konsistenz (1960). Von den genannten Konsistenztheorien hat Festingers Kognitive Dissonanztheorie den größten Einfluss auf die medienpsychologische Forschung ausgelöst.

Gemäß Festinger (1957) könnte eine Person folgende Schritte zur *Dissonanzreduktion* unternehmen:

1. Elemente, die Dissonanz erzeugen, ändern oder andere Elemente hinzufügen: Im Beispiel hätte der Wähler die Möglichkeit, die Glaubwürdigkeit der Berichterstattung anzuzweifeln und nach weiteren Quellen zu suchen, die anders argumentieren.
2. Dissonanz erzeugende Situationen und Informationen vermeiden: Der Wähler könnte also die Berichterstattung nicht nur als singulären Fehler der Lokalzeitung bezeichnen, sondern auch jegliche nachfolgende Berichterstattung zum Thema meiden.
3. Situationen oder Informationen neu interpretieren: Der Wähler könnte seine Wahlentscheidung als großen Fehler auslegen und sein Verhalten sich selbst und anderen gegenüber damit entschuldigen, dass er sich wegen des ähnlichen Alters und lebensweltlichen Hintergrundes des Kandidaten zur Wahl habe verleiten lassen.

Sehr schwache und sehr starke Dissonanz sollten zu einer weniger intensiven Suche nach Informationen führen, die eine ursprüngliche Auffassung bestätigen. In beiden Fällen wird unterstellt, dass sich die Suche nach solch affirmativen Informationen nicht lohnt. Wenn also die Landtagswahl generell als wenig bedeutsames Ereignis wahrgenommen wird, dann ist vermutlich auch die Dissonanz nur gering. Oder aber die Landtagswahl ist aus Sicht des Wählers momentan das wichtigste politische Ereignis, dann wäre die Dissonanz so hoch, dass keine Umdeutung möglich ist. Empfindet eine Person jedoch ein mittleres Ausmaß der Dissonanz, so sollte die Suche nach Informationen zur Linderung des dissonanten Spannungszustandes am stärksten ausfallen.

Die Annahmen der Dissonanztheorie haben jahrzehntelang zu umfassender Medienforschung geführt (vgl. im Überblick

Cotton, 1985; Donsbach, 1991). Attraktiv für die medienpsychologische Forschung ist die Theorie vor allem wegen ihrer motivationalen Komponente. Sie bietet die Chance, die drängende Frage zu beantworten, *warum* Menschen bestimmte Medieninhalte auswählen oder lieber vermeiden. Geprüft wurde diese Fragestellung beispielsweise für Werbung, Nachrichtenmedien und Unterhaltungsinhalte (Cotton, 1985; Donsbach, 1989). Die aus diesen Erkenntnissen abgeleitete *selective exposure hypothesis* befasst sich mit dieser Warum-Frage und nimmt an, dass dissonante Informationen vermieden werden, außer, wenn Einstellungen als sehr gefestigt oder kaum gefestigt wahrgenommen werden. Wenn Einstellungen gefestigt sind, kann die betroffene Person Gegenargumente bzw. dissonante Informationen in ihr kognitives System integrieren. Wenn die Einstellungen schwach sind, wird man eher die neuen, dissonanten Kognitionen akzeptieren und die eigenen Einstellungen dementsprechend ändern. Auf diese Weise wird Dissonanz vermieden. Eine Studie zur selektiven Auswahl, Lektüre und Interpretation von Nachrichteninhalten hat Donsbach (1991) vorgelegt (vgl. dazu die folgende Beispielstudie).

Beispiel
▶ *Kognitive Dissonanz bei der Nachrichtenlektüre*
In seiner Studie zur kognitiven Dissonanz bei der Nachrichtenlektüre untersuchte Donsbach (1991) 1 400 Leserinnen und Leser über drei Tage bei der Lektüre von vier Tageszeitungen. Die Inhalte der Tageszeitungen wurden mit Inhaltsanalysen untersucht, die Zuwendungsdauer zu einzelnen Artikeln mit sogenannten »Copy-Tests«. Dazu wurden den Teilnehmern der Studie die Artikel vorgelegt und gemessen, wie lang und intensiv sie sich ihnen zuwandten. Aufgrund der inhaltlichen Merkmale des Artikels und der Vorlieben der Leser, die zuvor gemessen worden waren, konnten die Forscher ableiten, ob konsonante oder dissonante Informationen gelesen wurden. Wenn beispielsweise eine Leserin oder ein Leser mit negativer Einstellung zum amtierenden Bundeskanzler mit einem negativen Artikel zum Bundeskanzler konfrontiert wurde, so wurde eine Zuwendung

erwartet, da der Artikel konsonant zur eigenen Einstellung war. Im Ergebnis zeigte sich bezüglich der Lektüre von Artikeln, die sich mit politischen Persönlichkeiten befassen, dass positive Artikel von 42 Prozent der (konsonanten) Anhänger gelesen werden, jedoch von nur 31 Prozent der (dissonanten) Gegner. Wenn jedoch der Politiker negativ betrachtet wurde, so zeigte sich kein Unterschied. Spannend an diesem Ergebnis ist insbesondere, dass aufgrund kognitiver Dissonanz positive Information aktiv vermieden wird. Darüber hinaus zeigte sich, dass flüchtiges Lesen die Suche nach einstellungskonsonanten Artikeln verstärkt. Je weniger Zeit mit dem Nachrichtenlesen verbracht wird, umso weniger wahrscheinlich ist es, dass die Seite der Gegenargumente gesehen und verarbeitet wird. Auch sehr dogmatische Menschen übersehen die Gegenargumente eher als tolerante Leser. Einen Einfluss hatte darüber hinaus das Layout des Artikels. Je sichtbarer und prägnanter der Titel und die Platzierung eines Artikels waren, um so eher wurde er auch von »dissonanten« Leserinnen und Lesern wahrgenommen. ◄◄

An den medienpsychologischen Studien zur Theorie der kognitiven Dissonanz wurde kritisiert, dass interindividuelle Unterschiede und die Merkmale von Medieninhalten und Medienformaten zu wenig betrachtet wurden (Donsbach, 1989). Ferner wurde angemerkt, dass man bisher nicht erklären kann, ob kognitive Dissonanz oder andere psychologische Prozesse der Grund für die selektive Wahrnehmung sind. In den Experimenten wurde nicht der psychologische Prozess der Dissonanzreduktion belegt, sondern nur das Ergebnis. Im Prinzip ist es also möglich, dass auch andere psychologische Prozesse als die Dissonanzreduktion eine einstellungskonforme Medienwahl begründet. Beispielsweise die Mood-Management-Theorie oder die Theorie der sozialen Identität könnten alternative Erklärungen liefern.

3.3 Soziale Identität und Medienwahl

In den vorangegangenen Abschnitten haben wir gezeigt, dass Mediennutzerinnen und -nutzer ihr Medienmenü mit dem Ziel zusammenstellen, sich in ihrer sozialen Umwelt zu orientieren, um Informationen zu sammeln und diese mit ihren eigenen Interessen in Einklang zu bringen. Diese Suche nach Orientierung steht mit der eigenen Identität und dem Selbstkonzept in Zusammenhang. Medienselektion geschieht auch mit dem Ziel, an der eigenen Identität und dem Selbstkonzept zu arbeiten, beides zu gestalten und zu reflektieren. Die meisten medienpsychologischen Arbeiten zu diesem Themenbereich basieren auf der Theorie der sozialen Identität, die hier im Folgenden kurz umrissen werden soll, um dann den Medienbezug zu erläutern.

Grundannahme der Theorie der sozialen Identität ist, dass Menschen sich im Sinne einer »Selbstkategorisierung« verschiedenen Gruppen und Gruppierungen zuordnen (Mummendey, 1985; Tajfel, 1978, 1979, 1981). Gemeint sind sowohl kleine und kurzfristig bestehende Gruppen wie z. B. eine Fußballmannschaft als auch natürliche oder langfristig bestehende Gruppen wie z. B. Geschlecht oder Nationalität. Das individuelle Wissen, einer bestimmten Gruppe anzugehören, und die Bewertung dieser Gruppenzugehörigkeit werden als soziale Identität bezeichnet. Bei der Gestaltung der sozialen Identität grenzen sich Menschen im sozialen Vergleich von anderen Menschen ab. Sie vergleichen also, wie die eigene soziale Gruppe im Vergleich zu anderen Gruppen dasteht. Bei diesem Vergleich streben sie nach »positiver Distinktheit«, also nach einer positiven Selbstbewertung in Abgrenzung zu anderen Gruppierungen.

Die motivationale Komponente der Theorie der sozialen Identität ist demnach der Antrieb des Menschen, die eigene Person durch eine positive Bewertung der In-group aufzuwerten. Diese Aufwertung kann sich an objektiven Maßen orientieren (z. B. die eigene Fußballmannschaft hat mehr Tore geschossen) oder auch an subjektiven Deutungen (z. B. die eigene Mannschaft hat eine bessere Mannschaftskultur). Die Suche nach positiver Distinktheit kann Verhalten, Wahrnehmung und Bewertungen des Individuums beeinflussen (Turner, Brown & Tajfel, 1979). Damit ein sozialer Vergleich stattfindet, müssen verschiedene Voraussetzungen erfüllt sein. Zunächst müssen wir uns mit der eigenen Gruppe identifizieren, also die Gruppenzugehörigkeit als einen bedeutenden Teil des Selbstkonzeptes bewerten. Weiterhin sollte die Gruppenzugehörigkeit salient sein, d. h. sie sollte uns bewusst sein und aktuell eine gewisse Relevanz haben. Darüber hinaus sollte die Out-group im Hinblick auf die zu bewertenden Dimensionen eine relevante Vergleichsgruppe sein, und die Vergleichsdimension sollte mit einer gewissen Ambiguität behaftet sein (Turner et al., 1979). Beispielsweise sind konkurrierende Fußballmannschaften saliente und relevante Vergleichsgruppen, weil der Sport auf den Leistungsvergleich ausgerichtet ist. Die Mitarbeiter verschiedener Supermarktketten sehen sich aber möglicherweise weniger als Vergleichsgruppen, sondern als Angehörige einer gemeinsamen Gruppe.

Die Theorie der sozialen Identität wurde bisher im Zusammenhang mit Zeitungen (Rivenburgh, 2000), Online-Nachrichten (Knobloch-Westerwick & Hastall, 2010), Musik (Tarrant, North & Hargreaves, 2001; Zillmann et al., 1995) und Fernsehinhalten (Harwood, 1999; Trepte, 2004a) diskutiert. Die Autorinnen und Autoren dieser Studien gehen davon aus, dass Nachrichten, Musik und Fernsehsendungen ausgewählt werden, die in Bezug zu einer Gruppe stehen, der die Rezipientinnen und Rezipienten angehören. Sie nehmen an, dass die Musiktexte und Inhalte der Fernsehsendungen sowie die Musiker und Protagonisten den Bezug zur eigenen sozialen Gruppe stärken und deshalb den Selbstwert erhöhen können. Es wurde dabei gezeigt, dass die eigene Altersgruppe (Harwood, 1999; Knobloch-Westerwick & Hastall, 2010), Schulklasse (Tarrant et al., 2001), ethnische Gruppe (Zillmann et al., 1995) oder Nationalität (Rivenburgh, 2000) einen Einfluss auf das Medienwahlverhalten hat. Je eher die eigene soziale Gruppe repräsentiert ist, umso wahrscheinlicher ist es, dass die entsprechenden Medienangebote ausgewählt werden.

Theoretisch wurde der Zusammenhang der sozialen Identität und der Medienselektion im *Identitätsmodell der Medienwahl* modelliert (Trepte, 2004a, 2006). Prozesse der sozialen Identität werden hier als ausschlaggebend für die Medienselektion angesehen: Demnach rezipieren Zuschauer Fernsehinhalte in Form von Programminformationen, Trailern oder der Sendung selbst. Diese ersten Informationen über Fernsehinhalte aktualisieren eine oder mehrere soziale Kategorien, d. h. die Rezipienten fühlen sich an diese ihre soziale Kategorie erinnert, und sie wird salient. Denkbar ist, dass verschiedene Identitätsdimensionen gleichzeitig (zeitgleich oder in kurzem zeitlichen Abstand) wirken und die Medienwahl beeinflussen. So könnten Fernsehzuschauerinnen z. B. die Fernsehserie »How I Met Your Mother« auswählen, weil sie sich aufgrund einer Protagonistin gleichzeitig in ihrer sozialen Identität als Frau, als Berufstätige und als Single angesprochen fühlen. Referenzen zu all diesen Kategorisierungen sind in der Serie enthalten und werden bei der Medienwahl abgerufen. Folglich wird ein Prozess angestoßen, in dem die eigene Gruppenzugehörigkeit im *sozialen Vergleich* bewertet wird. Das Ziel des sozialen Vergleichs ist es, positive *soziale Distinktheit* zu erlangen, also mit einem guten Selbstwert aus dem sozialen Vergleich herauszugehen. So zeigen Knobloch-Westerwick und Hastall (2010), dass junge Leserinnen und Leser vor allem Nachrichten lesen, in denen Gleichaltrige positiv dargestellt werden, während ältere Leserinnen und Leser eher Interesse an negativen Beiträgen über jüngere Personen zeigen. Dieses Motiv, positive Informationen über die In-group und negative Informationen über die Outgroup zu sammeln, wird genährt durch das Bedürfnis nach positiver *sozialer Identität*, also der positiven Bewertung des eigenen Selbst und der im Selbst repräsentierten Gruppenzugehörigkeiten. Dies wird vor allem dann erreicht, wenn eine *Eigengruppenfavorisierung* stattfindet, wenn also Formate rezipiert werden, in denen Protagonisten der eigenen sozialen Kategorie positiv darstellt werden. Dementsprechend zeigten Knobloch-Westerwick & Hastall (2010) mit ihrer Studie, dass bei älteren Versuchspersonen nach der Lektüre der negativen Artikel über jüngere Personen ein signifikant positiver Selbstwert resultierte. Für die jüngeren Personen sind die Älteren vermutlich keine relevante Vergleichsgruppe. Negative Nachrichten über Ältere sind aufgrund dieser mangelnden Relevanz also auch nicht selbstwertdienlich.

Ausgehend von dem Motiv positiver Distinktheit und einer Eigengruppenfavorisierung folgt laut dem Identitätsmodell der Medienwahl die durch diese Motive geprägte Medienselektion und die eigentliche Medienrezeption. Die Medienrezeption führt selbst wieder zur Verstärkung oder möglicherweise auch zur Neudefinition sozialer Kategorien. Wenn beispielsweise in unterhaltenden TV-Serien positive Aspekte der eigenen sozialen Kategorie aufgezeigt werden (z. B. die Freiheit, als Single zu leben), so werden Zuschauer in ihrer Gruppenzugehörigkeit bestärkt. Sofern jedoch negative Aspekte gezeigt werden (z. B. einsame Singles), kann dies zu dem Wunsch führen, die eigene soziale Kategorie zu verlassen (z. B. nicht länger Single zu sein und sich einen festen Partner zu suchen), weil sonst negative soziale Distinktheit empfunden wird.

Die bisherigen Studien zur sozialen Identität zeigen, dass das Thema der Gruppenzugehörigkeit bei der *Medienwahl* eine bedeutsame Rolle spielt. Bisher liegen aber keine Studien vor, die sich damit befassen, ob die von Zuschauern antizipierte *Wirkung* auf die Identität und der Beitrag zur Identitätskonstruktion tatsächlich im erwünschten Maße stattfinden.

3.4 Emotionsbezogene Medienwahl

Emotionen und Stimmungen werden als wichtige Auslöser der Medienwahl verstanden. Ob unserer Mediennutzung ein anstrengender oder fröhlicher Tag vorausgeht, ob ein schockierendes Erlebnis oder eine traurige Erkenntnis verarbeitet werden müssen, beeinflusst maßgeblich, welche Musik wir hören, welche Fernsehsendung wir einschalten oder ob wir uns für eine »halbe Stunde Facebook« entscheiden.

Als einer der ersten Medienpsychologen befasste sich Dolf Zillmann intensiv mit dem Einfluss von Emotionen und Stimmungen auf die Medienwahl (vgl. für einen Überblick Whitaker,

Velez & Knobloch-Westerwick 2012). Zu Beginn seiner Forschung postulierte er die Drei-Faktoren-Theorie der Emotion (vgl. im Überblick Zillmann, 2004) und publizierte wenig später gemeinsam mit Jennings Bryant den ersten Beitrag zur emotionsbedingten *selective exposure*, also der selektiven Medienwahl (Zillmann & Bryant, 1985). Darauf basieren die bis heute viel beachteten Arbeiten zum *Mood Management*. Diese wurden seitdem laufend überarbeitet und geprüft. Eine nennenswerte Rolle spielen heute beispielsweise Ansätze zu Meta-Emotionen und Studien, die sich mit der Selektion trauriger Medieninhalte befassen. Sowohl die Grundlagen als auch die Weiterentwicklungen der Mood-Management-Theorie werden in diesem Abschnitt erläutert. Bevor wir uns jedoch den Annahmen der Mood-Management-Theorie und den daraus resultierenden Strömungen widmen, werden zunächst die Begriffe Emotion, Stimmung und Appraisal definiert. Die grundlegenden, psychologischen Emotionstheorien können hier aus Platzgründen nicht erläutert werden. In den Literaturhinweisen werden jedoch Artikel empfohlen, in denen die Emotionstheorien aus medienpsychologischer Perspektive (Schramm & Wirth, 2006; Zillmann, 2004) und auch die historische Entwicklung der Mood-Management-Theorie (Knobloch-Westerwick, 2006) systematisch aufbereitet werden.

Definitionen
▶ *Emotion* wird in Abhängigkeit von der zugrundeliegenden Emotionstheorie unterschiedlich verstanden. Zusammenfassend können wir festhalten, dass eine Emotion physiologische Erregung, motorischen Ausdruck, Handlungstendenzen und ein subjektives Gefühl umfassen kann. Emotionen treten in der Regel als Reaktion auf ein emotionsauslösendes Ereignis auf, sind von kurzer Dauer und haben einen vergleichsweise klar definierten Anfangs- und Endpunkt.

Stimmungen werden ebenso wie Emotionen als Formen des affektiven Erlebens verstanden. Im Gegensatz zu Emotionen sind sie jedoch langwieriger und können nicht einem konkreten Auslöser zugeordnet werden.

Appraisal (Übersetzung: Bewertung) ist ein Begriff, der insbesondere im Kontext der neueren Emotionstheorien relevant ist, die als Appraisal- oder Bewertungstheorien bezeichnet werden. Neben der physiologischen Erregung wird hier die Beurteilung der Bedeutung eines Objekts und die Abschätzung der Möglichkeiten, auf diese zu reagieren, betrachtet (siehe auch Abschnitt 4.2). ◂◂

Die Mood-Management-Theorie besagt, dass Zuschauer unterhaltsame Medienangebote in Abhängigkeit von ihrer aktuellen Stimmung auswählen und dass sie danach streben, eine möglichst gute Stimmung aufrechtzuerhalten oder herzustellen.

Zum paradigmatischen Hintergrund der Theorie ist wichtig zu erwähnen, dass es sich um eine emotionspsychologische Theorie handelt. Damit wird die Introspektion, also eine direkte Abfrage der Motive von den Rezipientinnen und Rezipienten (z. B. mithilfe von Fragebögen) als Forschungsmethode abgelehnt. Zillmann (1988a, 1988b) geht davon aus, dass die Befragten basierend auf einer Introspektion nur die gesellschaftliche Diskussion oder vordergründige Rationalisierungen, nicht jedoch ihre eigentlichen Motive wiedergeben würden.

Als *Prämissen* der Mood-Management-Theorie gelten die Annahmen, dass sich Menschen ihrer Bedürfnisse nicht bewusst sind und dass lediglich die Entscheidung zur Mediennutzung bewusst getroffen wird. Zillmann (1988a, 1988b) geht davon aus, dass Menschen grundsätzlich hedonistisch veranlagt sind. Die *theoretischen Annahmen* der Mood-Management-Theorie lassen sich in den folgenden sechs Punkten zusammenfassen:

1. Überstimulation wie Stress und Unterstimulation wie Langeweile sollen vermieden werden.
2. Bei Überstimulation werden beruhigende und bei Unterstimulation anregende Medieninhalte ausgewählt.
3. Der Mensch strebt danach, eine positive Stimmung zu erreichen und aufrechtzuerhalten bzw. negative Stimmungen zu vermeiden oder zu reduzieren.
4. Bei positiver Stimmung werden wenig ablenkende oder absorbierende Inhalte gewählt, um die positive Stimmung beizubehalten.

3.4 Emotionsbezogene Medienwahl

5. Bei negativer Stimmung werden ablenkende und involvierende Medieninhalte gewählt. Diese Stimuli sollten inhaltlich möglichst wenig mit der aversiven Stimmung zu tun haben.
6. Das Ergebnis einer Medienselektion wird gelernt und auf folgende Selektionsentscheidungen angewandt. Dabei wirken Prozesse des Verstärkungslernens (operantes Konditionieren): Positive Stimmungen wirken verstärkend und führen dazu, dass sich Menschen bei der nächsten anstehenden Medienwahl wieder für ein entsprechendes Angebot entscheiden.

Vereinfacht ist der Zusammenhang zwischen Stimmung und Erregungsniveau in **Abbildung 3.1** dargestellt. Hierbei handelt es sich um eine rein hypothetische Verteilung, die nicht das Ergebnis einer empirischen Studie ist. Die Abbildung verdeutlicht exemplarisch das Zillmann'sche Postulat, dass Menschen einen optimalen Stimmungszustand erreichen, wenn sie sich auf einem individuell mittleren Erregungsniveau befinden (vgl. zum Begriff der Erregung bzw. des Arousal Abschnitt 2.4).

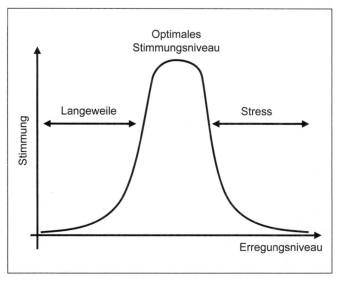

Abb. 3.1: Hypothetische Verteilung von Stimmung und Erregungsniveau

Die Mood-Management-Theorie wurde in unzähligen Studien überprüft und auf verschiedene Medienkontexte und Rezipientengruppen angewandt. Knobloch und Zillmann (2002) zeigten beispielsweise, dass Probanden je nach Stimmung auch ihre Musikpräferenzen änderten. Probanden, die zuvor in eine schlechte Stimmung versetzt wurden, hörten länger energiegeladene und fröhliche Musik als Probanden mit guter Stimmung.

Im Hinblick auf das Geschlecht wurde gezeigt, dass Frauen für diese Art des Mood-Managements fröhliche Filme präferieren, während Männer sich lieber sogenannten »High-arousal«-Filmen zuwenden, zu denen beispielsweise Actionfilme gezählt werden (Banerjee, Greene, Krcmar, Bagdasarov & Ruginyte, 2008).

Kritisch an den theoretischen Annahmen zur Mood-Management-Theorie wurde insbesondere gesehen, dass die Theorie nicht das offensichtliche Interesse vieler Rezipientinnen und Rezipienten an traurigen, aggressiven und aversiven (also unangenehmen) Medieninhalten beantworten kann. Es wurde daraufhin zu Recht die Frage gestellt, warum wir gern Filme sehen, in denen es Menschen schlecht geht (Mares & Cantor, 1992) oder warum wir gern melancholische Musik mit traurigen Texten hören (Schramm, 2005). Die mangelnde Erklärungskraft der Mood-Management-Theorie für die Zuwendung zu traurigen Medieninhalten wird häufig als *Sad-film-Paradoxon* bezeichnet (Oliver, 1993b; Vogel, 2007).

Verschiedene theoretische Erklärungen wurden vorgeschlagen, um das Sad-film-Paradoxon zu lösen, also besser zu verstehen, warum Menschen ganz aktiv traurige, niederschmetternde oder aversive Medieninhalte auswählen:

Information Utility bezeichnet das Bedürfnis, mithilfe von Medienangeboten Orientierung und Information über Probleme, gesellschaftliche Bedrohungen oder das Leben anderer zu erfahren (Hastall, 2009). Zillmann (2000) hat dieses Bedürfnis nach Orientierung und Information im Kontext der Mood-Management-Theorie so interpretiert, dass die Sammlung von Informationen dem mittelfristigen hedonischen Ziel, sich sicher und damit besser zu fühlen, dienen kann. Demnach

3.4 Emotionsbezogene Medienwahl

können kurzfristige hedonische Ziele zurückgestellt und kurzfristige »negative« Emotionen zugunsten langfristig erwarteter hedonischer Ziele in Kauf genommen werden (Zillmann, 2000).

Meta-Emotionen bezeichnen »Gefühle über Gefühle« oder eine emotionale Bewertung der eigenen Emotionen. Der Ansatz der Meta-Emotionen unterstellt, dass Menschen während der Mediennutzung ihre Emotionen in einem Bewertungsprozess wahrnehmen und überprüfen (Schramm & Oliver, 2012; Schramm & Wirth, 2010a). Dieses Appraisal kann so intuitiv wie primäre Emotionen erlebt werden (Bartsch, Vorderer, Mangold & Viehoff, 2008). Während der Rezeption von Horrorfilmen, Tragödien, Dramen oder anderen primär aversiven Inhalten können Rezipientinnen oder Rezipienten gleichzeitig negative Stimmungen im Hinblick auf die Inhalte, und positive Meta-Emotionen empfinden. Diese positiven Meta-Emotionen entstehen beispielsweise, weil die Rezipienten ein Interesse haben, neue oder fremdartige Emotionen zu erfahren, oder weil sie die Inhalte und die empfundenen Emotionen als besonders bedeutungsvoll empfinden (Schramm & Oliver, 2012). Wenn wir beispielsweise in dem Film »The Fighter« ertragen müssen, dass ein Kind von seinem Vater zurückgelassen und vernachlässigt wird, so erfahren wir auf diese Weise gleichermaßen, dass die Folgen des Drogenkonsums, einer beruflichen Obsession und eines spezifischen Lebensstils sogar das feste Band der Eltern zu ihren Kindern zerstören kann und begeben uns dabei in eine erschütternde Lebenswelt, die wir ohne die Rezeption des Films möglicherweise nicht erfahren könnten. Dass diese Situation überhaupt nachvollzogen und in eingeschränktem Maße erlebt werden kann, vermittelt dann *positive* Meta-Emotionen, weil diese Emotionen als bedeutungsvoll empfunden werden.

Persönlichkeitsvariablen wurden in diesem Prozess ebenfalls als relevante Prädiktoren der Selektion trauriger oder generell aversiver Medieninhalte herausgestellt. Beispielsweise zeigte sich, dass das Bedürfnis, traurige Filme auszuwählen und damit auch traurige Emotionen zu erfahren, bei empathischen Personen stärker ausgeprägt ist (Oliver, 1993b). Auch das *Geschlecht* spielt hier eine nennenswerte Rolle. Frauen zeigten ein signifikant höheres Interesse daran, traurige Filme zu sehen (Oliver, Weaver & Sargent, 2000).

Während Dolf Zillmann (1988a, 1988b) als Vater der Mood-Management-Theorie die Integration sozial-kognitiver Elemente und auch die Introspektion als Methode explizit ausschloss, werden heute zunehmend Ansätze vorgeschlagen, in denen nicht nur Emotion, sondern auch Kognition eine Rolle spielt. Diese neueren Ansätze beinhalten kognitiv gesteuerte Motive der individuellen Selbstverwirklichung, Stimmungen und sozial-kognitive Aspekte. In Abschnitt 3.5 zeigen wir, wie eine Integration dieser theoretischen Perspektiven geleistet wird.

3.5 Aktuelle Ansätze zur Medienwahl

In aktuellen Ansätzen zur Unterhaltungsselektion geht es vor allem darum, die emotionspsychologische Perspektive um sozial-kognitive Elemente zu erweitern (vgl. im Überblick Vorderer & Reinecke, 2012). Viele offene Fragen haben dazu geführt, eine längst überfällige Erkenntnis zu gewinnen: Emotionale und kognitive Prozesse gehen bei der Medienselektion Hand in Hand und müssen demnach bei der Theorienentwicklung ebenfalls als integrierte Konstrukte betrachtet werden.

Ein Wissenschaftlerteam um den US-amerikanischen Medienpsychologen Ron Tamborini arbeitet daran, die von Ryan und Deci (2000) begründete *Self-Determination Theory* zur Erklärung der Mediennutzung heranzuziehen. Diese geht davon aus, dass zur generellen Bedürfnisbefriedigung und zum individuellen Wohlbefinden drei Motive befriedigt sein müssen: *Autonomie, Herausforderung, Beziehungen zu anderen Menschen* (vgl. dazu auch Vorderer, 2006). Im Hinblick auf die Rezeption unterhaltsamer Medieninhalte wird angenommen, dass neben rein hedonistischen Bedürfnissen auch die genannten drei Bedürfnisse höherer Ordnung maßgebend für die Medienwahl sein können (Tamborini et al., 2011). Damit werden Motive der Mediennutzung vorgeschlagen, die das persönliche Wachstum und die individuelle Weiterentwicklung betreffen. Weiterführend schlagen Reinecke und Kollegen (2012) vor, Mood-Management nicht nur als *Ablenkung* von aversiven Stimmungen zu sehen, sondern mit der aktiven *Zuwendung* eine Art »Mood-Repair« zu betreiben. Der Begriff Mood-Repair wurde bereits von Zillmann (2000) vorgeschlagen, dort jedoch immer im Sinn einer Beendigung negativer Stimmungen ausgelegt, während die genannten Autoren vermuten, dass negative Stimmungen zum persönlichen Wachstum geeignet sind.

Vorderer (2011) schlägt basierend auf der Self-Determination Theory ein Zwei-Ebenen-Modell vor. Dieses soll nicht nur das Motiv der Unterhaltungsnutzung erklären, sondern auch die *appreciation*, also die antizipierte kognitiv *und* emotional anerkennende Bewertung der Unterhaltungsformate. Vorderer (2011) ergänzt vorhandene Selektionstheorien dahingehend, dass nicht nur das bloße emotional geprägte Vergnügen, sondern eben auch die mentale Wertschätzung eines Medienangebotes antizipiert wird und einen Einfluss auf die letztlich stattfindende Medienwahl hat.

Der wesentliche Gewinn dieser Ansätze ist, dass die unmittelbare emotionale Bedürfnisbefriedigung zwar als ein erstes Ziel der Medienwahl verstanden wird, dass aber auch Nutzungsmotive berücksichtigt werden, die eine tiefere, mentale Befriedigung versprechen, zum Beispiel auf intellektueller oder ästhetischer Ebene.

An diesen Gedanken knüpfen Ansätze zur *Meaningfulness* an (Oliver & Raney, 2011). Demnach kann Medienunterhaltung aus verschiedenen Gründen als »meaningful« oder bedeutsam verstanden werden: (1) wenn sie sich auf moralische Verdienste anderer bezieht, (2) wenn sie Anlass dazu gibt, das eigene moralische Selbstverständnis zu reflektieren, (3) wenn sie Hinweise beinhaltet, wie ein glückliches Leben geführt werden kann, oder an den Wert des Lebens erinnert, (4) wenn sie verspricht, sich mit einem Thema zu befassen, mit dem sich auch die Zuschauerin oder der Zuschauer intensiv auseinandersetzt (Oliver & Bartsch, 2011). Wenn Unterhaltungsangebote diese Gratifikationen versprechen, so sollten Zuschauerinnen und Zuschauer die antizipierten aversiven Inhalte in Kauf nehmen, um aus den

Medieninhalten Bedeutungsvolles für ihr eigenes Leben zu extrahieren.

Die hier genannten neueren Ansätze werden nun zunehmend auch in der aktuellen *Wirkungs*forschung aufgegriffen (vgl. dazu Kap. 5). Hier untersucht man, welchen Einfluss Unterhaltungsangebote auf das individuelle Lernen und die Orientierung in der sozialen Umwelt haben.

Zusammenfassung

Medienselektion kann emotionale, sozial-kognitive und sogar auf das individuelle Verhalten bezogene Ursachen haben. Gerade in den Anfängen der medienpsychologischen Forschung, aber auch heute, befasst man sich mit der Frage, welchen Einfluss die Persönlichkeit auf die Medienselektion hat. Die Persönlichkeitsvariable Neurotizismus scheint vor allem ein Interesse an bedrohlichen Medieninhalten zu erklären, weil neurotische Menschen ein großes Informations- und Orientierungsbedürfnis im Hinblick auf diese Nachrichten empfinden. Insgesamt wird die Persönlichkeit besonders dann interessant, wenn man sie in komplexe Modelle integriert und sie als ein Puzzleteil versteht, das nur in Kombination mit anderen Aspekten die Medienselektion vorhersagt. Sozial-kognitive Theorien wie die Theorie der kognitiven Dissonanz zeigen, dass Menschen bei der Medienselektion abzuwägen scheinen, welche Information für sie bedeutsam ist. Rezipientinnen und Rezipienten wählen Nachrichteninhalte so aus, dass sie möglichst keine Dissonanz erzeugen, oder sie werden aktiv zur Reduktion kognitiver Dissonanz eingesetzt, um Widersprüche zwischen den eigenen Einstellungen zu befrieden. Der soziale Vergleich mit anderen kann ein Rezeptionsmotiv sein, um die eigene Identität aufzuwerten. Mit dem Blick auf andere, in den Medien dargestellte Personen, denen es schlechter geht, die weniger gut gestellt sind, lassen sich eigene Defizite kompensieren. Die Mood-Management-Theorie besagt, dass Menschen vor allem danach streben, sich in angenehme Stimmungen zu versetzen, und Medien für dieses Stimmungsmanagement zur Hilfe nehmen. Neuere Ansätze schlagen die Brücke zwischen medienpsychologischen Arbeiten, die nur auf emotionale oder kognitive Prozesse konzentriert sind. Sie zeigen, dass die Medienwahl nur umfassend verstanden und erklärt werden kann, wenn die Komplexität von Emotion, Kognition und Verhalten berücksichtigt wird. Zukünftig wird man in der medienpsychologischen Forschung sicher mehr darüber diskutieren, ob es weiterhin sinnvoll ist, verschiedene Medien getrennt voneinander zu betrachten, oder ob es nicht sinnvoller erscheint, über »Medienrepertoires« nachzudenken. Hasebrink und Kolleginnen (Hasebrink & Domeyer, 2010; Hasebrink & Popp, 2006) haben dazu erste Vorschläge unterbreitet, die mit der Vermischung »alter« und »neuer« Medien zunehmende Relevanz erhalten werden.

Literaturempfehlungen

Bryant, J. & Oliver, M. B. (Eds.). (2008). *Media Effects: Advances in theory and research*. Mahwah, NJ: Lawrence Erlbaum Associates.

Donsbach, W. (2009). Cognitive dissonance theory – a roller coaster career: How communication research adapted the theory of cognitive dissonance. In T. Hartmann (Ed.), *Media Choice. A theoretical and empirical overview* (pp. 128–148). New York: Routledge.

Hall, A. (2005). Audience personality and the selection of media and media genres. *Media Psychology, 7*(4), 377–398.

Schramm, H. & Wirth, W. (2006). Medien und Emotionen. Bestandsaufnahme eines vernachlässigten Forschungsfeldes aus medienpsychologischer Perspektive. *Medien- und Kommunikationswissenschaft, 54*(1), 25–55.

Trepte, S. (2006). Social identity theory. In J. Bryant & P. Vorderer (Eds.), *Psychology of entertainment* (pp. 255–271). Mahwah, NJ: Lawrence Erlbaum Associates.

Vorderer, P. & Reinecke, L. (2012). Zwei-Prozess-Modelle des Unterhaltungserlebens: Unterhaltung im Schnittbereich hedonischer und non-hedonischer Bedürfnisbefriedigung. In L. Reinecke & S. Trepte (Hrsg.), *Unterhaltung in neuen Medien. Perspektiven zur Rezeption und Wirkung von Online-Medien und interaktiven Unterhaltungsformaten* (S. 12–29). Köln: Herbert von Halem Verlag.

Whitaker, J., Velez, J. & Knobloch-Westerwick, S. (2012). Mood Management und Selective Exposure in interaktiven Unterhaltungsmedien. In L. Reinecke & S. Trepte (Hrsg.), *Unterhaltung in neuen Medien. Perspektiven zur Rezeption und Wirkung von Online-Medien und interaktiven Unterhaltungsformaten* (S. 30–47). Köln: Herbert von Halem Verlag.

Fragen zur Selbstüberprüfung
1. Erstellen Sie eine Liste der aus Ihrer Sicht fünf wichtigsten Rezeptionsmotive.
2. Welche Persönlichkeitsfaktoren haben sich in der medienpsychologischen Forschung als besonders sinnvoll zur Vorhersage der Medienwahl erwiesen?
3. Welche Varianzaufklärung leisten Persönlichkeitsvariablen bei der Vorhersage der Medienwahl?
4. Welche Merkmale einer Zeitung könnten dazu führen, dass wir auch dissonante Informationen wahrnehmen?
5. Welche persönlichen Merkmale machen die Wahrnehmung dissonanter Informationen wahrscheinlich?
6. Wie »arbeiten« Menschen bei der Mediennutzung an ihrer Identität?
7. Warum und auf welche Weise kann die Identität bei der Medienselektion eine Rolle spielen?
8. Definieren Sie Emotion, Stimmung und Appraisal
9. Welchen Einfluss können Stimmungen auf die Medienwahl haben?
10. Warum möchten Menschen traurige Filme sehen oder traurige Musik hören?
11. Nennen Sie aktuelle theoretische Ansätze zur Erklärung der Medienwahl.

4 Medienrezeption

> Unter dem Begriff der Medienrezeption bzw. des Rezeptionserlebens werden in der Medienpsychologie die Prozesse beforscht, die sich *während* der Nutzung von Medien vollziehen. Das Rezeptionserleben beschreibt die Gedanken und Gefühle, die Medienstimuli bei den Nutzerinnen und Nutzern hervorrufen. Das vorliegende Kapitel liefert einen Überblick zu den kognitiven und emotionalen Prozessen, die dem Rezeptionserleben zugrunde liegen. Dabei wird zuerst verdeutlicht, welche Schritte der Informationsverarbeitung notwendig sind, damit wir Medienbotschaften überhaupt wahrnehmen und verstehen können (Abschnitt 4.1). Der zweite Teil des Kapitels beschreibt, wie Emotionen während der Medienrezeption entstehen und in welcher Form sie während der Mediennutzung auftreten können (Abschnitt 4.2). Für ein umfassendes Verständnis des Rezeptionserlebens sind darüber hinaus weitere Prozesse zentral. Dazu zählen das Unterhaltungserleben (4.3), die Auseinandersetzung mit Medienfiguren (Abschnitt 4.4) sowie das Eintauchen in mediale Welten (Abschnitt 4.5). Das Kapitel stellt die wichtigsten theoretischen Ansätze aus diesen Bereichen vor.

4.1 Kognitive Verarbeitung von Medienbotschaften

Kognition und Emotion sind die Grundsäulen des menschlichen Erlebens (Ellsworth & Scherer, 2003) und bilden somit auch das Fundament für alle Prozesse, die bei der Rezeption von Medien ablaufen (siehe auch Kap. 1 zur grundlegenden Rolle von Kognition und Emotion in der medienpsychologischen Forschung). Kognitive Prozesse der *Informationsverarbeitung* sind der Ausgangspunkt für jegliche Rezeptionserfahrung: Nur die Teile einer Medienbotschaft, die wir wahrnehmen und kognitiv verarbeiten, können einen Einfluss auf unser Erleben bei der Mediennutzung haben. Ein Modell zur Informationsverarbeitung von Medienbotschaften, das in der medienpsychologischen Forschung in den vergangenen Jahren großen Einfluss gewonnen hat, ist das »Limited Capacity Model of Motivated Mediated Message Processing« von Annie Lang (2000, 2009). Das Modell hat seine Wurzeln in kognitionspsychologischen Ansätzen zu Gedächtnis- und Informationsverarbeitungsprozessen und überträgt diese auf den Kontext der Verarbeitung von Medienbotschaften.

Definition
▶ Der Begriff der *Informationsverarbeitung* beschreibt eine Gruppe von simultan verlaufenden kognitiven Prozessen, die Individuen auf (Medien-)Stimuli und deren mentale Repräsentation im Arbeitsgedächtnis anwenden. Ein Teil dieser Prozesse verläuft automatisch, andere unterliegen der willentlichen Kontrolle des Individuums (Lang, 2000). ◀◀

Das Limited Capacity Model beschreibt zunächst drei zentrale kognitive Verarbeitungsprozesse, die sich während der Medienrezeption vollziehen (Lang, 2000, 2009):

1. *Enkodierung:* Der erste Schritt in der Verarbeitung von Medienstimuli besteht im Transfer der Medienbotschaft in das Arbeitsgedächtnis. Dabei entsteht eine *mentale Repräsentation*, also ein durch unser kognitives System verwertbares Abbild der Medienbotschaft.
2. *Speicherung:* Ein Teil der bei der Medienrezeption ins Arbeitsgedächtnis übertragenen Inhalte wird für die längerfristige Speicherung ins Langzeitgedächtnis transferiert. Solche Speicherprozesse sind für die Medienrezeption äußerst wichtig: Würden wir beispielsweise den Handlungsverlauf in einem Film und die präsentierten Informationen über die Protagonisten nicht abspeichern, wüssten wir am Ende des Films nichts mehr über dessen Anfang und könnten die erzählte Geschichte weder verstehen noch einordnen.

3. *Abruf:* Der dritte Teilprozess der Informationsverarbeitung bei der Medienrezeption ist der Abruf von Informationen aus dem Langzeitgedächtnis. Dieser Prozess ist nicht nur für das Reaktivieren von abgespeicherten Informationen *nach* der Mediennutzung und damit für längerfristige Lernprozesse und *Medienwirkungen* (siehe Kap. 5 und 6) relevant. Auch *während* der Medienrezeption müssen ständig Informationen aus dem Gedächtnis abgerufen (z. B. Vorgeschichte, Beziehung der dargestellten Personen zueinander) und mit der aktuell verarbeiteten Sequenz in Beziehung gesetzt werden. Nur so können wir die Medienbotschaft interpretieren und dem Handlungsverlauf folgen.

Die drei Teilprozesse der Informationsverarbeitung verlaufen bei der Mediennutzung keineswegs rein sequentiell. Vielmehr arbeiten sie simultan und interagieren miteinander. Dabei verbrauchen alle drei Prozesse kognitive Ressourcen, also Verarbeitungskapazität. Die zentrale Grundannahme des Limited Capacity Model besagt, dass diese kognitive Kapazität *begrenzt* ist. Die verfügbaren kognitiven Ressourcen müssen bei der Medienrezeption also auf die drei Teilprozesse Enkodierung, Speicherung und Abruf verteilt werden.

Die Menge der für die Verarbeitung benötigten kognitiven Ressourcen hängt dabei stark von der *inhaltlichen Komplexität* einer Medienbotschaft und ihrer *Gestaltung* ab (Lang, 2000; Lang, Park, Sanders-Jackson, Wilson, & Wang, 2007; Sweller, van Merrienboer, & Paas, 1998). So verbraucht die Verarbeitung einer identischen Informationseinheit bei unterschiedlicher medialer Vermittlung unterschiedlich viel kognitive Kapazität. Die Anzahl unterschiedlicher Informationsquellen (z. B. Bild und Text), die zur Interpretation integriert werden müssen, die Anzahl der angesprochenen Sinnesmodalitäten (z. B. visuelle und auditive Informationen) sowie die Redundanz der auf den entsprechenden Sinneskanälen präsentierten Informationen beeinflussen die »Cognitive Load«, also die zur Verarbeitung benötigten kognitiven Ressourcen (Sweller et al., 1998).

Wie viel kognitive Kapazität tatsächlich für die Enkodierung, Speicherung und den Abruf von Informationen bei der Medienrezeption aufgebracht wird, unterliegt nach Lang (2000, 2009) sowohl *willentlich kontrollierten* als auch *automatischen* Prozessen der Ressourcenverteilung:

- Die *willentlich kontrollierte* Investition kognitiver Ressourcen folgt den individuellen *Zielen, Vorlieben* und *Vorerfahrungen* der Nutzerinnen und Nutzer (siehe auch den Exkurs im folgenden Kasten).
- *Automatische* Prozesse der Ressourcenverteilung folgen hingegen in erster Linie *Charakteristika des Medienstimulus*. Neue, wechselnde oder besonders intensive Stimuli werden dabei mit höherer Wahrscheinlichkeit intensiv verarbeitet, da sie in der Lage sind, eine sogenannte *Orientierungsreaktion* hervorzurufen (Lang, 1990). So führen beispielsweise Schnitte und Kamerawechsel bei der TV-Rezeption oder Spezialeffekte (z. B. »Jingles«) bei der Radionutzung zu einem gesteigerten Einsatz kognitiver Ressourcen (Lang, 1990; Lang, Geiger, Strickwerda & Sumner, 1993; Potter, Lang & Bolls, 2008).

Überschreitet die Menge kognitiver Ressourcen, die für eine gründliche Verarbeitung des Medienstimulus notwendig wäre, die verfügbaren Kapazitäten, kommt es zu kognitiver Überlastung (»Cognitive Overload«, Lang, 2009, S. 197). Dabei bricht die Informationsverarbeitung in der Regel nicht vollständig zusammen. Die einzelnen Teilprozesse (Enkodierung, Speicherung, Abruf) können aber nicht mehr optimal ausgeführt werden. Als Resultat kann beispielsweise die Erinnerungsleistung an Details der Medienbotschaft in Mitleidenschaft gezogen werden.

> **Exkurs: Die Rolle der Nutzungsmotivation bei der Rezeption politischer Nachrichten**
> Wie stark der Einfluss der persönlichen Motive von Mediennutzerinnen und -nutzern bei der Informationsverarbeitung ist, zeigt medienpsychologische Forschung auf dem Gebiet der Nachrichtenrezeption. In einer Längsschnittstudie befragten Eveland et al. (2003) im laufenden US-Wahlkampf des Jahres 2000 eine repräsentative Stichprobe von US-Amerika-

nern zu ihrer Mediennutzungsmotivation, ihrer Nutzung von Nachrichten in TV und Tageszeitung und ihrem Wissen über die zwei Präsidentschaftskandidaten, George W. Bush und Al Gore. Die Ergebnisse der Studie belegen, dass Personen mit einer stärker ausgeprägten Motivation, sich durch die Medien über das Tagesgeschehen zu informieren, Nachrichten in TV und Presse mehr *Aufmerksamkeit* widmeten und die dort präsentierten Informationen intensiver verarbeiteten als Personen mit geringerer Informationsmotivation. Personen mit höherer Informationsmotivation lernten daher durch die Mediennutzung mehr über die Präsidentschaftskandidaten, weil sie die in den Medien präsentierten Informationen intensiver verarbeiteten als weniger motivierte Personen. Nicht die bloße Konfrontation mit einem Medieninhalt, sondern die individuellen Ziele und Motive der Nutzerinnen und Nutzer und die daraus resultierende Verarbeitungstiefe sind somit ausschlaggebend für die Medienrezeption und -wirkung.

In Abschnitt 4.2 werden wir verdeutlichen, dass Kognitionen eine zentrale Rolle beim Entstehen von Emotionen einnehmen: Ohne kognitive Bewertungsprozesse gäbe es keine emotionalen Reaktionen. Im Gegenzug wirkt sich der emotionale Zustand eines Rezipienten bzw. einer Rezipientin seinerseits auf die kognitive Verarbeitung von Medienbotschaften aus (Nabi, 2009; Wirth & Schramm, 2005). Zum Beispiel werden Medienstimuli, die zu stärkeren emotionalen Reaktionen führen, besser erinnert als emotional neutrale Stimuli (siehe Wirth & Schramm, 2005 für einen Überblick).

Auch die durch Emotionen beeinflussten Informationsverarbeitungsprozesse lassen sich mit dem Limited Capacity Model erklären. Nach Lang et al. (2007) haben Emotionen einen Einfluss auf das Ausmaß der zur Verarbeitung eines Stimulus eingesetzten kognitiven Ressourcen. Daten aus experimentellen Studien zeigen, dass Medienstimuli, die zu einer erhöhten emotionalen Erregung führen, bei der Rezeption intensiver (also mit erhöhtem Einsatz kognitiver Ressourcen) enkodiert und deshalb mit höherer Wahrscheinlichkeit erinnert werden (Lang, Dhillon

& Dong, 1995; Lang et al., 2007). Neben dem Erregungslevel hat auch die emotionale Valenz einen Einfluss auf die Informationsverarbeitung: Während bei niedrigen Erregungslevels positive Stimuli intensiver enkodiert werden als negative Stimuli, verhält es sich bei mittlerem und hohem Erregungslevel umgekehrt (Lang et al., 2007).

Insgesamt bildet das Limited Capacity Model eine sehr hilfreiche Basis, um die kognitiven Grundlagen der Medienrezeption zu verstehen. Das Verdienst des Modells besteht vor allem darin, die umfangreiche kognitionspsychologische Forschung zu Prozessen der menschlichen Informationsverarbeitung (für einen Überblick siehe Anderson, 2001) zu bündeln und gezielt auf den Kontext der Medienrezeption zu übertragen. Diese Stärke des Modells zeigt gleichzeitig seine möglichen Grenzen auf: In bestimmten Bereichen ist das Limited Capacity Model wenig detailliert. Für bestimmte Anwendungsbereiche, etwa die Nutzung von Medien im Kontext der Wissensvermittlung, erweisen sich daher andere theoretische Ansätze als geeigneter. Im nachfolgenden Abschnitt 4.1.1 wird eine Auswahl dieser Ansätze vorgestellt.

4.1.1 Kognitive Prozesse bei der Nutzung von Lernmedien

Neben den grundlegenden kognitiven Verarbeitungsprozessen während der allgemeinen Medienrezeption, die Gegenstand des vorab beschriebenen Limited Capacity Models sind, nimmt die Erforschung der Nutzung und Gestaltung von Lernmedien innerhalb der Medienpsychologie einen immer größeren Stellenwert ein.

Definition
▸ Als *Lernmedien* werden Lerninhalte bezeichnet, die nach didaktischen Kriterien aufbereitet wurden und unter Einsatz von Medien (z. B. Lehrbuch, Lehrvideo oder Unterrichtssoftware) an Lernende vermittelt werden (Paechter, 2007).

Häufig stößt man in diesem Kontext auch auf den Begriff des *E-Learnings*, der sich auf Lern- und Lehrprozesse bezieht, bei denen digitale Medien bzw. Informations- und Kommunikationstechnologien zum Einsatz kommen (Köhler, Kahnwald & Reitmeier, 2008). ◄◄

Medienpsychologische Forschung bezieht sich dabei auf alle denkbaren Formen von Lernmedien, etwa den Einsatz von Video-Tools im Schulkontext (Zahn, Krauskopf, Hesse & Pea, 2012) oder die Wirkung dreidimensionaler Visualisierungen (Schweizer, Gramß, Mühlhausen & Vogel-Heuser, 2009), interaktiver Videos (Schwan & Riempp, 2004) und multimedialer Lernanwendungen (Bodemer, Ploetzner, Bruchmüller & Häcker, 2005) bei der Wissensvermittlung. Auch neue mediale Entwicklungen sind Gegenstand der Forschung, beispielsweise der Einsatz von Wikis beim Lernen in Gruppen (Moskaliuk, Kimmerle, & Cress, 2012) oder die Rolle von Avataren beim Lernen in virtuellen Umgebungen (Allmendinger, 2010).

Innerhalb der medienpsychologischen Forschung werden Lernmedien häufig als Formen *multipler externer Repräsentationen* betrachtet (Ainsworth, 1999). Medien stellen demnach externe Speicher von Informationen dar, die von Lernenden kognitiv verarbeitet und zueinander in Beziehung gesetzt werden müssen. Lerninhalte werden durch verschiedene Arten der medialen Darstellung vermittelt, und sie werden dabei häufig verschiedene externe Repräsentation kombiniert (z. B. in Multimedia-Anwendungen). Ein wichtiges Anliegen der medienpsychologischen Forschung ist es zu verstehen, wie die Eigenschaften von Lernmedien mit dem kognitiven System der Lernenden interagieren. Ziel ist es, aus den so gewonnenen Erkenntnissen Gestaltungsrichtlinien für effiziente Lernmedien abzuleiten.

Ähnlich wie bei der allgemeinen Medienrezeption nehmen die kognitiven Ressourcen der Rezipientinnen und Rezipienten auch bei der Nutzung von Lernmedien einen zentralen Stellenwert ein. Die *Cognitive Load Theory* von Sweller und Kollegen unterscheidet drei Formen der kognitiven Beanspruchung, die bei der Verarbeitung von Lernmedien auftreten (Sweller et al., 1998):

- Der *Intrinsic Cognitive Load* bezieht sich auf die Belastung, die durch die Komplexität der Lernaufgabe (z. B. Anzahl der zu

verarbeitenden Informationseinheiten) entsteht. Der Intrinsic Cognitive Load ist somit aufgabeninhärent und kann nicht durch die Gestaltung des Lernmediums verringert werden.
- Der *Extraneous Cognitive Load* bezieht sich auf kognitive Belastungen, die durch die Gestaltung des Lernmediums entstehen und somit zu unnötiger zusätzlicher Beanspruchung führen.
- Der *Germane Cognitive Load* entsteht durch höhere kognitive Verarbeitungsprozesse, die über die reine Enkodierung und Speicherung der vermittelten Informationen hinausgehen. Solche kognitiven Prozesse, z. B. die Verknüpfung mit bestehendem Wissen, sind besonders lernförderlich.

Genau wie das Limited Capacity Model (Lang, 2000), geht auch die Cognitive Load Theory davon aus, dass unsere kognitive Kapazität begrenzt ist. Die Forschung zur Gestaltung von Lernmedien zielt somit darauf, den durch das Medium verursachten Zusatzaufwand (Extraneous Cognitive Load) zu minimieren und lernförderliche Verarbeitungsprozesse (Germane Cognitive Load) zu maximieren.

Eine Reihe theoretischer Ansätze gibt Hinweise darauf, welche Gestaltungskriterien bei der Erstellung von Lernmedien erfolgsversprechend sind. Besonders wichtig sind dabei Überlegungen zur *Codalität* und *Modalität* unterschiedlicher medialer Repräsentationen (Salomon, 1979). Der Begriff der Codalität bezieht sich auf die Tatsache, dass unterschiedliche Medien auf unterschiedlichen Symbolsystemen oder »Codes« basieren. So können Informationen in Lernmedien auf der Basis *verbaler* Informationen (z. B. Text) und *piktorialer* Informationen (z. B. Abbildungen) repräsentiert werden. Modalität beschreibt, dass unterschiedliche mediale Repräsentationen unterschiedliche Sinnesmodalitäten ansprechen. Während geschriebener Text über das *visuelle* System verarbeitet wird, wird gesprochener Text über das *auditive* System verarbeitet.

Beispiel
▶ *Multicodalität und Multimodalität*
Lernmedien können ganz unterschiedliche Kombinationen von Codalität und Modalität aufweisen. Werden von einem Lern-

medium verschiedene Symbolsysteme verwendet und unterschiedliche Sinnesmodalitäten angesprochen, spricht man von Multicodalität bzw. Multimodaliät. Eine multimediale Lernumgebung, die zur Vermittlung der Lerninhalte beispielsweise Animationen in Kombination mit geschriebenen Text einsetzt, wäre somit multicodal aber nur unimodal: Das Lernmedium greift zwar sowohl auf piktoriale (Animation) als auch auf verbale (Text) Codes zurück. Beide Formen der Repräsentation werden aber vom visuellen kognitiven System verarbeitet. Eine Multimedia-Anwendung, die Animationen mit gesprochenem Text kombiniert, wäre hingegen sowohl multicodal als auch multimodal (Mayer, 2001). ◂◂

Die *Cognitive Theory of Multimedia Learning* (Mayer, 2001, 2005) wendet grundlegende kognitionspsychologische Erkenntnisse zur Funktion des Arbeitsgedächtnisses und zur Struktur mentaler Repräsentationen auf den Bereich des Lernens mit multicodalen und multimodalen Repräsentationen an. Ausgehend vom Modell des Arbeitsgedächtnisses nach Baddeley (1992) nimmt die Theorie an, dass auditiv-verbale und visuell-piktoriale Informationen auf zwei getrennten kognitiven Kanälen verarbeitet werden. Darüber hinaus werden verbale und piktoriale Informationen im Arbeitsgedächtnis unterschiedlich enkodiert und führen zu separaten mentalen Repräsentationen (Clark & Paivio, 1991). Daraus leitet Mayer (2001, 2005) eine Reihe zentraler Gestaltungsgrundsätze für multimediale Lernmedien ab:

- Das *Multimedia-Prinzip*: Die Kombination von verbalen und piktorialen Repräsentationen führt zu komplexeren mentalen Modellen und steigert damit den Lernerfolg.
- Das *Modalitäts-Prinzip*: Die Präsentation von Informationen auf verschiedenen Sinnesmodalitäten (z. B. Animation in Kombination mit gesprochenem Text) entlastet die kognitiven Ressourcen und erleichtert das Lernen.
- Das *Redundanz-Prinzip:* Die Präsentation redundanter Informationen (z. B. geschriebener Text in Kombination mit auditiver Wiedergabe desselben Textes) belastet das Arbeitsgedächtnis unnötig und erschwert das Lernen.

- Das *Kontinguitäts-Prinzip*: Zusammengehörige piktoriale und verbale Informationen werden besser gelernt, wenn sie zeitgleich und in räumlicher Nähe zueinander präsentiert werden.

Die Gültigkeit dieser Prinzipien für den Lernerfolg mit multimedialen Lernmedien ist in zahlreichen Studien untersucht worden und zeigt sich auch in den Ergebnissen von Meta-Analysen (Ginns, 2005, 2006).

Neben der Gestaltung und den kognitiven Anforderungen des Lerninhalts und des Lernmediums haben auch die Nutzerinnen und Nutzer selbst einen Einfluss auf den Lernprozess und können über den Einsatz ihrer mentalen Ressourcen bis zu einem gewissen Grad selbst bestimmen. Das Konzept des *Amount of Invested Mental Effort* (AIME, Salomon, 1984) bezeichnet das Ausmaß an kognitiver Anstrengung, das Nutzerinnen und Nutzer bei der Informationsverarbeitung willentlich aufbringen. Wie hoch die investierte mentale Anstrengung ausfällt, hängt nach Salomon (1984) zum einen von den subjektiv empfundenen *Anforderungen* ab, die das Medium an die Nutzer stellt und zum anderen davon, wie *kompetent* sich die Nutzer im Umgang mit dem Medium fühlen. Beide Faktoren interagieren miteinander.

Beispiel
▶»*Television is easy and print is tough*«
Die Grundannahmen des AIME lassen sich gut an einem Experiment von Salomon (1984) verdeutlichen: Schüler der sechsten Klasse wurden zunächst zu ihren Erwartungen in Bezug auf die Anforderungen bei der Nutzung von Filmen versus Texten und zu ihrer wahrgenommenen Kompetenz im Umgang mit beiden Medien befragt. Danach sahen die Probanden entweder einen Film oder erhielten einen Text, der die im Film gezeigte Handlung beschrieb. Im Anschluss beantworteten die Schüler Verständnis- und Erinnerungsfragen zum Inhalt des Videos bzw. Textes. Die Ergebnisse der Vorabbefragung ergaben, dass die Schüler Filme im Vergleich zu Texten als »leichter« (geringere Anforderungen des Mediums) empfanden und sich selber im Umgang mit Filmen kompetenter fühlten als im Umgang mit

4.1 Kognitive Verarbeitung von Medienbotschaften

Texten. Die nach der Rezeption erfasste Lernleistung zeigte aber ein genau umgekehrtes Bild: Die Schüler in der Textbedingung zeigten nach dem Experiment ein besseres Ergebnis als die Schüler in der Filmbedingung. Die Erklärung nach Salomon: Da die Schüler in der Filmbedingung annahmen, der Film würde nur geringe kognitive Anforderungen an sie stellen, und sich kompetent im Umgang mit dem Medium fühlten, investierten sie weniger kognitive Anstrengung in die Informationsverarbeitung und elaborierten die Inhalte weniger sorgfältig als die Schüler in der Textbedingung, die sich stärker vom Medium gefordert fühlten. Die Forschung zum AIME verdeutlicht somit, wie stark die Voreinstellung und die Erwartungen gegenüber einem Medium die kognitive Auseinandersetzung mit den Inhalten beeinflussen kann. ◄◄

Insgesamt hat die medienpsychologische Forschung in den vergangenen Jahren einen beträchtlichen Beitrag zu einem besseren Verständnis der kognitiven Prozesse bei der Nutzung von Lernmedien geleistet. Dabei zeichnet sich in der Forschung zwar die Wirksamkeit multimedialer Lernmedien ab (Mayer, 2001, 2005), ein Anlass zur Euphorie besteht hingegen nicht. So zeigt die medienpsychologische Forschung mit wachsender Deutlichkeit auf, dass neue Lernmedien nicht zwangsläufig zu besserem Lernen führen. Vielmehr stellen multimediale Repräsentationen mitunter hohe Anforderungen an die kognitive Kapazität ihrer Nutzerinnen und Nutzer (Zumbach & Mohraz, 2008) und konfrontieren diese z. B. mit der Aufgabe, multicodale und multimodale Informationen kognitiv zu integrieren (Bodemer, Ploetzner, Feuerlein & Spada, 2004). Lernen mit Medien erfordert somit eine Reihe metakognitiver Strategien (z. B. die Spezifikation von Lernzielen, die Bewertung der dargebotenen Informationen, die Überwachung des Lernfortschritts etc.), die viele Lernende überfordern (Bannert, Hildebrand & Mengelkamp, 2009).

Ein weiteres Problem für die medienpsychologische Forschung zu Lernmedien stellt die Tatsache dar, das einmal empirisch gesicherte Erkenntnisse zur kognitiven Verarbeitung eines Mediums nicht ohne weiteres auf neue Formen multimedialer

Wissensvermittlung übertragbar sind. So zeigte beispielsweise eine Studie von Gerjets, Scheiter, Opfermann, Hesse und Eysink (2009), dass sich die in der *Cognitive Theory of Multimedia Learning* postulierten kognitiven Verarbeitungsprozesse und die daraus abgeleiteten Gestaltungsprinzipien nur schwer auf solche multimedialen Lernanwendungen übertragen lassen, die die Nutzer selbstgesteuert durch die Lerninhalte navigieren lassen. Neue mediale Entwicklungen fordern die medienpsychologische Forschung somit immer aufs Neue heraus, ihre bisherigen Annahmen zu überprüfen und den spezifischen Eigenschaften neuer Lernmedien anzupassen.

4.2 Emotionen bei der Medienrezeption

Emotionen, beispielsweise Angst- und Furchtreaktionen beim Anschauen eines Horrorfilms oder Thrillers (Cantor, 2002), stellen den wohl eindrücklichsten Teil des Rezeptionserlebens dar (für eine Definition von Emotion siehe Abschnitt 3.4). Emotionspsychologische Appraisal-Theorien, die in diesem Abschnitt vorgestellt werden, erklären, wie solche Primäremotionen bei der Mediennutzung entstehen. Empathische Gefühle gegenüber den Protagonisten in einer medial vermittelten Geschichte und das Erleben von Spannung (siehe Abschnitte 4.2.1 und 4.2.2) stellen weitere zentrale emotionale Reaktionen bei der Medienrezeption dar. Eine Verbindung zwischen den emotionalen Reaktionen während der Medienrezeption, kognitiven Bewertungsprozessen und spezifischen Aspekten des Rezeptionserlebens (siehe Abschnitte 4.4 und 4.5) stellt schließlich das Unterhaltungserleben her, das in Abschnitt 4.3 vorgestellt wird.

Ausgangspunkt für die Emotionen und Stimmungen, die wir während der Medienrezeption erleben, ist die kognitive Verarbeitung des Medienstimulus und die dabei entstehende mentale Repräsentation (siehe Abschnitt 4.1). Die aktuell einflussreichsten theoretischen Ansätze zur Entstehung von Emotionen stellen die Vertreter der sogenannten Appraisal-Theorien (»appraisal«, englisch für »Bewertung«) dar (Ellsworth & Scherer, 2003). Im Zentrum dieser Ansätze steht die Überzeugung, dass

Emotionen das Resultat spezifischer Muster von kognitiven Bewertungs- und Interpretationsprozessen darstellen. Demnach unterziehen wir unsere Umwelt einem kontinuierlichen Bewertungsprozess, bei dem die aktuelle Situation, Objekte und Ereignisse auf ihre Relevanz für die Ziele und Bedürfnisse des Individuums überprüft werden (Ellsworth & Scherer, 2003; Scherer, 1998). Bei diesem Prozess kann eine ganze Reihe von Bewertungsdimensionen zum Tragen kommen. Situationen werden beispielsweise auf ihre *Valenz*, also ihre Wertigkeit (positiv vs. negativ), ihre *Kontrollierbarkeit* oder ihre Kompatibilität mit *sozialen und persönlichen Normen und Standards* hin bewertet (Ellsworth & Scherer, 2003).

Der Appraisal-Prozess löst eine spezifische Reaktion aus, die zu emotionalem Empfinden und ggf. zu beobachtbarem Verhalten führt (s. **Abb. 4.1**).

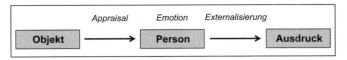

Abb. 4.1: Grundlegende Annahmen der Appraisal-Theorien der Emotionsauslösung: Objekte oder Ereignisse werden auf ihre Relevanz für die Ziele und Bedürfnisse der Person hin bewertet (Appraisal). Auf dieser Grundlage stellt sich eine emotionale Reaktion ein, die nachfolgend durch beobachtbare Verhaltensweisen oder Emotionsausdrücke externalisiert wird. Quelle: Scherer, 1998, S. 276.

Beispiel
▶ *Medienrezeption als Appraisal-Prozess*
Wie unterschiedliche Bewertungsprozesse zusammenwirken, um unterschiedliche Emotionen hervorzurufen, lässt sich leicht an einem Beispiel verdeutlichen: Stellen wir uns vor, wir würden abends in der Tagesschau einen Bericht über die globale Klimaerwärmung anschauen. Das dargestellte Ereignis (Klimaerwärmung) betrifft auch uns, ist also für unsere eigenen Ziele und Bedürfnisse relevant bzw. stellt eine potenzielle Gefahr für unser Wohlbefinden dar. Die Medienbotschaft löst daher eine negative emotionale Reaktion aus. Die weitere Ausdifferenzierung

dieser Emotion ist von weiteren Bewertungsprozessen abhängig: Sieht eine Fernsehzuschauerin die Gründe für die Erderwärmung in erster Linie in der Verantwortung Dritter (z. B. der Industrie), könnte der Bericht in der Tagesschau bei ihr Gefühle von Wut und Ärger auf die Verursacher auslösen. Fühlt sich die Zuschauerin hingegen mitverantwortlich für den Klimawandel, z. B. weil sie häufig Auto fährt, könnten sich eher Schuldgefühle einstellen. Unterschiedliche kognitive Bewertungs- und Interpretationsmuster führen also zu unterschiedlichen emotionalen Reaktionen. ◂◂

Bei der Medienrezeption entstehen Emotionen insbesondere auf der Grundlage zweier unterschiedlicher Mechanismen (Scherer, 1998): Emotionen können zum einen als *direkte Folge* der Bewertung einer Medienbotschaft entstehen (wie im eben genannten Beispiel). Insbesondere bei der Rezeption von *fiktionalen* Medieninhalten sind Nutzerinnen und Nutzer in der Regel aber mit Informationen konfrontiert, die *keine* direkte Relevanz für ihre Ziele und ihr Wohlbefinden haben. In solchen Fällen spielt das *empathische Mitfühlen* mit den dargestellten Mediencharakteren eine wichtige Rolle. Die emotionalen Reaktionen, die aus der empathischen Auseinandersetzung mit Medienfiguren entstehen, werden in der Affective Disposition Theory von Dolf Zillmann (1996) beschrieben. Die Theorie hatte einen besonders starken Einfluss auf das medienpsychologische Verständnis emotionaler Prozesse bei der Rezeption und wird im Folgenden vorgestellt. Eine weitere Quelle von Emotionen bei der Medienrezeption stellt die Interaktion mit anderen Mediennutzern dar, beispielsweise beim »Co-Viewing«, wenn also mehrere Zuschauerinnen und Zuschauer gemeinsam einen Film oder eine Fernsehsendung verfolgen (für einen Überblick siehe Aelker, 2012).

4.2.1 Affective Disposition Theory

Insbesondere in fiktionalen Medienformaten wie Film oder TV-Serien, aber auch in vielen Reality-Formaten, etwa Quiz- oder Casting-Shows, nimmt das »Mitfiebern« mit den Protagonistinnen und Protagonisten einen wichtigen Stellenwert ein. Rezipientinnen und Rezipienten versetzen sich in die Gedanken und Gefühle der medial präsentierten Akteure hinein und reagieren emotional auf Schicksalsschläge, überraschende Wendungen und Erfolge der beobachteten Personen. Eine wesentliche Voraussetzung für solche emotionalen Reaktionen während der Medienrezeption ist die menschliche Fähigkeit zur *Empathie*.

Definition
▸ *Empathie* bezeichnet das Mitfühlen mit anderen Personen. Dabei versetzt sich der empathisch reagierende Beobachter bzw. die Beobachterin anhand der Gesichtsausdrücke, der Körpersprache oder den Handlungen einer Person in deren Gefühlswelt hinein und erlebt deren Emotionen stellvertretend mit (Zillmann, 2006b). ◂◂

Unsere Fähigkeit zu empathischem Erleben macht es uns einfach, sowohl positive als auch negative emotionale Verbindungen zu Medienfiguren aufzubauen. Solche sog. *affektiven Dispositionen* (Raney, 2004, 2006) entstehen auf der Grundlage von *moralischen Urteilen*, die wir bei der Medienrezeption über Medienakteure treffen. So beobachten wir z. B. in einem Spielfilm die Handlungen der Protagonistinnen und Protagonisten und bewerten diese entweder positiv oder negativ. Im Rahmen dieses Beurteilungsprozesses entwickeln wir positive affektive Dispositionen, also eine positive emotionale Voreingenommenheit, für Akteure, deren Handlungen und Motive wir als moralisch einwandfrei und gut empfinden. Im Hinblick auf Medienfiguren hingegen, deren Verhalten wir als moralisch verwerflich erachten, entwickeln wir negative affektive Dispositionen.

Definition
▸ *Affektive Dispositionen* bezeichnen positive bzw. negative Gefühle gegenüber Medienfiguren. Diese entstehen im Verlauf der Rezeption, wenn wir Medienakteure beobachten und moralische Urteile über ihre Handlungen und Beweggründe fällen (Raney, 2004). ◂◂

Jedem von uns wird sicher spontan eine Fülle von Helden und Schurken aus der Filmgeschichte einfallen, etwa Luke Skywalker und Darth Vader oder Batman und der Joker. Natürlich sind nicht alle Medienfiguren so leicht in Gut und Böse zu kategorisieren. Affektive Dispositionen treten nicht nur in zwei dichotomen Zuständen auf (positiv vs. negativ), sondern verlaufen vielmehr auf einem Kontinuum von extremer Zuneigung bis hin zu extremer Abneigung (Raney, 2006).

Die von Dolf Zillmann entwickelte Affective-Disposition-Theorie geht davon aus, dass unsere positive und negative Voreingenommenheit in Bezug auf bestimmte Medienfiguren starke Auswirkungen auf unser Rezeptionserleben hat: Während wir mit geliebten Medienfiguren mitfiebern, empathisch auf sie reagieren und uns einen möglichst positiven Ausgang für sie wünschen, verhält es sich bei Charakteren, denen gegenüber wir negative affektive Dispositionen entwickelt haben, genau umgekehrt. Für Filmschurken empfinden wir in der Regel Verachtung und wünschen ihnen die gerechte Strafe (Zillmann, 1996).

Erhoffte Ereignisse, etwa ein positiver Ausgang für die Protagonisten oder ein negativer Ausgang für die Antagonisten, führen zu positiven Emotionen und Gefühlen von Euphorie. Unerwünschte Ereignisse, etwa eine negative Wendung für den Protagonisten oder der Triumph eines Antagonisten resultieren hingegen in negativen Emotionen und Gefühlen von Dysphorie. Gleichzeitig ist die Entwicklung affektiver Dispositionen ein dynamischer Prozess: Je nach den Wendungen der Handlung und dem Verhalten der Akteure können sich positive und negative Dispositionen im Licht der ständig neu getroffenen moralischen Beurteilung der Ereignisse ins Gegenteil verkehren, intensivieren oder abschwächen.

Zusätzlich zu den oben bereits beschriebenen Auswirkungen spielen affektive Dispositionen und die durch sie entstehenden Erwartungen und Wünsche an den Handlungsverlauf eine Schlüsselrolle bei der Entstehung des *Spannungserlebens* (Zillmann, 1996). Im Zentrum steht dabei die *Ungewissheit* darüber, ob sich im Laufe der Rezeption die gewünschten und erhofften Ereignisse für die Protagonisten und Antagonisten einstellen werden oder nicht. Zwar wünschen wir uns für Charaktere, die

4.2 Emotionen bei der Medienrezeption

wir mögen, ein »Happy End« und demgegenüber einen möglichst negativen Ausgang für solche Akteure, zu denen wir eine negative affektive Disposition haben. Ob dieser Ausgang jedoch eintritt, ist in den meisten Fällen unklar und wird meist erst nach diversen Rückschlägen, Umwegen und brenzligen Situationen zur Gewissheit. Durch diese Ungewissheit entsteht Spannungserleben. Die Intensität der Spannung erhöht sich (Zillmann, 1996, S. 220):

- mit der Stärke der affektiven Dispositionen der Zuschauer gegenüber dem Protagonisten,
- mit der Schwere des Schadens oder Unheils, welches dem Protagonisten aus Sicht des Zuschauers droht,
- mit steigender subjektiver Sicherheit des Zuschauers (bei einer gleichzeitig verbleibenden Restunsicherheit), dass der Schaden oder das Unheil für den Protagonisten auch tatsächlich eintreten wird.

Die Affective Disposition Theory hatte einen enormen Einfluss auf das medienpsychologische Verständnis des Rezeptionsprozesses und ist bis heute eine der einflussreichsten Theorien zur Erklärung des Unterhaltungserlebens (siehe Abschnitt 4.3). Während sich die Theorie in ihrer Ursprungsform auf das emotionale Erleben bei der Rezeption von Filmen, insbesondere von Dramen, beschränkte (Zillmann, 1996), wurde sie in der Folge auf viele weitere Genres angewendet, beispielsweise auf Horrorfilme (Oliver, 1993a), Soap Operas (Tamborini, Weber, Eden, Bowman & Grizzard, 2010) und Reality-TV (Oliver, 1996). Auch für emotionale Reaktionen auf nicht-fiktionale Medienformate, beispielsweise Nachrichteninhalte (Zillmann, Taylor & Lewis, 1998) oder Sportberichterstattung (Knobloch-Westerwick, David, Eastin, Tamborini & Greenwood, 2009) spielen affektive Dispositionen eine wichtige Rolle. An ihre Grenzen stößt die Theorie hingegen im Bereich neuer, interaktiver Medien, in denen Rezipienten nicht mehr nur als Beobachter auftreten, sondern die Handlung, beispielsweise in Computerspielen, selbst bestimmen. In diesem Kontext erscheinen andere Ansätze, z. B. das Konzept der Identifikation (siehe Abschnitt 4.4.2), geeigneter, um das Rezeptionserleben der Nutzerinnen und Nutzer zu erklären.

4.2.2 Excitation Transfer

Ein weiterer Ansatz, der wichtige Aspekte des emotionalen Erlebens während der Rezeption verdeutlicht, ist die Excitation-Transfer-Theorie, die ebenfalls auf Dolf Zillmann (1983) zurückgeht. Zillmann knüpft mit dem Excitation-Transfer-Ansatz direkt an die Affective Disposition Theory (vgl. Abschnitt 4.2.1) an und beschreibt die Wirkung von aufgebautem Spannungserleben im Zeitverlauf (Zillmann, 1983, 2006a). Der Begriff des Excitation Transfer bezieht sich dabei auf das Überschwappen emotionaler Erregung, z. B. von einer Filmszene in die nächste. Kernpunkt des Ansatzes ist dabei die Annahme, dass sich kognitive und emotionale Prozesse in unterschiedlichem Tempo vollziehen. Unsere kognitiven Reaktionen auf einen Medienstimulus verlaufen sehr schnell. Binnen kürzester Zeit sind wir bereit, uns kognitiv auf eine neue (medienvermittelte) Situation einzustellen und diese zu verarbeiten und zu bewerten. Im Gegensatz dazu nimmt zuvor aufgebaute emotionale Erregung nur langsam ab. Während wir also gedanklich die aktuelle Sequenz eines Films verarbeiten, wirkt das in der vorangegangenen Szene entstandene Arousal noch nach. Das hat zur Folge, dass die in einer Rezeptionssequenz aufgebaute Erregung die Wahrnehmung in der nachfolgenden Sequenz beeinflusst und die dabei empfundenen Emotionen intensiviert. Die in aufeinander folgenden Szenen hervorgerufenen Erregungsschübe bauen also aufeinander auf und verstärken das emotionale Empfinden (s. **Abb. 4.2**).

Die bei der Mediennutzung stattfindende Erregungsübertragung hat somit weitreichende Auswirkungen auf die Rezeptionserfahrung. So kann sich z. B. die während eines Films aufgebaute Anspannung (siehe Abschnitt 4.2.1 zum Aufbau von Spannung) am Ende eines Films und beim Erreichen des erhofften Happy Ends in einem Gefühl von Euphorie und großer Erleichterung entladen (Zillmann, 2006a). Durch die zuvor aufgebaute Spannung werden die positiven Emotionen, die aus der positiven Wendung der Handlung (z. B. guter Ausgang für die Protagonisten und schlechter Ausgang für die Antagonisten) resultieren, noch intensiver wahrgenommen. Gerade bei Medieninhalten mit positivem Ausgang werden die Rezipientinnen und Rezipienten am Ende also durch besonders euphorische Gefühle für die vorangegangenen Strapazen belohnt. Diese starken positiven Empfindungen sind zumindest eine Teilerklärung dafür, dass Rezipienten sich überhaupt bereitwillig einem mitunter unangenehm intensiven Spannungszustand aussetzen (Vorderer, Klimmt & Ritterfeld, 2004). Der gleiche Verstärkungseffekt wie bei einem positiven Handlungsausgang tritt aber auch bei tragischen und negativen Wendungen auf. Stirbt beispielsweise am Ende des Films der Protagonist, so wird auch die Dysphorie, die dieser aus Sicht der Rezipienten unerwünschte Ausgang der Handlung hervorruft, durch zuvor aufgebaute Spannung intensiviert (Zillmann, 1996).

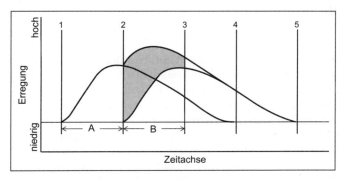

Abb. 4.2: Prinzip der Erregungsübertragung: Stimulus A verläuft von Zeitpunkt 1 bis 2. Die dabei aufgebaute Erregung ist erst zu Zeitpunkt 4 vollständig abgebaut. Der nachfolgende Stimulus B verläuft von Zeitpunkt 2 bis 3. Die dabei aufgebaute Erregung ist erst zu Zeitpunkt 5 vollständig abgebaut. Resterregung von Stimulus A und neu aufgebaute Erregung von Stimulus B addieren sich zwischen Zeitpunkt 2 und 4. Das Ausmaß, in dem die Resterregung von Stimulus A die durch Stimulus B erzeugte Erregung verstärkt, wird durch die graue Fläche repräsentiert. Quelle: Zillmann, 2006a, S. 224.

4.3 Unterhaltungserleben

Ein für die medienpsychologische Rezeptionsforschung relevantes Konstrukt, das in starker Verbindung zu den emotionalen Reaktionen bei der Mediennutzung steht, ist das *Unterhaltungserleben*. Anders als beispielsweise die Freude oder die Trauer über das Schicksal von beobachteten Protagonisten (vgl. Abschnitt 4.2.1) stellt das während der Medienrezeption empfundene Unterhaltungserleben keine spezifische Emotion, sondern einen eher allgemeinen positiven Gefühlszustand dar.

Definition
► Mit dem Begriff des *Unterhaltungserlebens* wird in der medienpsychologischen Forschung ein positiver Gefühlszustand bzw. ein Gefühl von Vergnügen beschrieben, das während der Nutzung von Medien auftritt (Vorderer et al., 2004). ◄◄

Zwar fußt das Unterhaltungserleben auf den während der Rezeption empfundenen Primäremotionen, kognitive Prozesse haben bei der Unterhaltung durch Medien aber einen ebenso großen Einfluss (Vorderer & Hartmann, 2009). Somit ist das Unterhaltungserleben kein rein emotionales Phänomen, sondern vielmehr ein Gefühlszustand, der starke Verbindungen zwischen Emotion und Kognition herstellt (Früh, 2002; Vorderer & Hartmann, 2009). Den Ausgangspunkt für das Unterhaltungserleben stellen die emotionalen Reaktionen während der Rezeption dar. Diese Primäremotionen werden in einem weiteren kognitiven Bewertungsschritt auf ihre Kompatibilität mit den Zielen des Rezipienten bzw. der Rezipientin hin überprüft. Sind die durch die Rezeption hervorgerufenen Emotionen im Einklang mit diesen Zielen, resultiert Unterhaltungserleben. Die für das Entstehen von Unterhaltungserleben relevanten Ziele können zum einen in einem Streben nach Stimmungsausgleich bestehen (vgl. Abschnitt 3.4) aber auch in intrinsischen Motiven, wie etwa dem Streben nach Kompetenz, Autonomie und sozialen Verbindungen (vgl. Abschnitt 3.5). Intrinsische Bedürfnisse können dabei durchaus auch durch die Rezeption von Medien erfüllt werden, die zu negativen Primäremotionen führen. Daher können auch negative oder traurige Gefühle bei der Rezeption als unterhaltsam empfunden werden, wenn sie auf der Meta-Ebene beispielsweise ein Gefühl der Verbundenheit hervorrufen oder die Rezipienten an den Wert des Lebens erinnern (Vorderer & Reinecke, 2012).

In der medienpsychologischen Forschung wird das Unterhaltungserleben häufig als abhängige Variable untersucht. Neben den Primäremotionen, die bei der Rezeption auftreten, hat die Rezeptionsforschung eine Reihe weiterer Rezeptionsprozesse identifiziert, die ihrerseits einen Beitrag zum Unterhaltungserleben leisten. So wirken sich etwa parasoziale Interaktionen (vgl. Abschnitt 4.4.1) und das Erleben von Präsenz (vgl. Abschnitt 4.5.2) und Flow (vgl. Abschnitt 4.5.3) positiv auf das Unterhaltungserleben aus. Vorderer, Klimmt und Ritterfeld (2004) bezeichnen die Fähigkeit und Bereitschaft von Rezipienten, sich auf diese und weitere Facetten des Rezeptionserlebens einzulassen, als notwendige Bedingung für das Entstehen von Unterhaltung.

Das Unterhaltungserleben schlägt somit eine konzeptuelle Brücke zwischen den Primäremotionen, die während der Rezeption empfunden werden, und weiteren Facetten des Rezeptionserlebens, beispielsweise der Auseinandersetzung mit Medienfiguren und dem Eintauchen in medial vermittelte Welten, die in den folgenden Abschnitten dieses Kapitels vorgestellt werden.

4.4 Die Auseinandersetzung mit Medienfiguren

Wie wichtig die Auseinandersetzung mit Mediencharakteren für das Rezeptionserleben ist, wurde schon in unserer Diskussion der Affective Disposition Theory (Abschnitt 4.2.1) deutlich. Neben der Erforschung der emotionalen Reaktionen, die sich durch das empathische Mitfühlen und den Aufbau von affektiven Dispositionen ergeben, haben sich weitere medienpsychologische Ansätze etabliert, die andere Formen der Interaktion zwischen Mediencharakteren und Rezipientinnen und Rezipienten beschreiben und analysieren. Zwei Vertreter dieser Ansätze, das Konzept der parasozialen Interaktionen (Abschnitt 4.4.1) und das Konzept der Identifikation mit Medienfiguren (Abschnitt 4.4.2), werden im Folgenden vorgestellt.

4.4.1 Parasoziale Interaktionen und parasoziale Beziehungen

Das Konzept der *parasozialen Interaktionen* (PSI) thematisiert die Beziehung zwischen Rezipientinnen und Rezipienten und Medienfiguren, die im Rahmen der PSI-Forschung häufig als *Personae* (Singular: Persona) bezeichnet werden. Der Begriff der parasozialen Interaktionen geht zurück auf Horton und Wohl (1956), die in ihrer Forschung zu Moderatoren von TV-Nachrichtensendungen die Beobachtung machten, dass Medienakteure in vielen Situationen die *Illusion einer direkten Interaktion* mit den Rezipientinnen und Rezipienten vermitteln. Offensichtlich reagieren wir etwa auf die Ansprache des Tagesschausprechers ähnlich wie wir dies auch in der direkten Interaktion mit realen Personen tun. Der Begriff der *para*sozialen Interaktion trägt dabei der Tatsache Rechnung, dass die Interaktion mit Medienfiguren in aller Regel unidirektional und nicht wechselseitig ist. Es besteht also insbesondere im Fall klassischer Massenmedien wie Radio und TV kein Rückkanal zwischen der Persona und den Rezipienten. Das Verhältnis entspricht demnach lediglich einer »Als-ob«-Beziehung (Gleich & Burst, 1996, S. 184). Dennoch kommt es seitens der Rezipientinnen und Rezipienten zu »gefühlter Wechselseitigkeit« (Hartmann, 2010, S. 26).

Definition
▶ Das Konzept der *parasozialen Interaktion* beschreibt die Illusion eines wechselseitigen Aufeinander-Reagierens zwischen Rezipienten und Medienfiguren, sogenannten *Personae* (Horton & Wohl, 1956). ◄◄

Hartmann, Schramm und Klimmt (2004) führen die Entstehung von PSI auf automatisierte und unbewusst stattfindende Prozesse der sozialen Wahrnehmung zurück: Ganz unwillkürlich klassifizieren wir alle Objekte in unserer Umgebung dahingehend, ob es sich um unbelebte Dinge oder soziale Akteure handelt. So werden Medienpersonae, etwa Günther Jauch in einer TV-Übertragung von »Wer wird Millionär?« oder Caren Miosga in den »Tagesthemen«, von uns als soziale Interaktionspartner kategorisiert. Die im Anschluss stattfindenden parasozialen Interaktionen umfassen folgende Prozesse (Hartmann et al., 2004; Klimmt, Hartmann & Schramm, 2006):

- *Perzeptiv-kognitive PSI* umfassen alle Denkprozesse, die sich auf eine Persona beziehen, also z. B. Aufmerksamkeit, das Abrufen von Gedächtnisinhalten oder Bewertungen in Bezug auf die Persona.
- *Affektive PSI* beziehen sich auf die emotionalen Reaktionen gegenüber der Persona und zeigen eine inhaltliche Nähe zu Konzepten wie Empathie und affektiven Dispositionen (siehe Abschnitt 4.2).
- *Konative PSI* beschreiben alle Reaktionen auf die Persona in Form von beobachtbarem Verhalten. Das kann verbale Äußerungen (etwa das Zurufen einer Warnung, wenn die Persona in eine brenzlige Lage gerät) oder non-verbales Verhalten (z. B. Mimik und Gestik) umfassen.

Für das Zustandekommen parasozialer Interaktionen ist es keineswegs notwendig, dass die Rezipientinnen und Rezipienten die Medialität der Persona vollständig vergessen. Vielmehr ist davon auszugehen, dass Medienutzerinnen und -nutzer sich des fehlenden Rückkanals zwischen sich und der Persona bewusst sind und damit im Rezeptionsverlauf geradezu spielen können (Hartmann, 2010): Dadurch, dass die Persona die Reaktionen der Rezipientinnen und Rezipienten nicht wahrnehmen kann, genießen Letztere großen Handlungsspielraum und können beispielsweise auch soziale Reaktionen (Schimpfen, Auslachen etc.) ausleben, die in realen sozialen Kontexten unangebracht wären.

Eine Vielzahl von Studien hat seit der Prägung des Konzepts durch Horton und Wohl (1956) Eigenschaften der Persona identifiziert, die einen positiven Einfluss auf die Intensität von PSI haben (Hartmann & Goldhoorn, 2011; Hartmann et al., 2004; Klimmt, Hartmann & Schramm, 2006), so z. B.:

- die *Obtrusivität* der Persona, also ihre mediale Präsenz oder Aufdringlichkeit,
- ihre *Persistenz*, also die Dauer oder Häufigkeit ihres Auftritts,
- eine *direkte Ansprache* des Rezipienten bzw. der Rezipientin durch die Persona,
- die *Attraktivität* der Persona und
- ihr Grad an *Anthropomorphismus* (Menschlichkeit) und ihre *Realitätsnähe* (z. B. Mensch vs. Alien).

Die Folgen der parasozialen Interaktion mit einer Persona sind nicht auf die einzelne Rezeptionssequenz beschränkt. Insbesondere bei mehrmaligen Begegnungen mit einer Medienfigur bilden Rezipientinnen und Rezipienten überdauernde Wissensstrukturen und Bewertungen in Bezug auf die Persona im Gedächtnis ab. Aus parasozialen Interaktionen können sich daher im Zeitverlauf *parasoziale Beziehungen*, z. B. zu einer Figur aus einer TV-Serie, entwickeln (Gleich & Burst, 1996).

Definition
▶ *Parasoziale Beziehungen* sind das Resultat wiederholter parasozialer Interaktionen und stellen subjektive Beziehungsdefinitionen dar, in denen Vorwissen, Bewertungen, und Urteile der Rezipientinnen und Rezipienten über eine Persona im Gedächtnis repräsentiert sind (Gleich & Burst, 1996). ◄◄

Während sich das Konzept der parasozialen Interaktionen also immer auf eine einzelne Mediennutzungssequenz bezieht und somit klar ein Rezeptionsphänomen darstellt, bezeichnen parasoziale Beziehungen längerfristige Bindungen zu Personae und schlagen somit eine Brücke zum Bereich der Medienwirkungen.

Parasoziale Beziehungen stellen in der Regel keine innigen, mit Freundschaften vergleichbare Verbindungen, sondern eher oberflächliche Bekanntschaften dar und sind in ihrer Beziehungsstärke eher mit einem guten Nachbarn als einem engen Freund vergleichbar (Gleich & Burst, 1996). Für die meisten Menschen dürften Medienpersonae demnach keine ernstzunehmende Konkurrenz und kein adäquater Ersatz für echte Freundschaften sein.

Dass der Verlust einer geschätzten Medienfigur trotzdem schmerzhaft sein kann, zeigt eine Studie von Eyal und Cohen (2006) zum sog. *parasocial breakup* also dem »Schlussmachen« am Ende einer parasozialen Beziehung. Nach der Ausstrahlung der letzten Folge der US-Erfolgsserie »Friends« befragten die Forscher 298 Studierende in den USA zu ihrem »Trennungsschmerz« in Bezug auf ihre Lieblingsfigur aus der Serie. Dabei zeigte sich, dass das Ende einer parasozialen Beziehung durchaus mit negativen Gefühlen wie Traurigkeit, Einsamkeit und innerer Leere verbunden sein kann, die umso stärker ausfallen, je intensiver die parasoziale Beziehung zur entsprechenden Persona war.

Zwar hat sich die Forschung zu parasozialen Interaktionen und parasozialen Beziehungen in den vergangenen 50 Jahren sehr dynamisch entwickelt und eine beträchtliche Anzahl von Studien hervorgebracht. Die Forschung in diesem Bereich leidet aber mitunter an einer konzeptionellen und methodischen Unschärfe. Viele Studien differenzieren beispielsweise nicht klar zwischen parasozialen Interaktionen und parasozialen Beziehungen (Hartmann, 2010). Darüber hinaus sind die zur Messung von parasozialen Interaktionen und Beziehungen verwendeten Befragungsinstrumente sehr heterogen. Ein klarer Messstandard hat sich noch nicht ausreichend etabliert (Schramm & Wirth, 2010b). Insgesamt verwendet die Mehrheit der verfügbaren Studien Befragungsdesigns. Experimentelle Studien, die gezielt Aspekte des Medienstimulus bzw. der Persona manipulieren und die resultierenden Effekte auf die parasoziale Interaktionen untersuchen (z. B. Hartmann & Goldhoorn, 2011), sind die Ausnahme. Auch die Erforschung spezieller Formen parasozialer Beziehungen, z. B. negative parasoziale Beziehungen im Sinne parasozialer Feindschaften bleiben eine Herausforderung für zukünftige Forschung (Hartmann, 2010).

4.4.2 Identifikation mit Medienfiguren

Eine wichtige Gemeinsamkeit affektiver Dispositionen (vgl. Abschnitt 4.2.1) und parasozialer Interaktionen (vgl. Abschnitt 4.4.1) mit Medienfiguren ist, dass es sich bei beiden Konzepten um *dyadische Ansätze* handelt: Bei diesen Ansätzen besteht eine klare Trennung zwischen dem Rezipienten oder der Rezipientin und den Medienfiguren, mit denen sie sich in der jeweiligen Rezeptionssituation konfrontiert sehen. So treten Mediennutzerinnen und -nutzer bei der Ausbildung affektiver Disposition als Beobachter auf, die das Verhalten von Mediencharakteren moralisch bewerten, und nehmen im Fall parasozialer Interaktionen die Rolle des »Als-ob«-Interaktionspartners ein. In beiden Fällen nimmt der Zuschauer oder die Zuschauerin sich selbst und die Medienfigur als separate soziale Akteure wahr. Das Konzept der *Identifikation* beschreibt hingegen Formen des Rezeptionserlebens, bei denen eine solche Trennung zwischen Rezipienten und Mediencharakteren nicht gegeben ist. Vielmehr kommt es zu einem »Verschmelzen« der Perspektive der Rezipienten und des Mediencharakters, die Rezipienten tauchen also in die narrative Medienwelt ein, schlüpfen in die Rolle der Medienfigur und machen sich für einen begrenzten Zeitraum deren Eigenschaften und Gefühle zu eigen (Cohen, 2001; Klimmt, Hefner & Vorderer, 2009). Anders als bei den vorab vorgestellten dyadischen Ansätzen gehen Rezipient bzw. Rezipientin und Medienfigur im Falle der Identifikation eine *monadische* Verbindung ein, bilden also eine Einheit (Klimmt et al., 2009). **Abbildung 4.3** fasst die zentralen Unterschiede der Konzepte der affektiven Disposition, parasozialer Interaktion und Identifikation im Überblick zusammen.

Definition
▶ Die *Identifikation* mit einem Mediencharakter ist ein imaginativer Prozess, bei dem es zu einer starken kognitiven und emotionalen Verbindung zwischen dem Rezipienten bzw. der Rezipientin und der Medienperson kommt. Dabei übernehmen die Rezipienten temporär die Perspektive, Identität, Gefühle und Ziele des Mediencharakters. Identifikation geht mit verringerter Selbstwahrnehmung und einem verringerten Bewusstsein für die eigene Rolle als Zuschauerin bzw. Zuschauer einher. Die Intensität der Identifikation kann im Verlauf der Rezeption variieren (Cohen, 2001). ◀◀

4.4 Die Auseinandersetzung mit Medienfiguren

Affektive Disposition	Parasoziale Interaktion	Identifikation
• Der Rezipient beobachtet und bewertet den Protagonisten • Je nach Ausgang der Bewertung entsteht eine positive oder negative Bindung • Beziehung: dyadisch	• Der Rezipient fühlt sich durch den Protagonisten „angesprochen" • Er reagiert in Form von kognitiven, affektiven und konativen parasozialen Interaktionen • Fehlender Rückkanal • Beziehung: dyadisch	• Der Rezipient übernimmt die Identität des Protagonisten • Temporäre Veränderung des Selbstkonzepts • Übernahme der Eigenschaften des Charakters • Beziehung: monadisch

Abb. 4.3: Die grundlegenden Komponenten affektiver Dispositionen, parasozialer Interaktionen und der Identifikation mit Medienfiguren im Vergleich.

Verstärkt wird die Identifikation zum einen durch Faktoren, die auch parasoziale Beziehungen begünstigen, etwa die Attraktivität einer Medienfigur (Cohen, 2006) oder die wahrgenommene Ähnlichkeit zwischen dieser und dem Rezipienten oder der Rezipientin (Trepte & Reinecke, 2010a). Zum anderen werden Identifikationsprozesse aber auch durch die Art der medialen Inszenierung beeinflusst: Eine Erzählperspektive aus Sicht der Medienfigur und das Filmen aus der subjektiven Perspektive der Protagonisten erleichtern das Eintauchen in die Rolle der Figur und die Identifikation mit dieser (Cohen, 2009). Das Verhältnis zwischen Identifikationsprozessen und Medieninhalt ist dabei keineswegs einseitig, sondern stellt eine Wechselbeziehung dar: Nicht nur beeinflussen die Art der Darstellung und der Verlauf der Narration die Stärke der Identifikation. Die Übernahme der Perspektive von Medienfiguren beeinflusst ihrerseits auch die Interpretation des Medieninhalts. Durch das Eintauchen in die Rolle der jeweiligen Medienfigur interpretieren Rezipientinnen und Rezipienten den Handlungsverlauf aus der subjektiven Perspektive der Medienfigur und bewerten somit beispielsweise auch die moralische Botschaft hinter der Narration aus dem Blickwinkel der Protagonistin (siehe nachfolgendes Beispiel).

Beispiel

▶ In einer Studie zur TV-Serie »Ally McBeal« untersuchte Cohen (2002), inwiefern sich die Stärke der Identifikation mit der weiblichen Hauptfigur der Serie, einer erfolgreichen aber exzentrischen jungen Anwältin, auf die Interpretation der Zuschauerinnen und Zuschauer auswirkte. Dazu wurden die Teilnehmerinnen und Teilnehmer zum einen im Hinblick auf ihre Identifikation mit Ally McBeal befragt. Zum anderen machten sie Angaben dazu, welches Frauen- und Gesellschaftsbild die Serie aus ihrer Sicht transportiert. Zuschauer, die sich stark mit Ally McBeal identifizierten, waren mit deutlich höherer Wahrscheinlichkeit der Meinung, die Serie vermittle das Bild einer starken und unabhängigen Frau, die ihre professionellen und privaten Träume zu verwirklichen sucht. Probanden mit geringerer Identifikation mit der Hauptfigur interpretierten die Serie hingegen mit höherer Wahrscheinlichkeit als sexistisch und stereotyp oder neigten stärker zu einer komödiantischen Interpretation des Programms und der Schicksalsschläge der Protagonistin. Kritisch anzumerken ist, dass das Versuchsdesign keine endgültigen Rückschlüsse auf die Richtung der gefundenen Effekte zulässt. So ist auch ein umgekehrter Zusammenhang zwischen Identifikation und Interpretation denkbar: Personen, die Ally McBeal als stereotyp und die Darstellung als sexistisch empfanden, fiel es u. U. schwerer, sich mit der Protagonistin zu identifizieren. ◄◄

Besonders bedeutsam ist das Konzept der Identifikation im Bereich neuer interaktiver Medien (Klimmt et al., 2009; Klimmt, Hefner, Vorderer, Roth & Blake, 2010). Insbesondere Video- und Computerspiele stellen eine enge Verbindung zwischen den Nutzerinnen und Nutzern und ihren Spielfiguren, den sogenannten Avataren, her (Klimmt et al., 2009). Spielerinnen und Spieler werden durch ihren Avatar in der Spielwelt repräsentiert und handeln dort durch die Spielfigur, deren Geschlecht, Aussehen und andere Eigenschaften sie häufig nach eigenen Wünschen gestalten können (Trepte et al., 2009). Nutzerinnen und Nutzer gehen somit eine enge handlungsbezogene Verbindung mit ihrem Avatar ein (Klimmt et al., 2009). Diese Verbindung zwischen

Spieler bzw. Spielerin und Avatar begünstigt im Kontext von Computerspielen daher in besonderer Weise das Entstehen von Identifikation und die temporäre Übernahme von Eigenschaften der Spielfigur in die Selbstwahrnehmung der Nutzerin oder des Nutzers. Dieser Effekt zeigt sich deutlich in einem Experiment von Klimmt et al. (2010): Nach dem Spielen eines Ego-Shooters assoziierten die Versuchspersonen in stärkerem Maße militärische Eigenschaften mit sich selbst als Personen, die ein anderes, nicht-militärisches Spiel gespielt hatten. Probanden, die ein Autorennspiel gespielt hatten, übernahmen kurzzeitig die Eigenschaften eines Rennfahrers in ihr Selbstkonzept.

4.5 Eintauchen in mediale Welten

Die vorab beschriebenen Ansätze verdeutlichen, welch eine zentrale Rolle Medienfiguren im Rezeptionsprozess spielen. Eine weitere bedeutsame Facette des Rezeptionserlebens ist das Gefühl, Teil des medialen Geschehens zu sein, sich ganz auf das Medium zu konzentrieren und die Welt um sich herum zu vergessen. Viele konkurrierende theoretische Ansätze, die sich zum Teil erheblich überlappen, erklären diesen Erlebniszustand. Im Folgenden werden drei der wichtigsten theoretischen Konstrukte in diesem Bereich des Rezeptionserlebens beschrieben und voneinander abgegrenzt.

4.5.1 Involvement

Ein in der medienpsychologischen Forschung weit verbreitetes Konzept, das die Stärke der Auseinandersetzung mit einem Medieninhalt beschreibt, ist das sogenannte *Involvement* (Wirth, 2006). Das Konzept hat seine Wurzeln nicht nur in der medienpsychologischen Rezeptionsforschung, sondern ebenso in der Persuasions- und Konsumentenforschung (Wirth, 2012). In der Persuasionsforschung, beispielsweise im Rahmen des Elaboration-Likelihood-Model (vgl. Abschnitt 5.3), wird unter dem Begriff des Involvements die persönliche Relevanz des Inhalts einer persuasiven Botschaft verstanden (Petty, Cacioppo & Schumann, 1983). In der medienpsychologischen Rezeptionsforschung wird das Involvement hingegen in erster Linie als die Stärke der Verbindung zwischen Rezipient und Medieninhalt und die Intensität der kognitiven und emotionalen Interaktion verstanden (Wirth, 2012).

Definition
▶ *Involvement* ist ein Meta-Konzept, das sowohl kognitive als auch emotionale Prozesse einbezieht und im Rahmen der Medienrezeption die Intensität der Auseinandersetzung mit einem Medienstimulus beschreibt (Wirth, 2006):

1. *Kognitives Involvement* beschreibt dabei eine aktive und intensive Informationsverarbeitung und Elaboration der Medienbotschaft.
2. *Emotionales Involvement* bezieht sich auf die Wahrnehmung intensiver Emotionen und Gefühle während der Mediennutzung. ◀◀

Bei hohem Involvement richtet sich die gesamte Aufmerksamkeit eines Rezipienten bzw. einer Rezipientin auf die Medienbotschaft. Die Motivation, sich mit dem Inhalt der Medienbotschaft auseinanderzusetzen, ist hoch, und es kommt zu einer intensiven Informationsverarbeitung (Wirth, 2006). In der Folge werden andere Rezeptionsphänomene, z. B. das Empfinden von Präsenzerleben (siehe Abschnitt 4.5.2) begünstigt oder verstärkt (Wirth, 2012). Die Stärke des Involvements wird zum einen von Personenfaktoren (z. B. Interesse am Medieninhalt, generelle Bereitschaft zur intensiven Auseinandersetzung mit der Botschaft) und zum anderen von Eigenschaften des Medienstimulus (z. B. Qualität der Darstellung, Attraktivität der Inhalte) beeinflusst (Wirth, 2012).

Eine Reihe von Konzepten, die spezifische Facetten des Rezeptionserlebens erklären, weisen deutliche Bezüge zum Involvement-Konzept auf. So lässt sich etwa das Phänomen der parasozialen Interaktion mit Medienpersonen (siehe Abschnitt 4.4.1) als eine Form des emotionalen Involvements charakterisieren (Hartmann et al., 2004), während das Präsenzerleben (Abschnitt 4.5.2), eine Form des kognitiven Involvements darstellt (Wirth et al., 2007).

4.5.2 Präsenzerleben

Während das Involvement ein vergleichsweise unspezifisches Konzept darstellt, das die allgemeine Intensität der Auseinandersetzung mit einem Medienstimulus beschreibt, bezieht sich das Präsenzerleben auf das subjektive Gefühl, Teil einer medial vermittelten Realität bzw. Umwelt zu sein. Das in der Medienpsychologie am häufigsten thematisierte Konzept ist dabei das *räumliche* Präsenzerleben, also das Gefühl, in einer medial vermittelten Umwelt verortet zu sein. Es gibt aber auch noch andere Facetten, beispielsweise das *soziale* Präsenzerleben (siehe unten).

Definition
▶ Beim *Präsenzerleben* (engl. »presence«) sind Rezipientinnen und Rezipienten so in ihr Rezeptionserleben vertieft, dass sie sich nicht mehr bewusst sind, dass die entsprechende Situation nicht real, sondern über die Medien vermittelt ist (»illusion of nonmediation«, Lombard & Ditton, 1997). Räumliches Präsenzerleben (»spatial presence«) umfasst dabei das subjektive Gefühl, während der Medienrezeption tatsächlich vor Ort in einer medienvermittelten Welt zu sein (»being there«, Minsky, 1980). ◀◀

Insbesondere in ihrer Frühphase war die Presence-Forschung stark von einem Interesse an neuen Technologien (z. B. virtueller Realität) getrieben. Die damals entstandenen Arbeiten legten einen starken Fokus auf die Eigenschaften verschiedener Medienstimuli und deren Auswirkungen auf die Intensität des Präsenzerlebens. Steuer (1992) unterscheidet z. B. zwei grundlegende Eigenschaftsdimensionen von Medienstimuli, die über den Grad des Präsenzerlebens entscheiden:

- Die *Lebendigkeit (»vividness«)* eines Medienstimulus: das Potenzial, eine facetten- und informationsreiche Repräsentation zu produzieren. Die Ausprägung dieser Eigenschaft hängt von

der *sensorischen Breite* (wie viele Sinneskanäle werden angesprochen) und der *sensorischen Tiefe* (wie detailreich bzw. qualitativ hochwertig sind die übermittelten Informationen) eines Medienstimulus ab.
- Die *Interaktivität (»interactivity«)* einer Medienbotschaft: das Ausmaß, in dem Nutzerinnen und Nutzer die Form oder den Inhalt einer medial vermittelten Umwelt beeinflussen können.

Eine rein auf technologische Faktoren gestützte Erklärung des Präsenzerlebens erscheint aber problematisch: Bücher verfügen beispielsweise weder über einen hohen Grad an »Vividness« (sie stimulieren nicht mehrere Sinnesmodalitäten auf einmal) noch über Interaktivität in Sinne einer direkten Einflussnahme der Nutzer auf den Inhalt (wie etwa bei Computerspielen). Dennoch fühlen sich Leserinnen und Leser häufig sehr stark in die Handlung und die beschriebenen Szenen hineinversetzt (Green & Brock, 2000). Aktuelle Ansätze der Presence-Forschung rücken daher die psychologischen Prozesse, die dem Präsenzerleben zugrunde liegen, stärker in den Vordergrund (Wirth, 2012).

Entscheidend für das Entstehen von Präsenzerleben ist nach aktuellen Erkenntnissen die Konstruktion eines *mentalen Modells* der medial vermittelten Situation. Diese kognitive Repräsentation des Medieninhalts enthält unter anderem räumliche Informationen, z. B. über die räumliche Beschaffenheit der medial vermittelten Umwelt und die Position der in ihr enthaltenen Objekte oder Personen (Wirth et al., 2007). Präsenzerleben entsteht dann, wenn ein Mediennutzer oder eine Mediennutzerin dieses medial vermittelte räumliche Situationsmodell temporär als kognitiven *Referenzrahmen* übernimmt und sich selbst innerhalb der Medienbotschaft verortet (Wirth, 2012). Das ist umso wahrscheinlicher, je konsistenter, detaillierter und somit überzeugender das mental konstruierte Model der Situation ist.

Neben den oben bereits angesprochenen technischen Eigenschaften des Medienstimulus (z. B. Lebendigkeit und Interaktivität) spielen die Motive und Eigenschaften der Mediennutzerinnen und -nutzer eine Rolle (Wirth et al., 2007). So trägt beispielsweise das kognitive und emotionale *Involvement* (siehe Abschnitt 4.5.1) stark zum Entstehen von Präsenzerleben bei

(Wirth, 2012): Die mit dem Involvement einhergehende Fokussierung auf die Medienbotschaft macht es wahrscheinlicher, dass Rezipienten das mentale Modell der Rezeptionssituation als temporären Referenzrahmen übernehmen und sich somit in die Handlung hineinversetzt fühlen. Gleichzeitig führt Involvement dazu, dass Störreize aus der Umwelt, die das Präsenzerleben schmälern könnten, stärker unterdrückt werden. Der Beitrag des Involvements zum Entstehen von Presence ist besonders bei der Rezeption von Medienstimuli relevant, deren technische Eigenschaften keinen starken Beitrag zum Präsenzerleben leisten (Wirth et al., 2007). Darüber hinaus interagiert das Involvement auch mit Eigenschaften der Rezipienten: In einem Experiment von Wirth, Hofer und Schramm (2012) zeigte sich eine Wirkung des emotionalen Involvements auf das Präsenzerleben nur bei Personen mit geringer »Trait Absorption«, also einer geringen Neigung, sich intensiv auf einen Medieninhalt einzulassen. Bei Personen mit hoher Trait Absorption, deren Personeneigenschaften das Auftreten von Presence also ohnehin begünstigten, war das Involvement für das Präsenzerleben entsprechend weniger relevant.

Neben dem *räumlichen Präsenzerleben* werden noch weitere Formen von Presence unterschieden. In Situationen, in denen Mediennutzerinnen und -nutzer in medial vermittelten Umwelten aufeinandertreffen, z. B. in virtuellen Welten wie »Second Life«, kann *soziales Präsenzerleben* hervorgerufen werden (Biocca, Harms & Burgoon, 2003). Diese Form von Presence bezieht sich auf das Gefühl, gemeinsam mit anderen Akteuren in einer medial-vermittelten Umwelt verortet zu sein, obwohl die anderen Personen nicht physisch präsent sind (»being with another«, Biocca et al., 2003, S. 456).

4.5.3 Flow

Neben dem Präsenzerleben hat in der medienpsychologischen Forschung ein weiteres theoretisches Konzept einen wichtigen Stellenwert eingenommen: das Erleben von *Flow* (Sherry, 2004). Das Flow-Konzept geht zurück auf die Arbeiten von Mihaly Csikszentmihalyi, der sich bereits in den 1970er Jahren mit einem besonders intensiven »optimalen Erlebniszustand« beschäftigte. Diesen Zustand beschreiben beispielweise Künstler in Situationen der höchsten Konzentration auf ihre Arbeit (Nakamura & Csikszentmihalyi, 2002).

Definition
▶ *Flow* lässt sich anhand von sechs zentralen Eigenschaften charakterisieren (Nakamura & Csikszentmihalyi, 2002):
1. Intensive und fokussierte Konzentration auf die aktuelle Tätigkeit
2. Verschmelzen von Tätigkeit und Bewusstsein
3. Verlust der reflexiven Selbstwahrnehmung (eingeschränktes Bewusstsein für die eigene Person)
4. Starkes Gefühl, die Kontrolle über die Situation zu haben
5. Verzerrtes Zeitempfinden (Gefühl, die Zeit verginge schneller als gewöhnlich)
6. Wahrnehmung der Handlung als aus sich selbst heraus motivierend, unabhängig vom Endergebnis der Aktivität ◄◄

Flow tritt insbesondere dann auf, wenn die mit einer Tätigkeit verbundene Herausforderung in Balance mit den Fähigkeiten einer Person steht und sie eine klare Rückmeldung zur eigenen Leistung erhält (Nakamura & Csikszentmihalyi, 2002). Nur wenn eine Tätigkeit weder zu schwierig (Stress) noch zu einfach (Langeweile) ist, kommt es zu optimalem Flow-Erleben. Wichtige Aspekte des Flow-Erlebens sind die Zielgerichtetheit der ausgeführten Tätigkeit und das vollständige Aufgehen in dieser Handlung. Flow unterscheidet sich somit von anderen Formen des Rezeptionserlebens, z. B. dem Präsenzerleben, für die das aktive und an konkreten Zielen orientierte Handeln der Rezipienten keine notwendige Voraussetzung ist.

Im Medienkontext treten Situationen, die Flow begünstigen, insbesondere bei der Nutzung von interaktiven Medien auf, z. B. bei Online-Anwendungen (Chen, 2006) oder Video- und Computerspielen (Rheinberg & Vollmeyer, 2003), die den Nutzer mit der Notwendigkeit zum zielgerichteten Handeln konfrontieren. Computerspiele erscheinen ganz besonders prädestiniert für das Erzeugen von Flow (Sherry, 2004): Sie definieren klare Spielziele und geben den Spielerinnen und Spielern ständig Rückmeldung über ihre Leistung, etwa durch Spielstände, das Energielevel der eigenen Spielfigur oder das Gelingen oder Misslingen konkreter Aktionen im Spiel. Gleichzeitig sind die meisten Spiele so programmiert, dass ihre Schwierigkeit im Verlauf langsam ansteigt. Nach einem leichten Einstieg wächst die Spielschwierigkeit kontinuierlich mit den Fähigkeiten der Spieler und ermöglicht so eine Passung zwischen dem Können der Nutzer und den Anforderungen des Spiels. Computerspiele bieten also optimale Voraussetzungen für das Empfinden von Flow. Eine Reihe von Studien bestätigt, dass Flow-Erleben eine wichtige Triebfeder des Unterhaltungserlebens beim Computerspielen ist und insbesondere dann auftritt, wenn die Spielschwierigkeit und das Können der Spielerinnen und Spieler in einem ausgewogenen Verhältnis stehen (z. B. Jin, 2011; Rheinberg & Vollmeyer, 2003).

Das Konzept des Flows ist insbesondere in der medienpsychologischen Forschung zu neuen, interaktiven Medien inzwischen gut etabliert. Dennoch gibt es Kritik am theoretischen Konzept von Flow und an den in der Forschung verwendeten Operationalisierungen (Weber & Behr, 2012): So wird Flow in der Regel nicht exakt definiert und nur anhand der sechs von Csikszentmihalyi aufgezählten Eigenschaften des Flow-Erlebens beschrieben. Dies erschwert eine tiefergehende Auseinandersetzung mit den Prozessen, die Flow zugrunde liegen. Der spezielle Charakter des Flow-Erlebens (fokussierte Konzentration auf die derzeitige Tätigkeit, Verlust der reflexiven Selbstwahrnehmung etc.) erschwert darüber hinaus dessen Messung. Eine direkte Erfassung während der Rezeption würde das Flow-Erleben unterbrechen, eine retrospektive Messung ist u. U. wenig valide (Weber & Behr, 2012). Aktuelle Forschungsansätze versuchen daher, die neurologischen Grundlagen des Flow-Erlebens zu ergründen und Flow mittels bildgebender Verfahren (vgl. Abschnitt 2.4) messbar zu machen (Weber, Tamborini, Westcott-Baker & Kantor, 2009).

Ansätze wie Presence, Flow, Involvement oder Identifikation werden kritisiert, weil sie weitgehend unverbunden zueinander stehen. Obwohl ihre Annahmen teilweise ähnlich sind, gibt es keine systematische Forschung, die das Zusammenspiel dieser

Ansätze untersucht. In den letzten Jahren wurden deshalb integrative Modelle vorgeschlagen, die Gemeinsamkeiten und Widersprüche der bisherigen Konzepte analysieren und die Konzepte integrieren. So haben Vorderer, Klimmt und Ritterfeld (2004) das *Model of Complex Entertainment Experiences* zum Unterhaltungserleben entwickelt, das Empathie, Presence und parasoziale Interaktion als Voraussetzungen auf Seiten der Mediennutzerinnen und -nutzer ebenso berücksichtigt wie ihre Motive (z. B. Eskapismus oder Mood-Management) und die Eigenschaften der Medieninhalte. Auch Busselle und Bilandzic (2008, 2009) haben mit dem Konzept des *Narrative Engagement* einen Ansatz entwickelt, in dem die in diesem Kapitel besprochenen Konzepte Identifikation, Presence, Flow und das Konzept Transportation (vgl. Abschnitt 5.3) berücksichtigt werden. Narrative Engagement beschreibt die Auseinandersetzung mit narrativen Inhalten und die Autoren nehmen an, dass diese Auseinandersetzung stattfindet, indem sich Nutzerinnen und Nutzer mentale Modelle konstruieren, in denen narrative Elemente der Geschichte und eigene Gedächtnisinhalte kombiniert werden. In beiden Ansätzen, dem Model of Complex Entertainment Experiences von Vorderer, Klimmt und Ritterfeld (2004) ebenso wie im Konzept des Narrative Engagement werden sowohl das Unterhaltungserleben als auch kognitive Lernprozesse und Einstellungsänderungen als Effekte der Medienrezeption betrachtet. Somit sind diese Modelle in zweifacher Hinsicht zukunftsweisend: Sie verbinden die verschiedenen Ansätze zu Presence, Identifikation etc. auf der einen Seite und lösen sich von der isolierten Betrachtung des Unterhaltungserlebens als Effekt von Unterhaltungsrezeption.

Zusammenfassung

Das Rezeptionserleben während der Mediennutzung ist ein komplexes Zusammenspiel von Kognitionen und Emotionen. Den Ausgangspunkt stellen grundlegende kognitive Informationsverarbeitungsprozesse dar, bei denen Medieninhalte wahrgenommen, enkodiert, im Gedächtnis gespeichert und von dort wieder abgerufen werden. Die so aufbereiteten Informationen aus einer Medienbotschaft bilden die Grundlage für Bewertungsprozesse (Appraisal), die zu intensiven Gefühlen (z. B. Furcht, Freude oder Traurigkeit) bei der Rezeption führen können. Einen besonders wichtigen Stellenwert im Bereich der emotionalen Reaktionen auf Medienstimuli nimmt die Affective Disposition Theorie ein. Diese beschreibt das empathische Mitfiebern mit den Protagonistinnen und Protagonisten und das daraus resultierende Spannungsgefühl. Das Phänomen des Excitation Transfer, also das Überschwappen von aufgebauter Erregung von einer Mediennutzungssequenz in die nächste, intensiviert das emotionale Erleben noch zusätzlich. Korrespondieren die bei der Rezeption empfundenen Emotionen mit den Zielen und Motiven der Rezipientinnen und Rezipienten (z. B. Stimmungsmanagement oder Befriedigung intrinsischer Bedürfnisse), entsteht Unterhaltungserleben.

Eine Reihe weiterer Prozesse ist zentral für das Rezeptionserleben. Einen wichtigen Stellenwert nimmt dabei die Auseinandersetzung mit Medienfiguren ein. Das parasoziale Interagieren mit Medienpersonae und das temporäre »Verschmelzen« mit Medienfiguren durch Identifikation stellen Formen von Beziehungen zu Mediencharakteren dar, die das Rezeptionserleben stark prägen. Das Eintauchen in mediale Welten stellt eine weitere wichtige Facette der Medienrezeption dar. Dabei bezieht sich das Konzept des Involvements auf die Stärke der emotionalen und kognitiven Auseinandersetzung mit einem Medieninhalt, während das Präsenzgefühl den Eindruck beschreibt, tatsächlich vor Ort in einem medial vermittelten Geschehen zu sein. Bei der Auseinandersetzung mit interaktiven Medien, beispielsweise bei der Konfrontation mit den Herausforderungen eines Computerspiels, kann es zu Flow-Erleben kommen. Dabei konzentriert der Rezipient oder die Rezipientin sich intensiv auf die medial vermittelte Aufgabe und geht vollständig in dieser auf.

Literaturempfehlungen

Hartmann, T. (2010). *Parasoziale Interaktionen und Beziehungen*. Baden-Baden: Nomos.

Lang, A. (2009). The limited capacity model of motivated mediated message processing. In R. L. Nabi & M. B. Oliver (Eds.), *The SAGE handbook of media processes and effects* (pp. 193–204). Thousand Oaks, CA: SAGE.

Mayer, R. E. (2008). Applying the science of learning: Evidence-based principles for the design of multimedia instruction. *American Psychologist, 63*, 760–769.

Nabi, R. L. (2009). Emotion and media effects. In R. L. Nabi & M. B. Oliver (Eds.), *The SAGE handbook of media processes and effects* (pp. 205–221). Thousand Oaks, CA: SAGE.

Raney, A. A. (2006). The psychology of disposition-based theories of media enjoyment. In J. Bryant & P. Vorderer (Eds.), *Psychology of Entertainment* (pp. 137–150). Mahwah, NJ: Lawrence Erlbaum Associates.

Reinecke, L. & Trepte, S. (Eds.). (2012). *Unterhaltung in neuen Medien: Perspektiven zur Rezeption und Wirkung von Online-Medien und interaktiven Unterhaltungsformaten*. Köln: Herbert von Halem Verlag.

Fragen zur Selbstüberprüfung
1. Welche zentralen Aussagen macht das Limited Capacity Model of Motivated Mediated Message Processing über die kognitive Verarbeitung von Medienbotschaften?
2. Welche Formen kognitiver Belastung unterscheidet die Cognitive Load Theory?
3. Was bedeutet Codalität und Modalität und welche Prinzipien lassen sich aus der Cognitive Theory of Multimedia Learning zur Gestaltung von Lernmedien ableiten?
4. Wie entstehen nach Ansicht der Vertreter der Appraisal-Theorien emotionale Reaktionen auf Medieninhalte?
5. Wie entstehen laut Affective Disposition Theory emotionale Reaktionen und Spannungserleben während der Rezeption?
6. Was ist »Excitation Transfer« und welchen Einfluss hat es auf das Rezeptionserleben?
7. Was ist das Unterhaltungserleben und warum hat es in der medienpsychologischen Forschung einen hohen Stellenwert?
8. In welchen unterschiedlichen Formen können parasoziale Interaktionen auftreten und was begünstigt ihr Zustandekommen?

9. Beschreiben Sie den Unterschied zwischen dyadischen und monadischen Konzepten der Interaktion von Rezipienten und Mediencharakteren.
10. Diskutieren Sie Parallelen und Unterschiede von Involvement, Presence und Flow.
11. Welche Eigenschaften des Mediums und der Rezipienten haben Einfluss auf das Zustandekommen von Presence?
12. Warum sind interaktive Medien besonders prädestiniert für das Hervorrufen von Flow?

5 Medienwirkungen

> Medienwirkungen beschreiben die Effekte der Mediennutzung, die nach der Rezeption auftreten und über die einzelne Nutzungsepisode hinausgehen. Medieninhalte können unsere Kognitionen beeinflussen, also die Art, wie wir die Welt verstehen, über welches Wissen und welche Einstellungen wir verfügen und wie leicht bestimmte Wissensbereiche für uns zugänglich sind. Medien haben aber auch einen Einfluss auf unsere emotionalen Reaktionen. Sie beeinflussen, was und wie intensiv wir nach der Rezeption bestimmter Medieninhalte empfinden. Mit dem Konzept des Primings (Abschnitt 5.1), der Sozial-kognitiven Theorie der Massenkommunikation (Abschnitt 5.2) und dem Elaboration-Likelihood-Model (Abschnitt 5.3) werden in diesem Kapitel wichtige theoretische Ansätze vorgestellt, welche die kognitiven Effekte von Medien erklären. Abschnitt 5.4 stellt das Konzept der emotionalen Desensibilisierung zur Erklärung emotionaler Medienwirkungen vor. Das Kapitel verdeutlicht darüber hinaus, welche Konsequenzen kognitive und emotionale Medienwirkungen für das Verhalten von Rezipientinnen und Rezipienten haben. Da sowohl in der medienpsychologischen Forschung als auch in der öffentlichen Diskussion die Wirkung von Medien auf aggressives und prosoziales Verhalten auf besonderes Interesse stößt, werden diese beiden Wirkungsbereiche in Kapitel 6 weiter vertieft.

5.1 Priming

Bei der Nutzung von Medien sind wir mit einer Vielzahl unterschiedlicher Informationen und Konzepte konfrontiert. Eine wichtige Frage für die Medienpsychologie ist, wie Medieninhalte unsere nachfolgenden Eindrücke und Urteile beeinflussen. Reagieren Menschen beispielsweise anders auf die Frage, wie sie zur Todesstrafe stehen, wenn sie kurz zuvor einen Nachrichtenbeitrag gesehen haben, in dem über eine grausame Straftat berichtet wurde? Das Konzept des *Primings* beschreibt, wie das Rezipieren einer Medienbotschaft unsere Informationsverarbeitung, unsere Urteile und unser Verhalten im Anschluss an die Medienrezeption verändern kann.

Definition
▶ *Priming* bezeichnet einen kognitiven Prozess, bei dem durch einen vorausgehenden Medienstimulus (den sog. »Prime«) die Verfügbarkeit von im Gedächtnis gespeicherten Wissenseinheiten temporär erhöht wird. Die durch Priming aktivierten Gedächtnisinhalte werden mit größerer Wahrscheinlichkeit bei der Interpretation einer nachfolgenden Information (des sog. »Zielstimulus«) genutzt (Peter, 2002). ◀◀

Das Konzept des Primings stammt aus der Kognitionspsychologie und wurde von Wissenschaftlerinnen und Wissenschaftlern entwickelt, die sich für die Struktur und Funktionsweise des menschlichen Gedächtnisses interessieren (für einen Überblick siehe z. B. Greitemeyer, 2012). Die Priming-Forschung basiert auf der Vorstellung, dass unser Gedächtnis einem *assoziativen Netzwerk* entspricht (Roskos-Ewoldsen & Roskos-Ewoldsen, 2009). Demnach kann man das menschliche Gedächtnis als ein Netzwerk von *Knoten* verstehen, die mehr oder weniger stark miteinander verbunden sind. Die einzelnen Knoten entsprechen dabei Wissenseinheiten bzw. Konzepten. Diese Knoten besitzen eine *Aktivierungsschwelle*. Wenn ein Knoten, z. B. durch einen externen Stimulus, aktiviert und dabei die Aktivierungsschwelle überschritten wird, »feuert« der Knoten. Das entsprechende mentale Konzept wird dann im Gedächtnis aktiviert und abrufbar. Gleichzeitig breitet sich Aktivierungsenergie vom betroffenen Knoten über die Verbindungen des assoziativen Gedächtnisnetzwerkes zu anderen, verwandten Konzepten aus (Peter, 2002; Roskos-Ewoldsen & Roskos-Ewoldsen, 2009).

Das Grundprinzip des Primings wird anhand früher Priming-Studien deutlich, in denen Gedächtnisstrukturen häufig mit Worterkennungsaufgaben erforscht wurden. Ein Beispiel ist im Folgenden dargestellt.

Beispiel
▶ *Priming bei Worterkennungsaufgaben*
In ihrem Experiment legten Meyer und Schvaneveldt (1971) ihren Probanden Wortpaare vor. Dabei handelte es sich sowohl um reale Begriffe als auch um sinnfreie Buchstabenkombinationen. Aufgabe der Probanden war es, so schnell wie möglich zu entscheiden, ob es sich bei beiden Wörtern um sinnhafte Begriffe handelte. Dabei erreichten die Versuchspersonen schnellere Reaktionszeiten, wenn die beiden gezeigten Wörter miteinander verwandte Begriffe waren (z. B. »Butter« und »Brot«) als wenn sie keine inhaltliche Verbindung aufwiesen (z. B. »Brot« und »Doktor«). Die Ergebnisse verdeutlichen sehr eindrücklich das Priming-Prinzip: Bei verwandten Begriffen wirkte das erste Wort als Prime für das zweite. Durch die Aktivierung des Knotens »Butter« breitet sich Aktivierungsenergie durch das assoziative Gedächtnisnetzwerk zu verwandten Konzepten, z. B. »Brot«, aus. Der Knoten »Brot« wird durch den Stimulus »Butter« voraktiviert (Priming), und ist daher im Anschluss leichter zugänglich. Die Versuchsperson kann deshalb im Anschluss schneller entscheiden, ob es sich bei dem Wort »Brot« tatsächlich um einen sinnhaften Begriff handelt. ◀◀

Das Priming-Konzept ist mit großem Erfolg auf den Bereich der Medienwirkungen übertragen worden. Auch Medienstimuli fungieren als Primes und beeinflussen die Wahrnehmung und das Verhalten von Rezipienten (Roskos-Ewoldsen, Klingler & Roskos-Ewoldsen, 2007). Besonders intensiv ist dabei die Rolle des Priming bei den Folgen der Nutzung *gewalthaltiger Medien* untersucht worden (siehe auch Kap. 6). Eine häufige Vermutung ist in diesem Zusammenhang, dass gewalthaltige Medienstimuli Primes für aggressionsbezogene Konzepte und Verhaltensweisen sind und deren Verfügbarkeit im Anschluss an die Rezeption erhöhen könnten. Diese Hypothese konnte in einer Reihe von Studien bestätigt werden (für einen Überblick siehe Roskos-Ewoldsen et al., 2007).

Auch bei der Aktivierung von *Stereotypen* spielt Priming durch Medieninhalte eine wichtige Rolle (Mastro, 2009).

Definition
▸ *Stereotype* bezeichnen Überzeugungen im Hinblick auf die Eigenschaften und Verhaltensweisen der Mitglieder bestimmter Gruppen. Stereotype können sich beispielsweise auf Angehörige sozialer (z. B. Männer vs. Frauen) oder ethnischer Gruppierungen (z. B. Deutsche vs. Italiener) beziehen. Zwar muss der Inhalt von Stereotypen nicht zwangsläufig negativ oder falsch sein. Insbesondere Stereotype in Bezug auf Gruppen, denen ein Individuum selber nicht angehört, weisen aber häufig negative Verzerrungen auf (Fiedler & Bless, 2003; Hilton & von Hippel, 1996). ◂◂

Medienstimuli, in denen eine bestimmte Gruppe in stereotyper Weise dargestellt wird, können nach medienpsychologischen Erkenntnissen als Prime wirken und die kognitive Verfügbarkeit der entsprechenden Stereotype erhöhen. In einem Experiment von Yao, Mahood und Linz (2010) erreichten männliche Probanden, die ein Computerspiel mit explizit sexuellem Inhalt gespielt hatten, in einer nachfolgenden Worterkennungsaufgabe im Vergleich zur Kontrollgruppe signifikant schnellere Reaktionszeiten bei der Identifikation von Wörtern, die Frauen als Sexobjekte beschreiben. Neben Geschlechtsstereotypen sind auch ethnische oder rassistische Stereotype Gegenstand von Priming-Effekten. Inhaltsanalysen belegen beispielsweise, dass in den USA Personen afroamerikanischer Herkunft in den Fernsehnachrichten überproportional häufig als Straf- und Gewalttäter dargestellt werden (Dixon & Linz, 2000). Eine Reihe von Studien weist darauf hin, dass eine stereotype Medienberichterstattung zu einer verzerrten Beurteilung von Angehörigen der betroffenen ethnischen Gruppe führen und die Zustimmung zu strittigen gesellschaftlichen Themen, z. B. der Todesstrafe, beeinflussen kann (Dixon & Azocar, 2007; Johnson, Adams, Hall & Ashburn, 1997).

Generell hängt die Stärke des Priming-Effekts von zwei Faktoren ab (Roskos-Ewoldsen & Roskos-Ewoldsen, 2009):

- *Stärke* des Primes: Primes, die für eine längere Zeit oder mit häufigeren Wiederholungen gezeigt werden, haben einen stärkeren Effekt als kürzer gezeigte Primes oder solche, die nur selten oder gar nicht wiederholt werden.
- *Zeitlicher Abstand* zwischen Prime und Zielstimulus: Die Aktivierung von Gedächtnisinhalten geht mit der Zeit zurück, wenn der entsprechende Knoten nicht erneut aktiviert wird. Daher sind Priming-Effekte im direkten Anschluss an die Konfrontation mit dem Prime stärker als bei längerem zeitlichen Abstand.

Priming beschreibt daher in erster Linie *kurzfristige Medienwirkungen*, die im direkten Anschluss an die Mediennutzung auftreten. Effekte von Medien-Priming wirken in der Regel nur für einen Zeitraum von 15 bis 20 Minuten nach der Rezeption. Insbesondere im Bereich der politischen Kommunikation werden in der Priming-Forschung aber auch längerfristige Medienwirkungen diskutiert. So fanden Iyengar, Peters und Kinder (1982) auch 24 Stunden nach der Konfrontation mit experimentell manipulierten TV-Nachrichten bei ihren Probanden noch eine Priming-Wirkung in Bezug auf die Bewertung des US-amerikanischen Präsidenten.

Solche längerfristigen Priming-Wirkungen werden häufig unter Berufung auf die *chronische Verfügbarkeit* von Kognitionen erklärt (Peter, 2002; Roskos-Ewoldsen et al., 2007): Rezipienten werden in den Medien immer wieder mit den gleichen Primes konfrontiert, etwa der stereotypen Darstellung bestimmter Gruppen oder wiederholter Berichterstattung über politische Persönlichkeiten in Zeiten des Wahlkampfs. Dabei können einzelne kurzfristige Priming-Effekte quasi aufeinander aufbauen, und dieses kumulierte Priming kann zu einer längerfristigen Steigerung der Verfügbarkeit bestimmter Konzepte führen.

Trotz des erfolgreichen Einsatzes des Priming-Konzepts in der medienpsychologischen Forschung hat die Priming-Forschung bis heute mit einer Reihe von Limitationen zu kämpfen. Ein häufiger Kritikpunkt bezieht sich auf die zeitliche Dauer von Priming-Effekten. So ist unklar, inwiefern die Langzeiteffekte im Bereich des politischen Primings mit der relativen Kurzlebigkeit von Priming-Effekten in anderen Bereichen, z. B. der Wirkung gewalthaltiger Primes, in Einklang zu bringen sind (Roskos-Ewoldsen & Roskos-Ewoldsen, 2009). Können beide Effekte – kurzfristiges Priming und die chronisch erhöhte Verfügbarkeit von Kognitionen – tatsächlich auf den gleichen psychologischen Mechanismen basieren? Insgesamt erschwert die Breite und inhaltliche Vielfalt von Effekten, die mittels Priming erklärt werden, die Entwicklung eines kohärenten theoretischen Ansatzes: Zu häufig wird die Idee des assoziativen Gedächtnisnetzwerks, auf die Priming-Effekte traditionell zurückgeführt werden, als hilfreiche Metapher herangezogen, um Medieneffekte zu erklären, ohne diese Annahme empirisch hinreichend zu prüfen (Roskos-Ewoldsen, Roskos-Ewoldsen & Dillman Carpentier, 2009).

5.2 Sozial-kognitive Theorie der Massenkommunikation

Während das Phänomen des Primings eine temporär erhöhte Verfügbarkeit *bereits bestehender* Wissensstrukturen beschreibt, werden bei der Mediennutzung auch neue kognitive Strukturen (Wissen, Einstellungen etc.) erworben. Ein besonders wichtiger Aspekt ist dabei die Tatsache, dass Rezipientinnen und Rezipienten in den Medien häufig sozialen Akteuren begegnen – etwa Moderatoren, Schauspielerinnen oder fiktiven Charakteren in TV-Serien und Filmen –, zu denen sie emotionale und kognitive Verbindungen aufbauen können (siehe auch Kap. 4). Die *Sozial-kognitive Theorie* von Albert Bandura (2002) ist eine Lerntheorie, die diese soziale Komponente der Wirkungen von Medien berücksichtigt.

Die Sozial-kognitive Theorie fußt auf Banduras (1986) Forschung zum Phänomen des *sozialen Lernens*. Zwar ist die Sozial-kognitive Theorie in der Zwischenzeit um eine Reihe von Elementen erweitert worden, das soziale Lernen stellt aber nach wie vor eine ihrer Säulen dar und ist für den Bereich der Medienwirkungen besonders relevant.

Definition

▶ Das Konzept des *sozialen Lernens* (häufig auch »*Lernen am Modell*«) beschreibt das Phänomen, dass die direkte eigene Erfahrung keine notwendige Voraussetzung für Lernprozesse darstellt. Um die Konsequenzen einer Handlung zu erlernen, können Menschen stellvertretend andere Personen (Modelle) in ihrem Handeln beobachten und von ihnen lernen. Wird das Verhalten eines beobachteten Modells belohnt (z. B. durch positive Handlungskonsequenzen oder positive soziale Reaktionen), entwickelt auch der Beobachter bzw. die Beobachterin eine positive Erfolgserwartung (»outcome expectation«) und wird die beobachtete Verhaltensweise mit erhöhter Wahrscheinlichkeit ebenfalls ausführen. Umgekehrt verhält es sich, wenn das Verhalten des Modells zu negativen Konsequenzen führt. Modelllernen ist dann besonders wahrscheinlich, wenn das beobachtete Modell als attraktiv und der eigenen Person ähnlich wahrgenommen wird (Bandura, 1986). ◀◀

In seiner *Sozial-kognitiven Theorie der Massenkommunikation* überträgt Bandura (2001) das Prinzip des Modelllernens auf den Bereich der Medienwirkungen. Medien und die darin zu beobachtenden Akteure beeinflussen unsere Gedanken und unser Verhalten laut Bandura auf zwei Arten:

- Zum einen stellen sie einen *sozialen Vergleichsmaßstab* dar, anhand dessen wir die Richtigkeit und Angemessenheit unserer Kognitionen und Verhaltensweisen abgleichen.
- Zum anderen sind Medien eine Quelle für *soziale Vorbilder und Modelle*, anhand derer wir uns neues Wissen und neue Verhaltensweisen aneignen können.

Diese Vorbildfunktion der Medien kann je nach Art des dargestellten Verhaltens positive oder negative, bzw. gesellschaftlich erwünschte oder unerwünschte Lernkonsequenzen haben.

Ein häufig diskutiertes Phänomen ist die Wirkung von sehr schlanken Models und Schauspielerinnen auf das Körperselbstbild und das Essverhalten von Rezipientinnen (Harrison & Cantor, 1997). So deuten die Ergebnisse von Inhaltsanalysen darauf hin, dass Medien häufig ein verzerrtes oder idealisiertes Körperbild transportieren, das nicht repräsentativ für den Bevölkerungsdurchschnitt ist (Spitzer, Henderson & Zivian, 1999; White, Brown & Ginsburg, 1999). Schlanke Frauen werden dabei häufiger in den Medien dargestellt als schlanke Männer (White et al., 1999). Übergewichtige Personen sind in den Medien hingegen unterrepräsentiert, und ihre Darstellung ist häufig negativ konnotiert (Greenberg, Eastin, Hofschire, Lachlan & Brownell, 2003). Im Sinne der Sozial-kognitiven Theorie transportieren die Medien also eine große Zahl überschlanker Vorbilder, insbesondere für Rezipientinnen.

Die Frage, ob bzw. inwieweit die Rezeption solcher Medien, in denen überschlanke Models vorkommen, eine Wirkung auf das Körperselbstbild von Rezipientinnen hat, wird seit einiger Zeit in der medienpsychologischen Forschung intensiv beleuchtet (Petersen, 2005). Eine Vielzahl von experimentellen Studien belegt dabei einen negativen Einfluss der Konfrontation mit überschlanken Medienfiguren auf das körper- und gewichtsbezogene Selbstbild von Probandinnen (Groesz, Levine & Murnen, 2002). Dieser wird darauf zurückgeführt, dass die Rezipientinnen die Models als relevante Vergleichspersonen ansehen (Trampe, Stapel & Siero, 2007) bzw. durch fortgesetzte Medienrezeption den Körperbau der Models als Idealbild übernommen haben (Dittmar, 2008). Nicht alle Rezipientinnen sind dabei gleichermaßen anfällig für diese Medienwirkung. Eine Reihe von Experimenten von Trampe et al. (2007) verdeutlicht beispielsweise, dass insbesondere Probandinnen, die ohnehin unzufrieden mit ihrem eigenen Körper sind, stark auf überschlanke Medienfiguren reagieren und ihren eigenen Körper in der Folge noch negativer wahrnehmen. Auch das Alter der Rezipientinnen spielt eine Rolle: Das Körperselbstbild von Mädchen in der Pubertät leidet stärker unter der Rezeption überschlanker Models, als dies bei erwachsenen Frauen der Fall ist (Groesz et al., 2002). Neben den Ergebnissen experimenteller Untersuchungen, die nur die kurzfristigen Folgen der Rezeption abbilden können, weisen auch Längsschnittuntersuchungen auf eine Wirkung der Mediennutzung auf das Körperselbstbild hin (siehe auch Kapitel 2 für eine Diskussion der methodischen Vor- und Nachteile von experimentellen Versuchsanordnungen und Längsschnittuntersuchungen). So untersuchten Harrison und Hefner (2006) den Zusammenhang zwischen der Medienrezeption, Körperidealen und Essstörungen bei Mädchen zwischen sieben und zwölf Jahren. Dabei wurden die jungen Probandinnen sowohl zu ihrem derzeitigen Körperideal befragt (d. h. wie sie zum Befragungszeitpunkt gerne aussehen würden) als auch zu ihrem zukünftigen Körperideal (wie sie gerne als Erwachsene aussehen würden). Zwar zeigte sich in der Studie kein Einfluss des Fernsehkonsums auf das derzeitige Körperideal der Mädchen, wohl aber auf ihr zukünftiges Körperideal: Die Mädchen wurden gebeten, auf einer grafischen Skala, die die Körperform erwachsener Frauen mit ansteigender Körperfülle (sehr dünn bis sehr dick) darstellte, anzugeben, wie sie als Erwachsene gerne aussehen würden. Dabei wählten Mädchen, die viel fernsahen (und somit stark den dort verbreiteten Köperidealen ausgesetzt waren), ein dünneres Körperideal als Mädchen, die weniger fernsahen. Darüber hinaus stand der Fernsehkonsum auch in Zusammenhang mit eingeschränkter Essbereitschaft aus Angst vor Gewichtszunahme (Harrison & Hefner, 2006).

Neben dem Prozess des Modelllernens stellen *Selbstwirksamkeitserwartungen* eine zweite zentrale Komponente der Sozialkognitiven Theorie dar, die wichtige Anknüpfungspunkte für die Medienwirkungsforschung liefert.

Definition
► Selbstwirksamkeitserwartungen (»self-efficacy expectations«) beschreiben die Erwartungen eines Individuums, die Handlungen erfolgreich ausführen zu können, die notwendig sind, um ein bestimmtes Ziel zu erreichen. Selbstwirksamkeitserwartungen beschreiben also, wie kompetent und handlungsfähig sich eine Person in einer bestimmten Situation oder angesichts eines bestimmten Problems fühlt (Bandura, 1997). ◄◄

Selbstwirksamkeitserwartungen schlagen eine entscheidende Brücke zwischen Wissen und Verhalten: Zwar kann sich eine Person das Wissen, das zur Ausführung eines bestimmten Verhaltens notwendig ist, aneignen (beispielsweise durch soziales Lernen). Ob die Person das entsprechende Verhalten aber auch tatsächlich zeigt und wie lange sie auch angesichts von Problemen und Widerständen an einem bestimmten Ziel festhält, hängt stark von ihrer Selbstwirksamkeitserwartung in Bezug auf das betreffende Verhalten ab (Bandura, 1997).

Eigene Erfolgserfahrungen sind zwar die wirkungsvollste Quelle von Selbstwirksamkeitserwartungen, wir können Selbstwirksamkeit aber auch stellvertretend durch das Beobachten von Modellen aufbauen (Bandura, 1986). Wenn wir also sehen, dass andere, uns ähnliche Personen in der Lage sind, ein bestimmtes Problem zu lösen oder eine bestimmte Handlung auszuführen, kann das auch unsere eigene Selbstwirksamkeitserwartung steigern. Daher sind Medien und die in ihnen präsentierten Akteure ebenfalls eine wichtige Einflussgröße in Bezug auf die Selbstwirksamkeit, die wir in verschiedenen Lebensbereichen verspüren (Bandura, 2001).

Dadurch eröffnet sich ein erhebliches positives Wirkungspotenzial: Wenn sich durch Medienbotschaften die Selbstwirksamkeitserwartung, z. B. in Bezug auf gesundheitsförderliches Verhalten, erhöhen ließe, bestünde die Chance, Rezipientinnen und Rezipienten durch gezielte Gesundheitskommunikation zu fördern.

Die medienpsychologische Forschung deutet klar auf solche positiven Medienwirkungen hin. So verfügten Probandinnen in einem Experiment von Anderson (2000) über gesteigerte Selbstwirksamkeitserwartungen in Bezug auf Verhaltensweisen zur Brustkrebsprävention, nachdem sie ein Video gesehen hatten, in denen ein weibliches Verhaltensmodell die entsprechenden Techniken demonstrierte.

Motiviert durch das vielversprechende Wirkungspotenzial von Medien zur gesundheitlichen und politischen Aufklärung hat sich unter dem Stichwort »Entertainment Education« (Singhal & Rogers, 2002) in den vergangenen Jahren ein Forschungsfeld etabliert, das den gezielten Einsatz von unterhaltsamen Medienformaten zur Vermittlung von Wissen und zur gesellschaftlichen Aufklärung untersucht. Insbesondere in Entwicklungsländern sind dabei Versuche unternommen worden, durch den Einsatz von unterhaltsamen TV- und Radioprogrammen soziale Veränderungsprozesse anzustoßen und gesundheitsförderliches Verhalten zu verstärken.

Beispiel
▶ *Entertainment Education*

Ein Beispiel für ein Entertainment-Education-Projekt ist die in Südafrika ausgestrahlte TV-Serie »Soul City«, die insbesondere auf die HIV- und AIDS-Prävention zielt und auch eine Reihe weiterer gesellschaftlich relevanter Fragestellungen behandelt (Singhal & Rogers, 2002).

Neue interaktive Unterhaltungsmedien, allen voran Video- und Computerspiele, ermöglichen darüber hinaus nicht nur den stellvertretenden Erwerb von Selbstwirksamkeit durch soziales Lernen, sondern auch direkte *eigene* Selbstwirksamkeitserfahrungen (Trepte & Reinecke, 2011a). So wurde etwa das Spiel »Re-Mission«, in dem der Spieler sich in einem Raumschiff durch den menschlichen Körper bewegt und Krebszellen bekämpft, gezielt für den Einsatz bei jungen Krebspatienten entwickelt. In einer Evaluationsstudie erzielten Patienten, die während einer stationären Krebstherapie »Re-Mission« spielten, einen signifikanten Anstieg in ihrer wahrgenommenen Selbstwirksamkeit im Umgang mit ihrer Erkrankung (Kato, Cole, Bradlyn & Pollock, 2008). ◀◀

Insgesamt belegen die im Rahmen der Sozial-kognitiven Theorie gesammelten Befunde, dass die Medien eine wichtige Sozialisationsinstanz sind. Die in den Medien präsentierten Akteure wirken als Rollenmodelle und können einen signifikanten Einfluss auf die kognitiven Prozesse und Verhaltensweisen von Rezipientinnen und Rezipienten nehmen.

Kritisiert wird an medienpsychologischer Forschung, die sich auf die Sozial-kognitive Theorie stützt, dass die entsprechenden Studien sich häufig zwar der Grundideen der Theorie bedienen, die entsprechenden Mechanismen (z. B. die Attraktivität des beobachteten Modells oder die Verstärkung des beobachteten Verhaltens im Rahmen des sozialen Lernens) aber nicht hinreichend empirisch testen (Pajares, Prestin, Chen & Nabi, 2009). Insgesamt erscheint die Sozial-kognitive Theorie aber auch für zukünftige Medienwirkungsforschung vielversprechend. Insbesondere im

Bereich interaktiver Medien stößt das Konzept der Selbstwirksamkeit auf wachsendes Interesse (Klimmt & Blake, 2012). Allerdings gibt es konkurrierende Ansätze, die sich teils deutlich von Banduras (1997) Konzept der Selbstwirksamkeitserwartungen unterscheiden. Statt der *Erwartung* an die eigenen Fähigkeiten stellen beispielsweise White (1959) und Harter (1978) in Bezug auf das Selbstwirksamkeitskonstrukt den Aspekt der *Motivation* zum Kompetenzerwerb und zu explorativem Verhalten in den Vordergrund. Eine Aufgabe zukünftiger Forschung besteht daher in der Integration dieser unterschiedlichen Ansätze.

5.3 Elaboration-Likelihood-Model

Eine wichtige Rolle kommt im Bereich der Medienwirkungen *persuasiven Botschaften* zu, Medienformaten also, die in der Lage sind, *Einstellungen* zu beeinflussen. Häufige Beispiele für solche persuasiven Botschaften sind Werbung, Public-Relations-Maßnahmen (PR) oder politische Kampagnen.

Definition
▶ Unter *Einstellungen* werden in der Psychologie allgemeine Bewertungen verstanden, die Individuen in Bezug auf sich selbst, andere Personen, Objekte oder Themen aufweisen. Einstellungen können dabei sowohl in ihrer Valenz (positive vs. negative Einstellungen) als auch in ihrer Stärke bzw. Stabilität variieren (Bohner & Dickel, 2011).◀◀

Das Elaboration-Likelihood-Model (ELM) von Richard E. Petty und John T. Cacioppo (1986) ist das einflussreichste psychologische Modell zur Persuasion und Einstellungsänderung (für einen Überblick zu weiteren Persuasionsmodellen siehe O'Keefe, 2009). Das ELM gilt als ein »Zwei-Prozess-Modell« (Klimmt, 2011). Es postuliert, dass Einstellungsänderungen auf zwei unterschiedlichen Wegen, bzw. *Routen*, zustandekommen können. Diese Routen unterscheiden sich dahingehend, wie intensiv die persuasive Botschaft *elaboriert*, also kognitiv verarbeitet wird (Petty & Cacioppo, 1986; Petty & Wegener, 1999):

- die *zentrale* Route der Informationsverarbeitung: Hierbei wird die persuasive Botschaft intensiv kognitiv verarbeitet und mit Vorwissen in Bezug gesetzt. Entscheidend für eine mögliche Einstellungsänderung sind dabei die *Stärke und Qualität der Argumente*, die in der persuasiven Botschaft enthalten sind;
- die *periphere* Route der Informationsverarbeitung: Hierbei betreibt der Empfänger oder die Empfängerin der Botschaft nur geringen kognitiven Aufwand und setzt sich nicht intensiv mit den Argumenten auseinander. Stattdessen gewinnen *periphere Hinweisreize*, z. B. die wahrgenommene Glaubwürdigkeit, das Auftreten oder die Attraktivität des Kommunikators, einen größeren Einfluss auf die Einstellungsänderung.

Die von Petty und Cacioppo beschriebenen Routen sind keine sich gegenseitig ausschließenden Kategorien. Sie stellen vielmehr die Endpunkte eines Kontinuums der Elaborationsstärke dar (Klimmt, 2011). Man verarbeitet persuasive Botschaften also nicht entweder zentral oder peripher. Vielmehr sind Abstufungen möglich, sodass bei mittlerer Elaborationsstärke sowohl zentrale als auch periphere Verarbeitungsprozesse stattfinden (O'Keefe, 2009).

Wie intensiv sich ein Rezipient oder eine Rezipientin mit einer persuasiven Botschaft auseinandersetzt, hängt von der *Fähigkeit* und *Motivation* zur Elaboration ab. Mit steigender Fähigkeit und Motivation steigt auch die Wahrscheinlichkeit für eine vorwiegend zentrale Informationsverarbeitung. Sowohl *Personeneigenschaften* als auch *Eigenschaften der Situation*, in der eine persuasive Botschaft rezipiert wird, haben Einfluss auf die Motivation und Fähigkeit zur Elaboration: Die wahrgenommene persönliche Relevanz der Botschaft (Petty, Cacioppo & Goldman, 1981) und der individuelle »need for cognition« (Cacioppo & Petty, 1982), also das Denkbedürfnis der betreffenden Person, steigern die Motivation zur Elaboration. Die allgemeinen kognitiven Fähigkeiten, relevantes Vorwissen und eine moderate Anzahl von Wiederholungen der vorgebrachten Argumente erhöhen die Fähigkeit zur Elaboration (Petty & Cacioppo, 1986). Situative Ablenkung durch Störreize vermindert sowohl die Motivation als auch die Fähigkeit zu intensiver Informationsverarbeitung.

Die Intensität der Elaboration beeinflusst Stärke und zeitliche *Stabilität* der resultierenden Einstellungsänderungen. Erfolgen

5.3 Elaboration-Likelihood-Model

Einstellungsänderungen aufgrund der zentralen Informationsverarbeitung, sind sie zeitlich stabiler, robuster gegenüber Gegenargumenten und haben einen stärkeren Einfluss auf das Verhalten der betreffenden Person als Einstellungen, die aufgrund peripherer Informationsverarbeitung zustande kommen (Petty & Cacioppo, 1986; Petty & Wegener, 1999). Die Grundpostulate des ELM und der durch das Modell prognostizierte Ablauf bei der Verarbeitung persuasiver Botschaften sind in **Abbildung 5.1** im Überblick dargestellt.

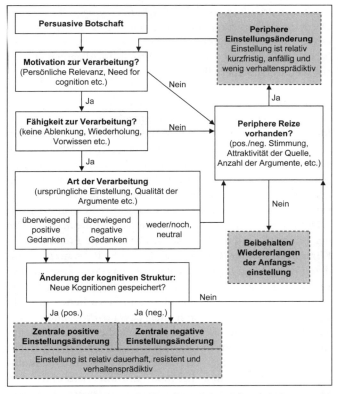

Abb. 5.1: Das Elaboration-Likelihood-Model und die zentrale vs. periphere Route der Informationsverarbeitung. Quelle: Petty & Cacioppo (1986), S. 126.

Medieninhalte sind in unserem Alltag eine häufige, wenn nicht gar *die* häufigste Form persuasiver Botschaften. Die Postulate des ELM lassen sich problemlos auf Medienbotschaften übertragen und ermöglichen ein besseres Verständnis des komplexen Wechselspiels zwischen Prozessen der Informationsverarbeitung, den Inhalten der Botschaft und der Fähigkeit und Motivation der Rezipienten zur Elaboration, die in ihrer Kombination medieninduzierte Einstellungsänderungen erklären können (Petty, Brinol & Priester, 2009). Das ELM ist dabei im Kontext der medienpsychologischen Wirkungsforschung besonders intensiv zur Prognose von Werbewirkungen eingesetzt worden. Die im Folgenden dargestellten Ergebnisse einer Studie von Petty, Cacioppo und Schumann (1983) verdeutlichen die Übertragbarkeit des ELM auf Medienbotschaften im Allgemeinen und auf Werbung im Speziellen.

Beispiel
▶ *Persuasion durch Werbebotschaften*

In einem Experiment wurde Probanden eine von vier Versionen einer Werbeanzeige für Einwegrasierer gezeigt. Dabei wurden sowohl die *Stärke der Argumente* in der Werbung (stark vs. schwach) als auch der *Prominentenstatus* des Werbetreibenden (Berühmtheit vs. normaler Bürger) als peripherer Hinweisreiz variiert. Darüber hinaus wurde die subjektive Relevanz der Anzeige für die Rezipienten variiert, indem der Hälfte der Personen der Eindruck vermittelt wurde, das beworbene Produkt sei in Kürze auch in ihrer Region erhältlich (hohe Relevanz), der anderen Hälfte hingegen mitgeteilt wurde, das Produkt sei in ihrer Region nicht verfügbar (niedrige Relevanz). Im Anschluss wurde die Einstellung der Probanden zum beworbenen Produkt gemessen. Dabei stellte sich heraus, dass für Probanden in der Versuchsbedingung mit hoher Relevanz die Stärke der Argumente einen höheren Einfluss hatte als für Probanden in der Bedingung mit geringer Relevanz. Für den Prominentenstatus ergab sich ein genau umgekehrtes Bild: Dieser hatte einen stärkeren Einfluss bei niedriger als bei hoher Relevanz. Die Ergebnisse entsprechen damit den Postulaten des ELM: Bei niedriger Relevanz waren die Rezipienten weniger zur Elaboration motiviert (periphere Route) und wurden daher stärker durch periphere Hinweisreize (Prominenz des Kommunikators) beeinflusst. Bei hoher Relevanz zeigten die Rezipienten mit höherer Wahrscheinlichkeit eine intensive Informationsverarbeitung (zentrale Route), sodass die Stärke der Argumente entscheidend für die resultierende Einstellung war. ◂◂

Neben persuasiven Medienformaten, die explizit auf Einstellungsänderungen bei den Rezipienten hinarbeiten, lassen sich die Grundgedanken des ELM auch auf andere Medieninhalte übertragen. So beschreibt Brosius (1998), dass das Rezeptionsverhalten der Mehrzahl der Rezipienten von Fernsehnachrichten stark der im ELM beschriebenen peripheren Route der Informationsverarbeitung ähnelt: Aufgrund der schieren Masse an Informationen, die in den Nachrichten transportiert werden, verfallen Rezipienten demnach in eine »Alltagsrationalität« (Brosius, 1998, S. 294). Sie sind bei der Nachrichtenrezeption nur wenig involviert (siehe Abschnitt 4.5.1) und verarbeiten nicht alle verfügbaren Informationen, sondern beschränken sich auf leicht zugängliche oder vertraute Informationseinheiten. Die Folge: Der Anteil der nach der Nachrichtenrezeption erinnerten Fakten und ihr Einfluss auf die Meinungsbildung sind häufig gering. Gleichzeitig ist dieses Rezeptionsverhalten durchaus rational. Unsere kognitive Kapazität ist einfach zu beschränkt, um die Fülle der in den Medien präsentierten Informationen sorgfältig abzuwägen und unsere Einstellungen zugrunde zu legen. Vielmehr sehen sich Rezipienten und Rezipientinnen heute herausgefordert, ihre Elaborationsressourcen geschickt auf die für sie relevanten Informationen zu verteilen.

Die Persuasionsforschung wird kritisiert, weil Narrationen und Fiktion in ihr kaum berücksichtigt wurden (Appel, Mara & Odag, 2012). Die Überzeugungskraft von fiktiven Geschichten berücksichtigen Green und Brock (2000) mit ihrem Konzept der *Transportation*. Sie vermuten, dass die Persuasion mithilfe von narrativen und fiktionalen Inhalten anders abläuft als Persuasion durch non-fiktionale Medienbotschaften. Die Autoren vermuten also, dass andere psychologische Prozesse ablaufen, je nachdem, ob wir beispielsweise in der Tagesschau die Berichterstattung über Aufstände in Birma oder aber den Spielfilm »The Lady« von Luc Besson sehen, der sich ebenfalls mit diesen Aufständen befasst. Transportation beschreibt einen Zustand intensiver Aufmerksamkeit, in dem sich Rezipientinnen und Rezipientinnen fantasievoll als Teil des Mediengeschehens sehen, sich emotional beteiligen und eine Verknüpfung zu ihrem realen Leben herstellen. In Experimenten zeigt sich, dass die Überzeugungskraft von narrativen Inhalten groß ist (Appel & Richter, 2010; Bilandzic & Busselle, 2008) und es ist zu vermuten, dass in diesem Bereich zukünftig weitere spannende Forschungsergebnisse vorgelegt werden.

Beispiel
▶ *Persuasion durch fiktionale Medieninhalte*
Wie stark auch fiktionale Medieninhalte die Einstellungen von Rezipientinnen und Rezipienten beeinflussen können, zeigt sich in einem Experiment von Appel und Richter (2007), in dem Probandinnen und Probanden eine Kurzgeschichte lasen. In dieser Kurzgeschichte unterhalten sich die fiktiven Charaktere im Handlungsverlauf über verschiedene Themen. Dabei kommen in der Geschichte auch Annahmen zum Ausdruck, die faktisch falsch sind (z. B. »Zähneputzen ist schlecht für die Zähne« oder »ungeschütztes Sonnenbaden ist gut für die Haut«). Nach der Lektüre zeigten die Rezipienten und Rezipientinnen zu diesen Aussagen eine stärkere Zustimmung als Probanden und Probandinnen der Kontrollgruppe, in deren Version der Geschichte die betreffenden Aussagen nicht vorkamen. Aus Sicht des ELM erscheint die persuasive Wirkung fiktiver Medieninhalte verwunderlich: Fiktive Geschichten folgen meist nicht einer gezielten argumentativen Struktur und enthalten häufig nur schwache Argumente. Auch das explizite Wissen, dass es sich bei einer Medienbotschaft nicht um Fakten, sondern um Fiktion handelt, sollte persuasiven Effekten im Wege stehen. Erklären lässt sich das Persuasionspotenzial von fiktiven Medien aber durch das Phänomen der Transportation (Green, Garst & Brock, 2004): Rezipienten fühlen sich oft sehr stark in medial vermittelte Welten »hineingezogen« (siehe auch Abschnitt 4.5.2) und sind stark kognitiv und emotional involviert (siehe Ab-

schnitt 4.5.1). Die »echte« Welt wird ein Stück zur Seite gerückt, und die medial vermittelte Welt wird zum kognitiven Bezugsrahmen. Dadurch werden die Inhalte der Narration weniger kritisch betrachtet oder mit bestehendem Wissen kontrastiert. Durch fiktive Medien erzeugte Einstellungsänderungen sind erstaunlich stabil und verstärken sich sogar im Zeitverlauf. So fanden Appel und Richter (2007) bei einer zweiten Befragung ihrer Probanden zwei Wochen nach dem Experiment sogar noch stärkere Zustimmungswerte zu den in der Geschichte gemachten Äußerungen. Die Erklärung für diesen Effekt: Die Tatsache, dass es sich bei der Informationsquelle um eine fiktive (und somit potenziell unglaubwürdige) Quelle handelt, wird schneller vergessen als die vermittelte (falsche) Sachinformation. ◄◄

Abschließend lässt sich festhalten, dass die persuasive Wirkung von Medienbotschaften, z. B. in Zeiten des Wahlkampfes, die Medienwirkungsforschung schon sehr früh intensiv beschäftigt hat (z. B. Lazarsfeld, Berelson & Gaudet, 1944). Insgesamt hat sich das ELM dabei mit seinen präzisen Prämissen und seiner Zwei-Prozess-Logik als überaus nützliches theoretisches Modell zur persuasiven Wirkung von Medienbotschaften erwiesen. Gleichzeitig bleibt ein umfassendes Verständnis persuasiver Prozesse schwierig. Zwar lassen sich eng umgrenzte Einstellungsänderungen, wie etwa im Falle der oben beschriebenen Beispielstudie zur Werbewirkung, durchaus im Labor nachvollziehen. Im Alltagsleben, in dem wir täglich einer Fülle konkurrierender Persuasionsversuche ausgesetzt sind, vollziehen sich Einstellungsänderungen in einem komplexen Wechselspiel aus fiktionalen und non-fiktionalen persuasiven Botschaften, Situations- und Personenvariablen, das auch für die künftige medienpsychologische Forschung eine Herausforderung bleibt.

5.4 Emotionale Desensibilisierung

Emotionen, etwa Freude, Furcht und Spannung, stellen einen elementaren Bestandteil des Rezeptionserlebens bei der Mediennutzung dar (siehe Kap. 4). Neben diesen flüchtigen und zeitlich begrenzten Wirkungen auf unser Gefühlsleben können Medieninhalte auch längerfristige und bleibende Effekte auf unsere emotionalen Reaktionen haben. Eine in diesem Zusammenhang häufig beforschte mögliche Folge der Mediennutzung ist die *emotionale Desensibilisierung*.

Definition
▶ *Emotionale Desensibilisierung* beschreibt einen Prozess der emotionalen Abstumpfung gegenüber emotional erregenden (Medien-)Stimuli, der durch die wiederholte Konfrontation mit dem gleichen oder ähnlichen Reizen ausgelöst wird. Dabei kommt es sowohl zu einer verringerten Reaktion in Bezug auf das subjektive emotionale Erleben (z. B. verringerte Angstreaktionen) als auch zu verringerter physiologischer Erregung (Krahé et al., 2011). ◀◀

Desensibilisierungserscheinungen sind nicht auf die Medienrezeption beschränkt, sondern eine ganz alltägliche Anpassungsreaktion, die in vielen Bereichen der menschlichen Wahrnehmung auftreten kann. Wenn unser Wahrnehmungsapparat mehrfach oder länger anhaltend mit einem bestimmten Stimulus konfrontiert wird, nimmt die Reaktion auf diesen Stimulus langsam ab. Dieser Prozess wird als Habituation bezeichnet (Watts, 1979). Habituation findet in unserem Alltag ständig statt: Nach dem Umzug in eine neue Wohnung kann man in der ersten Nacht vielleicht schlecht schlafen, weil man viele ungewohnte Geräusche um sich herum wahrnimmt. Schon ein paar Tage später stören diese Geräusche den Schlaf aber nicht mehr, unser Wahrnehmungsapparat hat sich an sie gewöhnt. Emotionale Desensibilisierung funktioniert nach ähnlichen Mechanismen (Watts, 1979).

Die Konsequenzen emotionaler Desensibilisierung können durchaus positiv sein. So wird die Desensibilisierung beispielsweise in der psychologischen Verhaltenstherapie eingesetzt, um Patienten von bestimmten Ängsten, z. B. vor Spinnen oder vor Blut, zu befreien (Elmore, Wildman & Westefeld, 1980). Problematisch ist die emotionale Desensibilisierung, wenn sie zu unerwünschten Abstumpfungseffekten führt.

In der medienpsychologischen Forschung wurde die emotionale Desensibilisierung besonders intensiv in Bezug auf die

Rezeption gewalthaltiger Medien untersucht (siehe auch Kap. 6). Eine Reihe von Experimenten liefert Hinweise darauf, dass die Rezeption gewalthaltiger Medieninhalte zu einer verringerten emotionalen Reaktion auf Gewaltdarstellungen führt. In einem Experiment von Carnagey, Anderson und Bushman (2007) zeigten Probandinnen und Probanden, die vorab ein gewalthaltiges Computerspiel gespielt hatten, weniger ausgeprägte physiologische Reaktionen (Herzrate und Hautleitwert, vgl. Abschnitt 2.4) auf ein Video, in dem reale Gewalthandlungen gezeigt wurden, als die Kontrollgruppe, die zuvor ein gewaltfreies Spiel gespielt hatte. Auch Studien mit Rezipienten und Rezipientinnen, die Gewaltmedien habituell, also häufig und gewohnheitsmäßig nutzen, sprechen für Desensibilisierungseffekte. In einer Studie von Krahé et al. (2011) zeigten habituelle Gewaltmediennutzer bei der Rezeption eines gewalthaltigen Videos geringere physiologische Erregung und nahmen das Video als unterhaltsamer wahr als Personen, die gewalthaltige Medien seltener nutzen. Ähnlich verhielt es sich in einer Studie von Bartholow, Bushman und Sestir (2006). Sie verglichen eine Gruppe von Personen, die habituell gewalthaltige Medien nutzen, mit einer anderen Gruppe von Personen, die seltener gewalthaltige Medien rezipieren, in Bezug auf ihre neuronalen Reaktionen beim Betrachten gewalthaltiger Abbildungen. Die habituellen Nutzerinnen und Nutzer wiesen beim Betrachten der Bilder signifikant geringere Gehirnaktivität auf als die Gruppe der Personen mit seltener Gewaltmediennutzung.

Die Effekte emotionaler Desensibilisierung gehen dabei über die Veränderung der emotionalen Reaktionen der Rezipientinnen und Rezipienten hinaus und manifestieren sich auch im Verhalten. So reagierten habituelle Gewaltmediennutzer in der Studie von Bartholow et al. (2006) nicht nur schwächer auf gewalthaltige Bilder, sondern verhielten sich in einer anschließenden Aufgabe auch aggressiver gegenüber einem fiktiven Partner in einer Reaktionszeitaufgabe. Durch emotionale Desensibilisierung verliert aggressives Verhalten also möglicherweise seinen Schrecken. Die Angst oder der Ekel vor körperlicher Gewalt und ihren Folgen werden abgeschwächt. Der Verlust dieser negativen und angstbesetzten Gefühle in Bezug auf Gewalt kann zu einer verringerten Hemmschwelle und einer höheren Bereitschaft führen, sich selber aggressiv zu verhalten (Huesmann & Kirwil, 2007; Krahé et al., 2011).

Ähnliche Desensibilisierungsprozesse lassen sich auch in Bezug auf pornografische Inhalte erkennen. So ergab eine Reihe von experimentellen Studien, dass wiederholte Nutzung von Pornografie zu einer verringerten physiologischen Erregung durch pornografische Inhalte führt (Zillmann, 1989). Zudem steigt mit anhaltender und wiederholter Rezeption von Pornografie das Interesse an expliziteren pornografischen Inhalten mit ausgefalleneren Sexualpraktiken (Zillmann & Bryant, 1986).

Ähnlich wie im Bereich gewalthaltiger Medien beschränken sich die Folgen emotionaler Desensibilisierung auch im Bereich der Pornografienutzung nicht auf verminderte emotionale bzw. physiologische Reaktionen. So geht fortdauernde Pornografierezeption mit einer verringerten Zufriedenheit mit dem eigenen Sexualleben und der sexuellen Attraktivität und Performanz des eigenen Partners bzw. der eigenen Partnerin einher. Darüber hinaus entwickeln regelmäßige Nutzerinnen und Nutzer von Pornografie mit größerer Wahrscheinlichkeit unrealistische Annahmen zur Verbreitung unterschiedlicher Sexualpraktiken in der Bevölkerung (Zillmann, 1989). Insbesondere der Konsum von Pornografie, die auch sexuelle Gewalt thematisiert, kann zu einer Trivialisierung von Vergewaltigungen und zu verringertem Mitgefühl gegenüber Opfern sexueller Gewalt führen (Zillmann, 1989). Die Effekte von Desensibilisierung sind allerdings reversibel, bilden sich also zurück, wenn die betroffenen Rezipienten nicht mehr mit den entsprechenden Medienstimuli konfrontiert werden (Mullin & Linz, 1995).

In der neueren Forschung zur Wirkung pornografischer Inhalte sind die Effekte der emotionalen Desensibilisierung etwas in den Hintergrund gerückt. Stattdessen stellen in der aktuellen Forschung häufig kognitive Ansätze den theoretischen Hintergrund der Forschung (für einen Überblick siehe Brown, 2009). Durch die immer leichtere Verfügbarkeit von Pornografie über das Internet wächst in jüngster Zeit auch das Interesse für die Wirkungen sexuell expliziter Inhalte auf junge Nutzerinnen und Nutzer. In zwei Längsschnittstudien untersuchten Peter und

Valkenburg (2008, 2009) die Wirkung von Online-Pornografie auf niederländische Jugendliche und junge Erwachsene im Alter zwischen 13 und 20 Jahren. Die Nutzung von Online-Pornografie korrelierte dabei im Längsschnitt positiv mit dem Interesse an Sex und der gedanklichen Auseinandersetzung mit Sexualität. Dieser Effekt war auf die sexuelle Erregung zurückzuführen, die durch die Nutzung von Online-Pornografie hervorgerufen wurde (Peter & Valkenburg, 2008). Darüber hinaus ergab sich ein negativer Zusammenhang zwischen der Nutzung von Online-Pornografie und der Zufriedenheit mit dem eigenen Sexualleben (Peter & Valkenburg, 2009). Dieses Ergebnis repliziert somit die Befunde früherer Studien zur Wirkung von Pornografie auf die sexuelle Zufriedenheit erwachsener Nutzerinnen und Nutzer.

Zusammenfassung

Die Frage nach den Wirkungen der Mediennutzung ist seit rund hundert Jahren die Triebfeder medienpsychologischer Forschung und hat sich seitdem in einer Vielzahl theoretischer Ansätze und empirischer Arbeiten niedergeschlagen (Trepte, 2004b). Die in diesem Kapitel zusammengetragenen Perspektiven verdeutlichen, dass die Medien unsere Kognitionen und Emotionen und in der Folge auch unser Verhalten auf vielfältige Weise beeinflussen können. Medien können bestehende Gedächtnisinhalte leichter zugänglich machen, Quelle neuer Wissens- und Verhaltensstrukturen sein, unsere Einstellungen und unsere Sicht auf die Welt durch die Vermittlung persuasiver Botschaften verändern und auch unsere emotionalen Reaktionen auf bestimmte Stimuli nachhaltig beeinflussen.

Problematisch ist dieser Einfluss der Medien auf unser Denken und Fühlen vor allem dann, wenn das über die Medien verbreitete Bild der Realität Verzerrungen aufweist, wie etwa in Bezug auf die Darstellung von Körperidealen oder die Verbreitung von Stereotypen. Auch wenn problematische Verhaltensweisen, z. B. in Form rauchender oder Alkohol trinkender Filmhelden, porträtiert oder in persuasiven Botschaften (z. B. Zigarettenwerbung) propagiert werden, können Medien potenziell negative Wirkungen auf Rezipientinnen und Rezipienten haben. Wenn Medien aber positive Rollenvorbilder transportieren, etwa im Rahmen von Entertainment Education, können sie relevantes Wissen vermitteln und das Vertrauen der Rezipienten in die eigenen Handlungsmöglichkeiten stärken und ihr Leben auf diese Weise positiv beeinflussen.

Literaturempfehlungen

Klimmt, C. (2011). *Das Elaboration-Likelihood-Modell*. Baden-Baden: Nomos.

Krahé, B., Möller, I., Huesmann, L. R., Kirwil, L., Felber, J. & Berger, A. (2011). Desensitization to media violence: Links with habitual media violence exposure, aggressive cognitions, and aggressive behavior. *Journal of Personality and Social Psychology, 100*, 630–646.

Pajares, F., Prestin, A., Chen, J. & Nabi, R. L. (2009). Social cognitive theory and media effects. In R. L. Nabi & M. B. Oliver (Eds.), *The SAGE handbook of media processes and effects* (pp. 283–297). Thousand Oaks, CA: SAGE.

Roskos-Ewoldsen, D. R., Roskos-Ewoldsen, B. & Dillman Carpentier, F. (2009). Media priming: A synthesis. In J. Bryant & M. B. Oliver (Eds.), *Media effects: Advances in theory and research* (3rd ed., pp. 74–93). New York: Routledge.

Fragen zur Selbstüberprüfung

1. Was ist ein assoziatives Gedächtnisnetzwerk? Wie lassen sich mit diesem Konzept Priming-Effekte erklären?
2. Was ist der Unterschied zwischen Priming und Lernen?
3. Was sind Stereotype und wie können sie durch Mediennutzung beeinflusst werden?
4. Erklären Sie die Sozial-kognitive Theorie.
5. Warum ist soziales Lernen für die medienpsychologische Wirkungsforschung relevant? Unter welchen Bedingungen tritt es auf?
6. Was versteht man unter Selbstwirksamkeitserwartungen? Welche Rolle spielen sie im Rahmen von Entertainment Education?
7. Was ist der Unterschied zwischen zentraler und peripherer Informationsverarbeitung und welche Konsequenzen ergeben sich daraus für Einstellungsänderungen?

8. Welche Faktoren beeinflussen laut ELM die Art der Informationsverarbeitung?
9. Was ist emotionale Desensibilisierung und welche Auswirkungen auf das Verhalten kann sie haben?

6 Medienwirkungen auf aggressives und prosoziales Verhalten

Die Frage nach der Wirkung von Medien auf die Aggressionsbereitschaft und das prosoziale Verhalten von Rezipientinnen und Rezipienten ist ein besonders drängendes gesellschaftliches Thema. Laufen Kinder und Jugendliche Gefahr, durch den Konsum gewalthaltiger Medieninhalte zu verrohen und eine aggressive Persönlichkeit zu entwickeln? Lassen sich Übergriffe auf wehrlose Passanten oder Amokläufe in Schulen auf die Rezeption von »Killerspielen« zurückführen? Welche Medieninhalte können demgegenüber gegenseitiges Vertrauen oder Hilfsbereitschaft stärken?

Das Kapitel fasst den aktuellen Stand der Forschung zur Wirkung gewalthaltiger Medienbotschaften zusammen. Dazu wird zunächst das General Aggression Model, ein theoretisches Modell zur Erklärung und Vorhersage aggressiven Verhaltens, vorgestellt und mit aktuellen medienpsychologischen Forschungsergebnissen in Bezug gesetzt (Abschnitt 6.1). Der zweite Teil des Kapitels widmet sich der Wirkung gewalthaltiger Medieninhalte auf die Bereitschaft zu prosozialem Verhalten (Abschnitt 6.2). Neben den potenziellen Risiken der Mediennutzung werden dabei auch mögliche positive Wirkungen der Medienrezeption auf die Hilfsbereitschaft von Rezipientinnen und Rezipienten diskutiert.

6.1 Die Wirkung von Medien auf aggressives Verhalten

Wohl keinem anderen Forschungsthema ist im Bereich der medienpsychologischen Wirkungsforschung mehr Aufmerksamkeit zuteil geworden als der Frage nach der Wirkung gewalthaltiger Medien auf die Aggressionsbereitschaft von Rezipientinnen

6.1 Die Wirkung von Medien auf aggressives Verhalten

und Rezipienten. Dabei reichen die Anfänge der systematischen Forschung zur Wirkung gewalthaltiger Medien bis ins 20. Jahrhundert zurück. Bereits in den 1960er Jahren widmete sich beispielsweise Bandura in seinen berühmten Bobo-Doll-Experimenten der Wirkung aggressionsbezogener Medieninhalte auf Kinder. Seine jungen Probanden sahen in einem Video-Clip, wie ein Erwachsener aggressives Verhalten (z. B. Schlagen oder Treten) gegenüber einer großen Spielzeugpuppe (der »Bobo-Doll«) zeigte. Kinder, die das entsprechende Video gesehen hatten, waren gegenüber der Puppe in einer anschließenden Spielsequenz ebenfalls aggressiver (Bandura, 1965). Auch aufwendige Längsschnittstudien, beispielsweise zur Wirkung von Gewaltdarstellungen im TV, werden bereits seit den 1970er Jahren durchgeführt. In einer der ersten Längsschnittstudien dieser Art befragten Eron, Huesmann, Lefkowitz und Walder über 800 Kinder im Jahr 1960 und dann nochmals im Jahr 1970. Die Studie ergab, dass Teilnehmer, die zum ersten Messzeitpunkt eine stärkere Präferenz für gewalthaltige TV-Inhalte hatten, zum zweiten Messzeitpunkt zehn Jahre später eine stärkere Neigung zu aggressivem Verhalten aufwiesen (Eron, Huesmann, Lefkowitz & Walder, 1972). Auch deutsche Medienpsychologinnen und -psychologen, beispielsweise Jo Groebel (1988) oder Peter Winterhoff-Spurk (1997), haben sich früh mit der Wirkung gewalthaltiger Medieninhalte befasst.

Seit ihren Anfängen hat die Gewaltwirkungsforschung stetig an neuen Studien hinzugewonnen. In einer Meta-Analyse führen Anderson et al. (2010) allein über 130 Studien zur Wirkung gewalthaltiger Video- und Computerspiele auf, die sich auf eine Gesamtzahl von über 130 000 Teilnehmerinnen und Teilnehmern stützen. Dazu kommen hunderte von Studien, die sich der Wirkung von Gewaltdarstellungen in klassischen Medien wie Film und Fernsehen widmen (Anderson & Bushman, 2002).

Das wissenschaftliche wie auch das gesellschaftliche Interesse an den Wirkungen von Mediengewalt basiert zum einem auf dem Eindruck, dass Gewaltdarstellungen in den Medien an der Tagesordnung sind und Gewalt ständig durch TV und Computerspiele in unsere Wohn- und Kinderzimmer transportiert wird. Zum anderen besteht die Sorge, dass Kriminalität, häusliche und öffentliche Gewalt durch Medien verursacht werden. Inhaltsanalysen belegen in der Tat, dass Gewaltdarstellungen in den Medien in erheblicher Zahl zu beobachten sind (Smith et al., 2004). Noch dazu wird aggressives Verhalten im Fernsehen und in Computerspielen häufig nicht bestraft oder führt sogar zu positiven Konsequenzen für den Aggressor (Smith et al., 2004; Smith, Lachlan & Tamborini, 2003). Daraus ergibt sich die Sorge, dass Gewaltdarstellungen in den Medien, beispielsweise über den psychologischen Mechanismus des Modelllernens (siehe Abschnitt 5.2), zu einer gesteigerten Aggressionsbereitschaft führen könnten (Bushman, Huesmann & Whitaker, 2009).

Definition
▶ Mit dem Begriff *Aggression* wird Verhalten beschrieben, das sich auf eine andere Person richtet und das Ziel verfolgt, dieser Person zu schaden. Die Person, von der die Aggression ausgeht, handelt dabei im vollen Bewusstsein, dass die ausgeführten Handlungen der Zielperson Schaden zufügen. Verhaltensweisen, die eine andere Person unbeabsichtigt schädigen, stellen also kein aggressives Verhalten dar (Anderson & Bushman, 2002; Mummendey & Otten, 2003).

Der Begriff *Gewalt* beschreibt aggressives Verhalten, das darauf zielt, einer anderen Person extremen Schaden (z. B. Verletzungen oder Tod) zuzufügen (Anderson & Bushman, 2002). ◀◀

Insgesamt kommt die Mehrheit der publizierten Studien zu dem Ergebnis, dass Mediengewalt sowohl kurzfristige als auch langfristige Wirkungen auf die Kognitionen, Emotionen und das Verhalten von Rezipienten haben können (Anderson et al., 2010; Bushman et al., 2009). Sowohl die Ergebnisse von Experimenten (kurzfristige Wirkung) als auch Daten aus Längsschnittstudien (langfristige Wirkung) deuten darauf hin, dass die Nutzung von gewalthaltigen Medien zu einem gesteigerten Risiko für aggressives Verhalten führen kann (Anderson et al., 2010; Bushman et al., 2009).

Die Wirkung gewalthaltiger Medien auf aggressives Verhalten, Wut oder Angst wurde mit verschiedenen theoretischen Ansätzen erklärt. Einen Teil dieser Ansätze haben wir bereits im vorigen Kapitel betrachtet (für einen Überblick siehe z. B. Bushman, et al., 2009). Dazu gehören das Priming, die Sozial-kognitive Theorie der Massenkommunikation und das Konzept der emotionalen Desensibilisierung. Diese Ansätze erklären sowohl Gewaltwirkungen als auch andere Medienwirkungen. Andere Modelle wurden eigens für die Erklärung von Mediengewalt entwickelt. Allen voran ist hier das General Aggression Model zu nennen. Das *General Aggression Model* (GAM) von Craig Anderson (Anderson & Bushman, 2002) ist ein integratives Modell zum aggressiven Verhalten, das die Stränge bestehender Theorien in einem konsistenten Gesamtmodell vereint. Das Modell wird im Folgenden vorgestellt und mit der Forschungslage zur Wirkung gewalthaltiger Medien in Beziehung gesetzt.

6.1.1 General Aggression Model und kurzfristige Medienwirkungen

Der erste Teil des General Aggression Models stellt die Faktoren und Prozesse dar, die in einer bestimmten Situation darüber entscheiden, ob aggressives Verhalten auftritt. Eine solche Situation kann sich zum Beispiel auf eine soziale Begegnung oder die Konfrontation mit einem konkreten Ereignis beziehen. Dieser *episodische Teil* des GAM ist in **Abbildung 6.1** dargestellt.

Das Modell beschreibt, dass Personeneigenschaften und die Eigenschaften der Situation miteinander interagieren und in ihrer jeweiligen Konstellation darüber entscheiden, ob es zu aggressivem Verhalten kommt oder nicht. Relevante *Personenfaktoren* sind z. B.:

- eine aggressive Persönlichkeit,
- ein feindseliger Attributionsstil (also die Neigung, ambivalente Situationen als Provokationen zu interpretieren),
- bestehende Wissensstrukturen (z. B. Verhaltensskripte, die Regeln darüber enthalten, wie sich das Individuum in bestimmten Situationen typischerweise verhält),
- Erwartungen (z. B. starke vs. schwache Selbstwirksamkeitserwartung in Bezug auf aggressives Verhalten),
- Einstellungen (z. B. positive vs. negative Einstellungen gegenüber Gewalt) und
- moralische Werte.

Diese Personenfaktoren interagieren mit *Eigenschaften der Situation*, z. B.:

- der Verfügbarkeit aggressionsbezogener Hinweisreize in der Umwelt,
- dem Auftreten von Provokation oder Frustration in der Episode und
- Faktoren wie Hitze, Kälte, Schmerz und Lärm, die zu negativem Affekt führen und die Aggressionsbereitschaft erhöhen können.

Durch die Interaktion von Personen- und Situationsfaktoren wird der *internale Zustand* des Individuums beeinflusst, der sich aus den aktuellen Kognitionen, Emotionen und dem aktuellen Erregungslevel zusammensetzt (s. **Abb. 6.1**).

Der internale Zustand beeinflusst Bewertungs- und Interpretationsprozesse, die darüber entscheiden, wie sich das Individuum in der entsprechenden Episode verhält.

Beispiel
▶ *Interaktion von Personen- und Situationsfaktoren*

Stellen wir uns vor, eine Person wird auf dem Weg zur U-Bahn von einer anderen Person angerempelt. Wie diese Person nun reagiert, hängt laut GAM sowohl von Situations- als auch von Personenfaktoren ab. So wird beispielsweise eine Person mit feindseligem Attributionsstil (Persönlichkeitsmerkmal), die es sehr eilig hat, zu einem wichtigen Termin zu gelangen (erhöhtes situatives Erregungsniveau), mit höherer Wahrscheinlichkeit aggressiv auf das Anrempeln reagieren als eine Person, auf die diese aggressionsfördernden Personen- und Situationsfaktoren nicht zutreffen. Auch wenn das Ergebnis einer ersten, schnellen Beurteilung der im Beispiel geschilderten Situation für die betroffene Person vielleicht eine aggressive Reaktion nahelegt, muss diese nicht unbedingt impulsiv ausgeführt werden. Vielmehr kann die Person in einem zweiten Beurteilungsschritt nach einer alternativen Interpretation der Situation suchen. Statt das Anrempeln als Provokation zu interpretieren und mit aggressivem Verhalten zu reagieren, könnte sich die Person in unserem Beispiel etwa vor Augen halten, wie voll es auf dem Bahnsteig ist, und das Anrempeln daher als Versehen interpretieren. Ob eine solche differenziertere Bewertung stattfindet und in überlegtes Handeln mündet, hängt davon ab, ob die Person in der entsprechenden Situation über die nötigen Ressourcen (z. B. Zeit, kognitive Kapazität) verfügt. Die gewählte Handlung geht im GAM mit ihren Konsequenzen dann wieder als Situationsvariable in die nachfolgende Episode ein: Reagiert die Person in unserem Beispiel aggressiv, so würde dieses Verhalten den weiteren Verlauf der Situation beeinflussen und (je nach den persönlichen Eigenschaften der anderen Person) beispielsweise zu einer gewalttätigen Eskalation führen. ◂◂

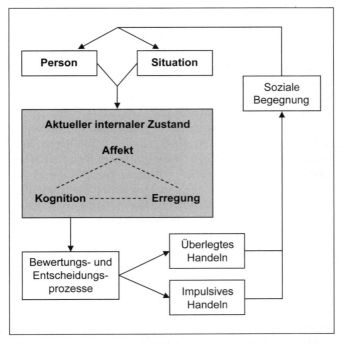

Abb. 6.1: Annahmen des General Aggression Model zum episodischen Zusammenwirken von Personenfaktoren und Eigenschaften der Situation bei der Entstehung aggressiven Verhaltens. Quelle: Anderson und Bushman (2002), S. 34.

Insgesamt ist die im episodischen Teil des GAM ausgedrückte Idee des Zusammenwirkens von Personen- und Situationsfaktoren sehr hilfreich, um die kurzfristigen Wirkungen der Rezeption gewalthaltiger Medieninhalte zu erklären. Die Situationsfaktoren werden dabei durch die Eigenschaften des Medienstimulus repräsentiert (Vorhandensein gewalthaltiger oder aggressionsbezogener Hinweisreize), die Personenfaktoren durch die Eigenschaften der Mediennutzerin oder des Mediennutzers.

Der episodische Teil des GAM steht somit in enger Verbindung mit medienpsychologischen Experimenten, die sich beispielsweise auf die Priming-Wirkung (siehe Abschnitt 5.1) gewalthaltiger Medienbotschaften beziehen. Exemplarisch veranschaulicht dies ein Experiment von Bushman (1998): Probandinnen und Probanden, die ein gewalthaltiges Video gesehen hatten, wiesen bei einer anschließenden Worterkennungsaufgabe schnellere Reaktionszeiten bei der Identifikation von aggressionsbezogenen Wörtern auf als Versuchspersonen, die zuvor ein nicht-gewalthaltiges Video gesehen hatten. Das Gewaltvideo hatte offenbar als situativer Stimulus gewirkt und die kognitive Verfügbarkeit aggressionsbezogener Konzepte erhöht.

Auch die im GAM beschriebene Interaktion von Situations- und Personenfaktoren spiegelt sich in den Befunden zur Wirkung gewalthaltiger Medien wider: In einem Experiment von Lindsay und Anderson (2000) entfalteten gewaltbezogene Abbildungen bei Personen, die eine Disposition für feindseliges Verhalten hatten, eine stärkere Priming-Wirkung als bei Personen, die eine weniger aggressive Persönlichkeitsstruktur aufwiesen (Lindsay & Anderson, 2000). Zu ähnlichen Ergebnissen kommen auch Frindte und Obwexer (2003). In einem Experiment wiesen Personen mit stärker ausgeprägter aggressiver Persönlichkeit nach dem Spielen eines gewalthaltigen Computerspiels eine höhere Steigerung des situativen Aggressionslevels auf als Personen mit weniger aggressiven Persönlichkeitseigenschaften.

Wie vom GAM vorhergesagt, erhöht die durch Medienstimuli hervorgerufene Aktivierung aggressionsbezogener Kognitionen die Wahrscheinlichkeit aggressiver Verhaltensweisen. In einem Experiment von Anderson und Dill (2000) spielten Probanden das Computerspiel »Wolfenstein 3D«, einen gewalthaltigen Ego-Shooter. Anschließend zeigten die Probanden sowohl eine gesteigerte Verfügbarkeit aggressionsbezogener Kognitionen als auch aggressiveres Verhalten als die Probanden der Kontrollgruppe: In einer fingierten kompetitiven Reaktionszeitaufgabe traten die Probanden nach dem Spielen des Computerspiels gegen einen fiktiven Gegner an. Waren die Probanden in einem Durchlauf schneller als ihr vermeintlicher (und vom Computer simulierter) Gegner, wurde dieser mit einem lauten und unangenehmen Geräusch bestraft. Dessen Länge und Intensität konnten die Probanden vorab festlegen. Die Probanden in der Versuchsbedingung mit gewalthaltigem Computerspiel wählten für ihre Gegner längere Lärmintervalle aus als die Personen der Kontrollgruppe.

Insgesamt lassen sich empirische Befunde zu den kurzfristigen Wirkungen gewalthaltiger Medienbotschaften also gut in das General Aggression Model einordnen. Das GAM beschränkt sich aber keineswegs auf Aussagen zu den Faktoren, die situativ und kurzfristig das Entstehen aggressiver Verhaltensweisen beeinflussen. Auch zeitlich stabilere aggressive Verhaltensmuster können mittels GAM erklärt und vorhergesagt werden.

6.1.2 General Aggression Model und langfristige Medienwirkungen

Zusätzlich zum episodischen Teil des General Aggression Model (s. **Abb. 6.1**) widmet sich ein zweiter Teil des GAM den langfristigen Wirkungen der Nutzung von Gewaltmedien auf die Aggressionsbereitschaft (s. **Abb. 6.2**). So geht das GAM davon aus, dass die wiederholte Nutzung von gewalthaltigen Medien zum Erwerb und zur Verstärkung aggressionsbezogener Wissensstrukturen, etwa Einstellungen und Erwartungen, Wahrnehmungsschemata und Handlungsskripten, führt. Auch die emotionale Desensibilisierung gegenüber Gewalt (siehe Abschnitt 5.4) wird im GAM als Mechanismus zur Erklärung langfristiger Medienwirkungen auf die Aggressionsbereitschaft berücksichtigt. Laut GAM resultieren diese kognitiven und emotionalen Medienwirkungen bei wiederholter Nutzung gewalthaltiger Medien in einer Zunahme aggressiver Persönlichkeitsmerkmale, die dann wiederum als Personenfaktoren in den episodischen Teil des GAM einfließen (Anderson & Bushman, 2002).

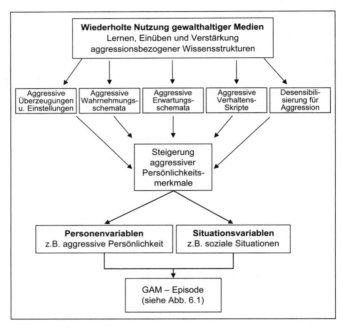

Abb. 6.2: Annahmen des General Aggression Model zu den langfristigen Folgen der wiederholten Nutzung gewalthaltiger Medien. Quelle: Anderson & Bushman (2002), S. 42.

Insgesamt sprechen die Ergebnisse bestehender Längsschnittuntersuchungen für den im GAM postulierten längerfristigen aggressionsförderlichen Effekt gewalthaltiger Medien. Eine aktuelle Meta-Analyse von Anderson et al. (2010) fasst die Befunde bestehender Längsschnittstudien zur Wirkung gewalthaltiger Video- und Computerspiele zusammen. In ihrer Summe belegen die verfügbaren Längsschnittstudien einen signifikanten Langzeiteffekt der Nutzung gewalthaltiger Video- und Computerspiele auf aggressives Verhalten, die Verfügbarkeit aggressiver Kognitionen, aggressiven Affekt und emotionale Desensibilisierung gegenüber Gewaltdarstellungen.

In vielen Punkten ist die Datenlage aber durchaus widersprüchlich. So finden manche Längsschnittstudien Hinweise auf die aggressionsfördernde Wirkung von Mediengewalt (Krahé & Möller, 2010). Andere wiederum legen eher einen Selektionseffekt nahe (von Salisch, Vogelgesang, Kristen & Oppl, 2011), nämlich dass Personen, die bereits über eine aggressive Persönlichkeit verfügen, eher gewalthaltige Medienprodukte auswählen. Andere Wissenschaftlerinnen und Wissenschaftler betonen das komplexe Wechselspiel von Mediennutzung und Medienwirkung. So beschreibt beispielsweise Michael Slater das Zusammenwirken von aggressiven Persönlichkeitsmerkmalen und Mediennutzung als *Abwärtsspirale* (»Downward Spiral«) (Slater, Henry, Swaim & Anderson, 2003): Gewalthaltige Medieninhalte sind für Rezipientinnen und Rezipienten mit aggressiver Persönlichkeit besonders attraktiv und werden von diesen besonders häufig genutzt. Gleichzeitig verstärken die genutzten Medieninhalte die aggressiven Persönlichkeitsstrukturen. Medienselektion und Medienwirkung verstärken sich also wechselseitig.

Darüber hinaus wird im wissenschaftlichen Diskurs häufig angeführt, dass bestimme Personengruppen empfänglicher für die aggressionssteigernde Wirkung von Mediengewalt sind als andere. So argumentiert Kirsh (2003), dass Jugendliche besonders anfällig für die Wirkung gewalthaltiger Medien seien, da sie sich innerhalb der Pubertät sowohl psycho-sozial als auch hinsichtlich ihrer Gehirnphysiologie in einer kritischen Entwicklungsperiode befinden.

6.1.3 Kritik an der Forschung zu Gewaltwirkungen

Die Stärke und Bedeutsamkeit von Gewaltwirkungen wird in der medienpsychologischen Forschung kontrovers diskutiert. Die Befundlage ist heterogen, unterschiedliche Studien kommen also in Bezug auf die Stärke der Wirkung gewalthaltiger Medien zu unterschiedlichen Ergebnissen (Anderson et al., 2010). Außerdem besteht die Sorge, dass die in der Wissenschaft übliche

Publikationspraxis dazu führt, dass die tatsächliche Wirkungsstärke durch einen »Publication Bias« überschätzt wird. Wissenschaftliche Studien, deren Ergebnisse die aufgestellten Hypothesen bestätigen (die also beispielsweise eine signifikante Wirkung gewalthaltiger Medien belegen), haben eine höhere Chance, in wissenschaftlichen Fachzeitschriften publiziert zu werden als Studien, in denen sich keine signifikanten Effekte finden. Diese Unterschiede in den Publikationschancen könnten dazu führen, dass Studien, die keine Hinweise auf die Wirkung von Medien auf aggressives Verhalten geben, nie veröffentlicht werden und die Befundlage dadurch verzerrt wird (Ferguson, 2007).

Selbst wenn man die Möglichkeit eines Publication Bias ausklammert, erweisen sich die in der Literatur berichteten Effekte als gering. In Meta-Analysen weisen beispielsweise die kombinierten Ergebnisse von Längsschnittstudien, die für die langfristigen Folgen von Mediengewalt besonders aussagekräftig sind, für die untersuchten Zusammenhänge nur Korrelationen von unter $r = .10$ auf, wenn man den Einfluss anderer Einflussfaktoren (z. B. das Geschlecht der Probanden) statistisch kontrolliert (Anderson et al., 2010). Ein erheblicher Anteil der Varianz in aggressivem Verhalten und aggressiven Kognitionen ist also offenbar auf andere Faktoren zurückzuführen. Die in Experimenten gefundenen Effekte gewalthaltiger Medien sind zwar stärker ausgeprägt (Anderson et al., 2010). Hier stellt sich aber häufig die Frage nach der Übertragbarkeit ins Alltagsleben. Sind beispielsweise Worterkennungsaufgaben, die in Laborexperimenten häufig zur Erfassung der Verfügbarkeit aggressionsbezogener Kognitionen verwendet werden (z. B. Bushman, 1998), wirklich aussagekräftig für das Auftreten gewalthaltiger Verhaltensweisen außerhalb des Labors?

Dies soll in keinem Fall unterstellen, dass die Befunde der bestehenden Forschung irrelevant seien. Ganz im Gegenteil erscheint es ratsam, die bestehende Forschungslage ernst zu nehmen. Insgesamt belegen die verfügbaren Ergebnisse, dass es sich bei der Nutzung gewalthaltiger Medien durchaus um einen wichtigen Risikofaktor für die Entwicklung aggressiver Verhaltensweisen handelt. Gleichzeitig ist es aber wichtig, sich zu vergegenwärtigen, dass Mediengewalt eben nur einen unter vielen

Faktoren ausmacht, die die Entwicklung problematischer Verhaltensweisen begünstigen können. Gewalt im Elternhaus, häufige Konflikte in der Familie, schlechte Schulleistungen, ein gewalttätiger Freundeskreis und Drogenmissbrauch stellen nur eine kleine Auswahl weiterer Risikofaktoren in der Entwicklung von Kindern und Jugendlichen dar, die das Risiko für aggressives Verhalten erhöhen (Herrenkohl et al., 2000). Nur im Kontext und in Interaktion mit weiteren Schutz- und Risikofaktoren lässt sich ein alltagsrealistisches Bild der Wirkung gewalthaltiger Medien zeichnen.

6.2 Die Wirkung von Medien auf prosoziales Verhalten

Parallel zu medienpsychologischer Forschung zur aggressionsförderlichen Wirkung gewalthaltiger Medieninhalte widmet sich ein verwandter Forschungsstrang der Frage, ob Gewaltmedien zu einer Verringerung prosozialer Verhaltensweisen führen. Andere Studien widmen sich hingegen möglichen positiven Effekten auf prosoziales Verhalten, beispielsweise durch prosoziale Computerspiele.

Definition
▶ *Prosoziales Verhalten* wird mit dem Ziel ausgeführt, einer anderen Person oder sozialen Gruppe zu helfen oder diese zu unterstützen. Prosoziales Verhalten geschieht freiwillig und nicht aufgrund sozialer Zwänge oder professioneller Verpflichtung (Bierhoff, 2009; Rothmund & Gollwitzer, 2012). ◀◀

Ein möglicher negativer Effekt der Nutzung gewalthaltiger Medien auf die Bereitschaft zu prosozialem Verhalten wird auf drei grundlegende psychologische Wirkmechanismen zurückgeführt (Rothmund & Gollwitzer, 2012):

- *Emotionale Desensibilisierung und Empathieverlust*: Ähnlich wie in der Forschung zur aggressionsförderlichen Wirkung von Computerspielen wird auch ein möglicher Rückgang der

Bereitschaft zu prosozialem Verhalten auf emotionale Desensibilisierung zurückgeführt. Als Nebeneffekt der verringerten emotionalen und physiologischen Reaktion auf Gewalt könnte auch das Mitleid mit den Opfern sinken. Die Ergebnisse eines Experiments von Bushman und Anderson (2009) stützen diese These. Probanden und Probandinnen, die ein gewalthaltiges Videospiel gespielt hatten, zeigten im Anschluss eine geringere Bereitschaft, einem vermeintlichen Gewaltopfer Hilfe zu leisten, und schätzten den inszenierten gewalttätigen Übergriff auf das Opfer als weniger gravierend ein als Probanden der Kontrollgruppe. Die Autoren interpretieren den Befund so, dass die Probanden nach dem Spielen des gewalthaltigen Spiels emotional desensibilisiert gewesen seien und daher auch nur in abgeschwächter Form auf den Übergriff reagierten. In der Folge, so die Autoren, sei auch die Bereitschaft gesunken, dem Opfer zu helfen.

- *Normerosion:* Neben emotionaler Desensibilisierung kann die Nutzung gewalthaltiger Medien auch zu einer Verschiebung aggressionsbezogener Normen führen und Gewalt dadurch als legitimes Mittel der Konfliktlösung verstanden werden (Huesmann & Kirwil, 2007). Die Ergebnisse einer Längsschnittstudie von Möller & Krahé (2009) zeigen einen positiven Zusammenhang zwischen der Nutzung gewalthaltiger Videospiele und aggressionsbezogenen Normen. Eine gesteigerte Akzeptanz für aggressives Verhalten kann sich wiederum negativ auf die Hilfsbereitschaft gegenüber Opfern von Gewalt und Aggression auswirken.
- *Vertrauen und Kooperationsbereitschaft:* Die Nutzung gewalthaltiger Medien kann dazu führen, das Verhalten und die Absichten anderer Personen als feindselig zu interpretieren und eine geringere Kooperationsbereitschaft zu zeigen. In einem Experiment von Rothmund, Gollwitzer und Klimmt (2011) zeigten Probanden, die in einem Computerspiel mit gewalttätigen und aggressiven Spielcharakteren konfrontiert worden waren, in einer nachfolgenden Kooperationsaufgabe geringeres Vertrauen in ihren Kooperationspartner und eine geringere Bereitschaft, mit diesem zu kooperieren. Ein solcher Verlust des Vertrauens in die Redlichkeit anderer Personen

und ein gesteigerter Argwohn stellen somit einen weiteren Mechanismus dar, der die Bereitschaft zu prosozialem Verhalten verringern kann.

Insgesamt deutet die Forschungslage auf einen schwachen aber signifikant negativen Effekt gewalthaltiger Medieninhalte auf die Bereitschaft zu prosozialem Verhalten hin (Anderson et al., 2010). Somit stellt die Forschung zu geringerer Hilfsbereitschaft in Folge der Mediennutzung eine weitere Facette der Gewaltwirkungsforschung dar. Die Ergebnisse unterliegen dabei ähnlichen Kontroversen und offenen Fragen wie die Forschungslage zur aggressionssteigernden Nutzung gewalthaltiger Medien.

Neben den Risiken, die sich aus der Mediennutzung für das prosoziale Verhalten ergeben können, rückt in der aktuellen Forschung auch das *positive Wirkungspotenzial* immer stärker in den Blick (Rothmund & Gollwitzer, 2012). So liefert eine steigende Zahl von Studien Hinweise darauf, dass insbesondere Computerspiele, in denen Kooperation und Teamplay eine Rolle spielen, einen positiven Einfluss auf prosoziales Verhalten haben können (Gentile et al., 2009; Greitemeyer & Osswald, 2010). In einer Serie von vier Experimenten von Greitemeyer und Osswald (2010) spielten die Teilnehmerinnen und Teilnehmer entweder das Computerspiel »Lemmings«, bei dem es das Ziel ist, möglichst viele Lemminge sicher durch zahlreiche Hindernisse und Gefahren zu lenken (prosoziales Spiel), oder das Computerspiel »Tetris«, bei dem herabfallende geometrische Formen in geschlossenen Reihen angeordnet werden müssen (neutrales Spiel). Im Anschluss an das Spielen untersuchten die Autoren die Hilfsbereitschaft der Probanden in verschiedenen Bereichen. In allen vier Studien zeigten Teilnehmerinnen und Teilnehmer, die das prosoziale Spiel gespielt hatten, eine höhere Bereitschaft zu prosozialem Verhalten (z. B. Hilfe nach einem Missgeschick des Versuchsleiters, Bereitschaft zur Teilnahme an weiteren Studien, Hilfsbereitschaft gegenüber einer Frau, die von ihrem vermeintlichen Exfreund belästigt wird). Der positive Effekt prosozialer Spiele auf das Hilfeverhalten der Rezipienten zeigt sich auch in Längsschnittuntersuchungen. So fanden Gentile et al. (2009) in einer Längsschnittbefragung über einen Zeitraum von vier Monaten einen positiven Zusammenhang zwischen der Nutzungshäufigkeit von prosozialen Spielen und prosozialem Verhalten. Die positive Wirkung von prosozialen Spielen wird auf die gesteigerte Verfügbarkeit prosozialer Kognitionen (Gentile et al., 2009; Greitemeyer & Osswald, 2010) und gesteigertes Empathieempfinden (Greitemeyer, Osswald & Brauer, 2010) nach der Rezeption zurückgeführt.

Die geschilderten Befunde zu positiven Effekte von Computerspielen auf das prosoziale Verhalten von Nutzerinnen und Nutzern stehen exemplarisch für einen Paradigmenwechsel, der innerhalb der medienpsychologischen Wirkungsforschung zu beobachten ist. So war die Wirkungsforschung lange Zeit dominiert von der Sorge um negative Medienwirkungen (Trepte, 2004b). Erst langsam gelangen auch die positiven Wirkungspotenziale von Medien in den Blick. Zwar finden sich auch in der früheren Forschung schon vereinzelt Studien, die beispielsweise die förderlichen Effekte der Wirkung von Computerspielen auf spezielle kognitive Fähigkeiten untersucht haben, etwa die Hand-Auge-Koordination oder das räumliche Denken (Greenfield, 1983). Ein breiter Zugang zum positiven Wirkungspotenzial von Medien, etwa in Form von Serious Games (Ritterfeld, Cody & Vorderer, 2009), als wertvolle soziale Ressource (Trepte, Reinecke & Jüchems, 2012) oder als potenzielle Quelle von Erholung und Well-Being (Reinecke, Klatt & Krämer, 2011) zeichnet sich erst in jüngster Vergangenheit ab. Mit dieser »positiven Medienpsychologie« geht auch eine Veränderung des Menschen- bzw. Rezipientenbildes einher. War zu Beginn der medienpsychologischen Wirkungsforschung das Leitbild starker Medien verbreitet, deren Wirkung die passiven Rezipienten relativ schutzlos ausgeliefert sind, geht die moderne Medienpsychologie von einem aktiven Rezipienten aus, auf den Medien erst durch ein komplexes Wechselspiel einer Vielzahl personaler und situativer Faktoren wirken (Potter, 2009).

Zusammenfassung

Die Wirkung gewalthaltiger Medien ist in der Medienpsychologie besonders intensiv beforscht worden. Das General Aggression Model (GAM) liefert eine integrative theoretische Perspektive auf die Faktoren, die das Zustandekommen aggressiven Verhaltens beeinflussen. Das kurzfristige Auftreten aggressiver Handlungstendenzen lässt sich laut GAM dabei aus der Interaktion von Personen- und Situationsvariablen erklären. Empirische Befunde zur Wirkung gewalthaltiger Medieninhalte stützen die Postulate des GAM und zeigen, dass Medienstimuli die situative Verfügbarkeit aggressionsbezogener Kognitionen erhöhen und dadurch kurzfristig zu einer gesteigerten Aggressionsbereitschaft beitragen können. Die langfristigen Wirkungen gewalthaltiger Medien werden im GAM auf eine Zunahme aggressionsbezogener Wissensstrukturen, Einstellungen und Persönlichkeitsstrukturen zurückgeführt. Insgesamt belegen Längsschnittuntersuchungen diese Vermutung und weisen auf eine signifikante Langzeitwirkung gewalthaltiger Medien hin. Auch Befunde zum Einfluss gewalthaltiger Medien auf prosoziales Verhalten legen eine negative Wirkung im Sinne verringerter Hilfsbereitschaft nahe. Insgesamt sind die in der verfügbaren Forschung gefundenen Wirkungen gewalthaltiger Medien jedoch eher schwach ausgeprägt. Wichtig ist es daher, Mediengewalt als einen unter vielen Risikofaktoren zu verstehen. Eine wichtige Herausforderung für die zukünftige Forschung ist es daher zum einen, ein differenzierteres Bild der Interaktion von gewalthaltigen Medien und anderen Risikofaktoren zu zeichnen. Zum anderen stellt sich für die Wirkungsforschung künftig aber auch verstärkt die Frage nach dem positiven Potenzial von Medien. Die förderliche Wirkung prosozialer Video- und Computerspiele auf die Bereitschaft zu prosozialem Verhalten ist nur ein Beispiel für solche positiven Medienwirkungen.

Literaturempfehlungen

Anderson, C. A. & Bushman, B. J. (2002). Human aggression. *Annual Review of Psychology, 53*, 27–51.

Anderson, C. A., Shibuya, A., Ihori, N., Swing, E. L., Bushman, B. J., Sakamoto, A. et al. (2010). Violent video game effects on aggression, empathy, and prosocial behavior in eastern and western countries: A meta-analytic review. *Psychological Bulletin, 136*, 151–173.

Krahé, B. & Möller, I. (2012). Gewaltspielkonsum und Aggression. In L. Reinecke & S. Trepte (Hrsg.), *Unterhaltung in neuen Medien: Perspektiven zur Rezeption und Wirkung von Online-Medien und interaktiven Unterhaltungsformaten* (S. 379–396). Köln: Herbert von Halem Verlag.

Rothmund, T. & Gollwitzer, M. (2012). Digitale Spiele und prosoziales Verhalten. In L. Reinecke & S. Trepte (Hrsg.), *Unterhaltung in neuen Medien: Perspektiven zur Rezeption und Wirkung von Online-Medien und interaktiven Unterhaltungsformaten* (S. 326–343). Köln: Herbert von Halem Verlag.

Fragen zur Selbstüberprüfung
1. Wie sind Aggression und Gewalt definiert und worin unterscheiden sich die beiden Konzepte?
2. Nennen Sie Beispiele für personale und situative Faktoren, die nach Sicht des General Aggression Model das Auftreten aggressiven Verhaltens beeinflussen.
3. Welche Rolle spielen laut General Aggression Model Bewertungs- und Entscheidungprozesse für das Auftreten aggressiven Verhaltens?
4. Wie ist die Forschungslage zur Wirkung gewalthaltiger Medien einzuschätzen? Welche Fragen sind offen?
5. Was ist prosoziales Verhalten und wie wird es von der Nutzung gewalthaltiger Medien beeinflusst?
6. Welchen Einfluss haben prosoziale Computerspiele auf prosoziales Verhalten? Welche Prozesse liegen dieser Wirkung zugrunde?

7 Computervermittelte Kommunikation

> Der Forschungsbereich computervermittelte Kommunikation (CvK) betrachtet die Kommunikation von Menschen mithilfe von Individual- und Massenmedien. Es geht um Fragen wie: Kommunizieren wir über soziale Netzwerkseiten, E-Mail oder Instant Messaging anders als »face-to-face«, also von Angesicht zu Angesicht? Welchen Einfluss hat die medienvermittelte Kommunikation auf unsere Entscheidungen, Einstellungen, Emotionen und darauf, wie wir unsere Kommunikationspartnerinnen und -partner wahrnehmen?
>
> Im ersten Abschnitt dieses Kapitels klären wir die grundlegenden Begriffe. Im Abschnitt 7.2 widmen wir uns den Modellen der computervermittelten Kommunikation. Exemplarisch greifen wir aus diesen das Hyperpersonal Model (Abschnitt 7.2.1.) und das Social Identity Model of De-Individuation (Abschnitt 7.2.2) heraus. In Abschnitt 7.3 gehen wir schließlich auf sozial-kognitive Prozesse der CvK ein, die derzeit aufgrund der Entwicklung sozialer Online-Medien viel beforscht werden: Selbstoffenbarung, Selbstdarstellung und soziale Beziehungen in der computervermittelten Kommunikation.

7.1 Einleitung

Themen der CvK werden aus verschiedenen Disziplinen bedient. Außer in der Psychologie spielen sie in der Kommunikationswissenschaft, Informatik, Ingenieurwissenschaft und Pädagogik eine Rolle. In diesem Abschnitt widmen wir uns Konzepten, die das Erleben und Verhalten der User im Kontext der Mediennutzung fokussieren und dabei vor allem an der *Kommunikation und Interaktion* mit Menschen interessiert sind, also eine klare medienpsychologische Erkenntnis versprechen. Unter Kommunikation verstehen wir die Informationsübertragung zwischen Menschen. Kommunikation kann mithilfe von Sprache, Mimik, Gestik oder durch Schrift stattfinden. Dabei werden verschiedene Kommunikationskanäle bedient: akustisch, optisch, über Individualmedien (z. B. Telefon oder Computer) oder Massenmedien (z. B. Fernsehen oder Internet) (vgl. im Überblick Six, et al., 2007).

Definitionen
► *Computervermittelte Kommunikation (CvK)*
Der zwischen zwei oder mehr Personen stattfindende, interaktive Prozess des Erstellens, Austauschens und Empfangens von Informationen mithilfe von Computern.

Mensch-Computer-Interaktion (MCI)
Der zwischen einem Menschen und einem informationstechnologischen System stattfindende, interaktive Prozess des Erstellens, Austauschens und Empfangens von Informationen. ◄◄

In der CvK werden *Technologien als Medien der Kommunikation* verstanden. Menschen kommunizieren miteinander mithilfe von Computern. In der CvK werden die Reaktionen, das Verhalten und Erleben der Kommunikationspartner und ihre Interaktion untersucht. Man stellt sich beispielsweise die Frage, ob Freundschaften genauso schnell geknüpft werden, wenn Menschen sich nur computergestützt und nicht face-to-face kennenlernen.

In der MCI (vgl. Kap. 8) werden Computer und *Technologien als Quelle der Kommunikation* verstanden. Im Vordergrund steht die Interaktion des Menschen mit der Technologie. In der MCI-Forschung stellt man sich beispielsweise die Frage, ob Menschen auch gegenüber Computern freundschaftliche Gefühle entwickeln können und ob sie diese als soziale Akteure wahrnehmen.

7.2 Modelle der computervermittelten Kommunikation

Die Modelle der computervermittelten Kommunikation beruhen in der Regel auf der Annahme reduzierter Hinweisreize und der Annahme eines Unterschiedsparadigmas.

Die Annahme *reduzierter Hinweisreize* besagt, dass für die CvK weniger oder andere Kommunikationskanäle zur Verfügung stehen als in der Face-to-face-Kommunikation. Es handelt sich also hier um eine Defizitannahme. Die dieser Annahme zugrunde liegenden Modelle werden auch als *reduced social cues* oder *cues filtered out-Ansätze* bezeichnet (vgl. im Überblick Walther, 2011).

Vergegenwärtigen wir uns die Annahme reduzierter Hinweisreize anhand eines Beispiels: Die computervermittelte Kommunikation über E-Mail findet textbasiert statt. Alle non-verbalen Äußerungen des Gegenübers sind nicht sichtbar. Optische und akustische Reize, die uns wichtige Informationen über unseren Gesprächspartner oder unsere Gesprächspartnerin geben, sind bei der textbasierten E-Mail-Kommunikation ausgeblendet. Wir erfahren nicht, ob unser Gegenüber errötet oder die Augen überrascht weitet, wenn wir etwas von uns erzählen. Daraus resultieren verschiedene Kommunikationsvor- und -nachteile. Ein Vorteil kann sein, dass sich Menschen in der E-Mail-Kommunikation freier fühlen, weil ihre soziale Ängstlichkeit nicht sofort sichtbar ist und sie mit ihren verbalen Äußerungen kontrollieren und dosieren können, wann ihr Gegenüber davon erfährt. Ein Nachteil ist, dass die textbasierte Kommunikation den sozial ängstlichen Gesprächspartner u. U. dazu verleitet, ein Bild aufzubauen, das er später in der Face-to-face-Kommunikation nicht halten kann und das die nachfolgende Face-to-face-Kommunikation noch angstbesetzter werden lässt.

Dass Menschen unter Bedingungen reduzierter sozialer Hinweisreize kommunizieren, wenn sie mithilfe des Computers kommunizieren, gilt als Ausgangspunkt für alle Modelle der computervermittelten Kommunikation.

Das *Unterschiedsparadigma* besagt, dass sich die medienpsychologische Forschung vorrangig dem Unterschied der CvK zur

Face-to-face-Kommunikation widmet. Die Face-to-face-Kommunikation wird als optimaler Standard verstanden (Kiesler, Siegel & McGuire, 1984). Die Forschungsfragen sind so formuliert, dass ausgehend von dem Standard Face-to-face-Kommunikation die Abweichung gemessen wird, die CvK mit sich bringt. Diese Vorgehensweise wird bereits seit vielen Jahren kritisiert (Sundar, 2008). Wenn Face-to-face als Standard gilt, werden die Eigenschaften und Vorteile der CvK nur anhand des monolithischen Maßes der Face-to-face-Kommunikation gemessen. Innovative Hypothesen, die sich allein auf die CvK beziehen, werden schwerlich formuliert, wenn man nur innerhalb der Face-to-face-Dimensionen denkt und misst.

Im Folgenden geben wir einen Überblick über ausgewählte Modelle der computervermittelten Kommunikation, die für das Verständnis der heutigen CvK-Forschung eine wichtige Rolle spielen. Diese Modelle haben heute vor allem historische Bedeutung und werden für die Durchführung aktueller medienpsychologischer Studien kaum noch verwendet.

Der *Lack of social context cues*-Ansatz (Kiesler et al., 1984), mit dem die Kommunikation in Organisationen beschrieben wurde, beinhaltet zum einen die Annahme, dass soziale Hinweisreize und Hintergrundinformationen in der technisch vermittelten Kommunikation herausgefiltert werden. Zum anderen nehmen die Autorin und ihre Kollegen an, dass sowohl Individualität als auch Normativität wegen eines Mangels an sozialen Hinweisreizen verloren gehen.

Das hat den Nachteil, dass die individuelle Ansprache weniger gut möglich ist. Die Kommunikationspartnerinnen und -partner wissen nicht genau, mit wem sie es zu tun haben und können sich weniger gut auf ihr Gegenüber einstellen. Wenn beispielsweise face-to-face mit einem offensichtlich jüngeren Kollegen gesprochen wird, so kann das Alter als Hinweisreiz für die Erfahrung verwendet werden. Die Gesprächspartner können sich auf die geringere Erfahrung des jüngeren Kollegen einstellen, weniger Wissen voraussetzen und weniger Fachtermini verwenden. In der CvK ist diese individuelle Ansprache nicht möglich.

Vorteilhaft an der CvK ist, dass die Kommunikation gleichberechtigt verläuft, da zum Beispiel Statusunterschiede weniger ersichtlich sind. Vielleicht hat der jüngere Kollege ebensoviel Erfahrung wie die anderen. In der Face-to-face-Kommunikation würden die Kollegen möglicherweise normativ anhand des Lebensalters auf die Erfahrung schließen und dem Kollegen weniger zutrauen. In der CvK hätte er den Vorteil, dass sein Alter nicht erkennbar wäre und nur seine Gesprächsbeiträge beurteilt würden. Die Kolleginnen und Kollegen würden ihm vorurteilsfreier begegnen und er könnte von vornherein gleichberechtigt agieren.

Am Lack of social context cues-Ansatz wurde kritisiert, dass die Egalität, also die Statusgleichheit der Kommunikationspartnerinnen und -partner, häufig in der organisationalen CvK nicht gewährleistet ist, weil im Vorfeld der Kommunikation beispielsweise E-Mails mit den entsprechenden Tätigkeiten und Berufsbezeichnungen der Kommunikationspartnerinnen und -partner ausgetauscht werden.

Der *Media Richness-Ansatz* geht davon aus, dass die Kommunikation in Organisationen dann besonders effektiv sein kann, wenn Kommunikationsmedien in der Lage sind, Unsicherheit und Mehrdeutigkeit zu verringern (Daft & Lengel, 1986). Media Richness, also mediale Reichhaltigkeit, sei gegeben, wenn die Kommunikation ein Verständnis für ein Thema maximieren und die dafür aufgewendete Zeit minimieren kann. Als sehr reichhaltig gelten demnach Face-to-face- oder telefonische Kommunikation. Als weniger reichhaltig werden Tabellen oder andere formalisierte Kommunikationsmedien angesehen.

Die Autoren legen anhand von vier Komponenten fest, ob und wie verschiedene Kommunikationsmedien für organisationale Kommunikation geeignet sind: (1) die Anzahl der Hinweisreizsysteme, (2) die Unmittelbarkeit des Feedbacks, (3) das Potenzial für natürliche Sprache und (4) die Möglichkeit, Individuen im Kommunikationsprozess persönlich anzusprechen.

Während diese Kategorien für ein Verständnis der CvK zum Zeitpunkt der Entwicklung des Media-Richness-Ansatzes sicher hilfreich waren, so ist die Reichweite der Theorie heute begrenzt, weil sie keine Betrachtung der Kommunikationsprozesse ermöglicht. Zum Beispiel wird nicht betrachtet, wie psychologische Prozesse des Verstehens oder Wissenserwerbs durch die vier Dimensionen beeinflusst werden. Darüber hinaus werden soziale Aspekte der Kommunikation außen vor gelassen. Und so zeigt sich in Studien, die beispielsweise die Kommunikation im Chat mit und ohne Audio-Kanal vergleichen, dass die Qualität der Lösungen sich nicht unbedingt unterscheiden muss (Scheck, Allmendinger & Hamann, 2008). Die Theorie beinhaltet vier statische Dimensionen und trifft keine Aussagen über deren Zusammenspiel im Hinblick auf das Erleben und Verhalten der Kommunikationspartnerinnen und -partner.

Die soziale Komponente der CvK, die im Media-Richness-Ansatz vernachlässigt wurde, wird in verschiedenen Modellen aus der Zeit zwischen 1990 und 2000 berücksichtigt. Sie besagen, dass Menschen aufgrund der verringerten und veränderten Kommunikationsbedingungen kompensatorisch reagieren, zum Beispiel, indem sie die Nutzung der vorhandenen Kanäle und Informationen intensiver miteinander aushandeln und besprechen. Diese Modelle werden im Folgenden betrachtet.

Im Rahmen des *Social Influence Models* der Technologienutzung wird angenommen, dass Medien nicht nur rational, sondern aufgrund von Bedienungskompetenz und sozialen Normen ausgewählt werden (Fulk, Schmitz & Steinfield, 1990). Kollegen und Kolleginnen, die durch ihre Teamarbeit oder gegenseitige Sympathie engere Bindungen aufweisen, berichten von ähnlichen Einschätzungen hinsichtlich der Reichhaltigkeit und Eignung spezifischer Medien in ihrem Arbeitsprozess. Der soziale Einfluss wird über kommunikatives Aushandeln der Mediennutzung ausgeübt.

Ähnlich postuliert die *Channel-Expansion-Theorie*, dass nicht allein die Reichhaltigkeit eines Mediums (wie in den Kanalreduktionsmodellen und der Media-Richness-Theorie angenommen), sondern vor allem die Erfahrung der User eine Rolle spielt (Carlson & Zmud, 1994). Die Erfahrung bezieht sich dabei sowohl auf die Medien als auch auf die Kommunikationspartnerinnen und -partner. Je mehr Erfahrung mit einem computervermittelten Kommunikationsmedium gewonnen wird, umso reichhaltiger wird es später wahrgenommen. Je vertrauter die

Kommunikation mit einem bestimmten Kommunikationspartner ist, umso reichhaltiger wird auch das Kommunikationsmedium wahrgenommen.

Laut der *Electronic-Propinquity-Theorie* wird über verschiedene Kriterien die Nähe der Kommunikationspartner zueinander definiert und davon ausgegangen, dass die Kommunikationsqualität dadurch determiniert wird (Korzenny, 1978). Zu diesen Kriterien gehören die Bandbreite der ausgetauschten Informationen, die Gegenseitigkeit des Mediums, die Kommunikationskompetenz der beteiligten Personen, die Anzahl der Regeln und die Auswahl der Kommunikationskanäle.

Wenn beispielsweise zwei Freundinnen sich per E-Mail-Funktion eines sozialen Netzwerkes über ein Ereignis austauschen, so hat diese Kommunikation eine hohe Bandbreite, weil sowohl faktische Informationen als auch ihre Bewertungen und assoziierten Emotionen kommuniziert werden. Das Medium bietet eine hohe Gegenseitigkeit, wenn die Freundinnen die E-Mail-Funktion im Chat verwenden, also synchron kommunizieren. Die beiden sollten eine hohe Kommunikationskompetenz haben, nicht nur weil sie lange auf sozialen Netzwerken aktiv sind, sondern auch weil sie häufig auf diesem Wege miteinander kommunizieren. Obwohl die Anzahl der Kommunikationskanäle gering ist, weil nur textbasiert kommuniziert wird, sollte doch eine große Nähe entstehen.

Die Theorie geht sowohl auf die einzelnen Kriterien als auch auf deren Zusammenspiel ein, es liegen jedoch kaum empirische Befunde vor, die diese Annahmen eindeutig stützen. Darüber hinaus liegen keine Überlegungen dazu vor, in welcher Ausprägung die verschiedenen Kriterien gemessen werden sollten.

Mit dem *Social Information Processing* schlug Walther (1992) einen Ansatz vor, der einen Vergleich von textbasierter CvK und Face-to-face-Kommunikation ermöglichen sollte. Der Ansatz basiert auf der Annahme, dass die sozio-emotionale Kommunikation computervermittelt anders verläuft als face-to-face. Anstelle von Gestik und Mimik werden Emoticons verwendet. Darüber hinaus besagt der Ansatz, dass wegen der fehlenden Möglichkeit, nonverbale und verbale Kommunikation zu kombinieren (wie es face-to-face möglich ist), die CvK länger braucht, um eine entsprechende sozio-emotionale Tiefe zu erlangen. Social Information Processing ist weder ein eigenständiges Modell noch eine Theorie, sondern kann eher als Vorschlag verstanden werden, auch die sozio-emotionale Dimension der CvK in medienpsychologische Überlegungen einzubeziehen. Dieser Vorschlag ist verdienstvoll und wird in aktuellen Überlegungen aufgegriffen.

Die bis hierhin dargestellten Modelle gelten als Vorläufer der heutigen CvK-Forschung. Es ist wichtig, diese Vorläufer ebenso zu verstehen wie die aktuellen Modelle. Erstens hat die frühe CvK-Forschung Erkenntnisse hervorgebracht, die in aktuellen Modellen verwendet werden. So werden in den aktuellen Modellen sowohl Eigenschaften des Mediums als auch sozio-emotionale Dimensionen berücksichtigt. Zweitens wurden mit dieser Forschung Fehler gemacht hat, die man heute nicht mehr machen würde. Man ist zum Beispiel mit dem zunächst vielversprechenden Versuch gescheitert, die Eigenschaften der Kommunikationsmedien (z. B. Reichhaltigkeit oder Gegenseitigkeit) zu quantifizieren, diese Dimensionen in Form einer Gleichung in Beziehung zu setzen und die Qualität der Kommunikation als ein Produkt der Eigenschaften zu verstehen. Dies erwies sich als eine zu starke Vereinfachung. Drittens ist die historische Betrachtung lehrreich, weil die früheren Modelle das Menschen- und Technikbild der medienpsychologischen CvK-Forschung bis heute prägen. Denn nach wie vor gelten die eingangs dargestellte Annahme reduzierter Hinweisreize und das Unterschiedsparadigma. Zwei der prominentesten Modelle, die heute intensiv beforscht werden und in denen wir die Erkenntnisse der frühen Forschung weitergeführt sehen, sind das »Hyperpersonal Model« und das »Social Identity Model of De-Individuation«. Beide werden in den folgenden Abschnitten dargestellt.

7.2.1 Hyperpersonal Model

Das *Hyperpersonal Model* (HPM) wurde von Walther (1996) vorgeschlagen und weiterentwickelt (DeAndrea & Walther, 2011; Walther, 2007; Walther et al., 2011). Das Modell beinhaltet laut

Walther (2011) vier Komponenten: Sender, Empfänger, Kanal und Feedback. Darüber hinaus werden die Interaktion dieser Komponenten und ihre Wirkung auf die Kommunikation und die Identität der Kommunikationspartnerinnen und -partner betrachtet. Hyperpersönliche Kommunikation ist die auf spezifische Eigenschaften fokussierte Selbstdarstellung des Senders, die vom Empfänger in dieser selektiven Form wahrgenommen und verstärkt wird.

Bevor wir die vier Modellkomponenten im Einzelnen vorstellen, erläutern wir den Prozess der hyperpersönlichen Kommunikation anhand eines Beispiels. Im ersten Schritt geht Walther (1996, 2011) davon aus, dass Interaktionspartnerinnen und -partner sich in der CvK auf bestimmte Eigenschaften und Interaktionsverhaltensweisen fokussieren, die im Rahmen dieser Interaktion bedeutsam sind. Wenn sich ein Student bei einem unbekannten Professor per E-Mail für eine Tätigkeit als studentischer Mitarbeiter bemüht, so wird er in dieser E-Mail seine Eignung für den Job in den Vordergrund stellen. Das versucht er durch seine Sprache, durch den Aufbau der E-Mail und indem er auf seine Leistungen hinweist. Auch der Professor wird in seiner Antwort-Mail verschiedene Eigenschaften akzentuieren. Vielleicht zeigt er durch einen besonders kurzen Text, dass er sehr beschäftigt ist, oder durch eine freundliche und persönliche Ansprache, dass ihm eine Kommunikation auf Augehöhe am Herzen liegt. Infolgedessen wird der gegenseitige Eindruck hyperpersönlich, ist also auf die akzentuierten Eigenschaften fokussiert. Im nächsten Schritt werden laut Modell die von den Kommunikationspartnern aktiv hervorgehobenen Eigenschaften Teil der Identität, wenn sie positiv verstärkt werden. Wenn nun die Freundlichkeit des Professors durch die nachfolgenden Reaktionen des Studenten positiv verstärkt werden, indem der Student dem Professor für die Freundlichkeit und die ihm gewidmete Zeit dankt, so sollte sich das freundliche Verhalten verstärken und Teil der Identität des Professors werden.

Dieser Prozess der hyperpersönlichen Kommunikation wird noch deutlicher, wenn wir im Folgenden die vier Komponenten des Modells und ihre Implikationen betrachten.

Sender und selektive Selbstdarstellung
Die wohl wichtigste Annahme des HPM ist, dass computervermittelte Kommunikation ohne physische Ko-Präsenz stattfindet. Die kommunizierenden Menschen sehen sich nicht, sie hören sich nicht, sie müssen nicht einmal zeitgleich miteinander in Kontakt treten. Daraus resultiert, dass die physische Erscheinung des Gegenübers für den Empfänger gar nicht (z. B. in anonymen Online-Foren) oder zumindest im Moment der Kommunikation nicht wahrnehmbar ist (z. B. bei der E-Mail-Kommunikation oder in sozialen Netzwerken, wenn mit Bekannten kommuniziert wird). Der Sender oder die Senderin erhält damit die Möglichkeit der selektiven Selbstdarstellung, kann die selbstbezogenen Informationen frei auswählen, gestalten und sogar erfinden. Die Kommunikationspartnerinnen und -partner haben die Möglichkeit, sich selbst in positiver Weise darzustellen. Erstens, weil nicht alle sozialen Hinweisreize (wie etwa Erröten oder Blinzeln) für das Gegenüber sichtbar sind. Zweitens, weil die technologischen Voraussetzungen eine hohe Kontrolle der eigenen Selbstdarstellung ermöglichen. Während wir in der direkten Face-to-face-Kommunikation häufig spontan und ohne nachzudenken reagieren müssen, gibt es in der computervermittelten Kommunikation die Möglichkeit, die eigenen Botschaften noch einmal durchzulesen und sie gegebenenfalls zu editieren. High und Caplan (2009) zeigen in einem Experiment, dass die soziale Ängstlichkeit in der CvK abnimmt, weil die Selbstaufmerksamkeit verringert wird und alle kognitiven Ressourcen darauf verwendet werden, über die Gesprächsinhalte nachzudenken statt gleichzeitig die Zeichen der eigenen sozialen Ängstlichkeit zu reflektieren.

Empfänger und Idealisierung der Botschaft
Wenn wir computervermittelt kommunizieren, haben wir nicht nur die Möglichkeit, unsere eigenen Botschaften zu verändern und ein positives Bild von uns zu zeichnen. Auch die Interpretation der Nachrichten anderer kann einer positiv gefärbten Interpretation unterliegen (Walther, 2007). Die Empfänger ergänzen ihr Bild des Gegenübers anhand der ihnen zur Verfügung stehenden Informationen. Wenn sie etwas über die Gruppenzu-

gehörigkeit eines Kommunikationspartners wissen (z. B. Sportler), so schließen sie stereotypisierend auf seine äußeres Erscheinungsbild (z. B. muskulös) und seine Persönlichkeit (z. B. ausdauernd und ehrgeizig).

Management des Kommunikationskanals
Während Face-to-face-Kommunikation an die gleichzeitige Anwesenheit der Kommunikationspartnerinnen und -partner gebunden ist (synchrone Kommunikation), so verläuft computervermittelte Kommunikation häufig asynchron, also zeitlich versetzt. Walther (2011) nimmt an, dass in der zeitversetzten Kommunikation viel Zeit und Energie aufgewendet werden kann, um die eigenen Nachrichten zu editieren, ohne den Kommunikationsfluss zu stören. Während in der Face-to-face-Kommunikation eine zeitliche Verzögerung störend wirken würde, so erhält sie in der CvK einen Nutzen. Deshalb ist in dieser zeitversetzten Kommunikation auch die Selektivität der Selbstdarstellung wahrscheinlicher als in der Face-to-face-Kommunikation. Mit mehr Zeit für die Erstellung der computervermittelten Botschaften widmen sich die Kommunikationspartner eher als in der Face-to-face-Kommunikation der Idealisierung ihrer Selbstdarstellung (Walther et al., 2011).

Feedback
Laut HPM wird die selektive und idealisierende Selbstdarstellung durch das Feedback der Interaktionspartnerinnen und -partner im Laufe der Zeit verstärkt. Die Sender erhalten Feedback für bestimmte Äußerungen und keine Reaktion auf andere Äußerungen. So zeigte sich in einer experimentellen Studie (Walther et al., 2011), dass in der CvK-Bedingung die Formen der Selbstdarstellung wiederholt gezeigt wurden, die von Kommunikationspartnerinnen und -partnern positiv verstärkt wurden. Auf diese Weise – so die Annahme – werden die verstärkten Aspekte Teil der Identität.

Das HPM besagt, dass Menschen die computervermittelte Kommunikation für das Identitätsmanagement ausschöpfen (Walther, 2007, S. 2540). Walther (2007) propagiert damit ein technologiefreundliches Menschenbild. Dies steht im Gegensatz zu anderen, früheren Modellen, die den Verlust sozialer Hinweisreize als Verlust der Kommunikationsintensität oder -qualität definieren.

Das HPM ist eine Bereicherung der bisherigen Modelle, da es die psychologischen Prozesse während und nach der computervermittelten Kommunikation anspricht. Darüber hinaus liefern die in den letzten Jahren zum HPM durchgeführten Experimente spannende Ergebnisse zu einzelnen Modellkomponenten, beispielsweise zu den Fragen, wie sich Feedback auf die Reaktion der Interaktionspartner auswirkt (Walther et al., 2011) oder wie Interaktionspartner durch ihre Selbstoffenbarung die gegenseitig wahrgenommene Intimität akzentuieren und verstärken (Jiang, Bazarova & Hancock, 2011).

Da das HPM mit seinen vier Komponenten einen sehr umfassenden Anspruch hat, bleibt es bei einer Sammlung von Aspekten, wie computervermittelte Kommunikation verlaufen kann. Das Modell liefert keine Vorhersagen zum Zusammenspiel der verschiedenen Komponenten. Damit kompiliert das Modell vier Dimensionen, deren Zusammenspiel zwar als Modellannahme formuliert aber nicht explizit theoretisch ausformuliert wird. Darüber hinaus werden keine Aussagen dazu getroffen, unter welchen Umständen hyperpersönliche Effekte auftreten und ob es auch Bedingungen der computervermittelten Kommunikation gibt, unter denen solche Effekte nicht auftreten würden (High & Caplan, 2009). Denkbar ist zum Beispiel, dass diese Effekte auch bei einem Briefwechsel zwischen Freunden oder Partnern wirksam werden.

Walther (2011) kritisiert die Kanalreduktionsmetapher, die in den älteren CvK-Modellen propagiert wird. Er sieht das Hyperpersonal Model als Weiterentwicklung des »reduced social cues«-Gedanken. Trotz dieser Kritik basieren die Modellannahmen ebenfalls auf der Idee, dass Menschen unter Bedingungen der CvK weniger soziale Hinweisreize wahrnehmen.

Darüber hinaus ist im Hinblick auf aktuelle Medienentwicklungen zu vermuten, dass das Modell einer Anpassung bedarf. Die Perspektive des HPM beinhaltet, dass die Kommunikationspartner asynchron und physisch getrennt kommunizieren. Der Geltungsbereich ist also auf die textbasierte asynchrone Kommunikation beschränkt. Wünschenswert wäre also nun eine

Erweiterung des Modells auf Formen der computervermittelten Kommunikation, die bildbasiert und synchron verlaufen (z. B. Skype), denn auch hier sind hyperpersonale Effekte durchaus vorstellbar, weil eine Unmittelbarkeit, wie wir sie aus der Face-to-face-Kommunikation kennen, noch nicht gegeben ist.

7.2.2 SIDE-Model

Im Rahmen des *Social Identity Model of De-Individuation Effects* (SIDE-Model) schlug ein Team britisch-niederländischer Psychologen vor, die Gruppenzugehörigkeit (Social Identity) und die De-Individuation als Determinanten der CvK zu betrachten (Reicher, Spears & Postmes, 1995; Spears & Lea, 1994; Spears, Lea & Lee, 1990).

Die Vorstellung, dass die Gruppenzugehörigkeit einen Einfluss auf das Verhalten hat, basiert auf der Theorie der sozialen Identität (vgl. Abschnitt 3.3). Hier wird zwischen der personalen Identität und der sozialen Identität unterschieden. Die Grundannahme lautet: Wenn die *personale Identität* salient, also bewusst und psychisch wirkungsvoll ist, dann handeln Individuen aufgrund ihrer eigenen Eigenschaften und Erwägungen. Wenn die *soziale Identität* salient ist, dann handeln Individuen basierend auf ihrer Gruppenzugehörigkeit. Die Gruppenzugehörigkeit kann beispielsweise die Zugehörigkeit zu einer bestimmten Nationalität oder die Geschlechtszugehörigkeit sein. Diese Benennung bzw. Wahrnehmung der Zugehörigkeit wird als *soziale Kategorisierung* bezeichnet. Damit geht eine *Homogenisierung* der eigenen Gruppe, also der In-Group, einher: Die Ähnlichkeit der Mitglieder der eigenen Gruppe wird überschätzt. Gleichzeitig werden die Mitglieder anderer Gruppen als Out-group wahrgenommen und stereotypisiert.

Der zweite Baustein, die *De-Individuation*, beruht auf der Selbstkategorisierungstheorie (Turner & Onorato, 1999). Diese geht davon aus, dass die Übergänge zwischen der personalen und der sozialen Identität fließend sind. Wenn die Gruppenzugehörigkeit salient wird, spricht man von De-Individuation, weil mitunter individuelle Bedürfnisse oder auch Eigenschaften und Motive in den Hintergrund rücken. Im SIDE-Model wird De-Individuation mit Anonymität operationalisiert. Unter Bedingungen der Anonymität können Kommunikationspartnerinnen und -partner sich nicht gegenseitig sehen, und sie kennen sich möglicherweise auch nicht.

Das SIDE-Model wurde ebenso wie das HPM in Zeiten vorgeschlagen, als die asynchrone computervermittelte Kommunikation vorherrschend war. Im SIDE-Model wird deshalb Individuation als Identifizierbarkeit außerhalb der computervermittelten Situation verstanden. Unter der Bedingung der Identifizierbarkeit können sich die Kommunikationspartnerinnen und -partner sehen, oder sie kennen sich bereits. Entscheidend für das SIDE-Model sind genau diese zwei Bedingungen: erstens, ob die soziale oder personale Identität salient ist, ob Menschen also eher als Individuen oder als Teil einer Gruppe handeln; und zweitens, ob die Kommunikation mit oder ohne Kenntnis der realen Identität des Gegenübers stattfindet. Für diese beiden Faktoren wird ein *Interaktionseffekt* angenommen. Demnach sollte die Anonymität dazu führen, dass die soziale oder personale Identität stärker zum Tragen kommt. Wenn also Menschen anonym und mit salienter sozialer Identität kommunizieren, verhalten sie sich eher gruppenorientiert. Wenn sie jedoch anonym und mit salienter personaler Identität kommunizieren, so sollte ihre individuelle Norm stärker von den Gruppennormen abweichen und sie sollten als Individuen agieren.

Im Rahmen des SIDE-Model wird davon ausgegangen, dass in der anonymen CvK saliente Identitäten stabilisiert und Verhaltensnormen bestätigt werden, die konform mit personaler oder sozialer Identität sind. Der klassische Versuchsaufbau beinhaltet, dass Gruppen unter Bedingungen von Anonymität oder Identifizierbarkeit sowie mit jeweils zuvor manipulierter personaler oder sozialer Identität im Hinblick auf ihre Einstellung oder ihr Verhalten untersucht werden. Im Folgenden wird eines der ersten Experimente zum SIDE-Model dargestellt.

Beispiel
▶ *Experiment zum SIDE-Model (Spears et al., 1990)*
Annahmen: Die dem Experiment zugrunde liegenden Hypothesen sagen einen Interaktionseffekt der Faktoren De-Individuation (Anonymität vs. Identifizierbarkeit) und Identität (perso-

nale vs. soziale Identität) voraus. Visuelle Anonymität sollte dazu führen, dass sich Diskussionsteilnehmer eher der Gruppennorm anschließen, wenn ihre soziale Identität salient ist. Visuelle Anonymität sollte diesen Effekt des normativen Verhaltens jedoch nicht auslösen, wenn die personale Identität salient ist.

Experimentelles Design: Bei diesem Experiment handelt es sich um ein 2x2-between-subjects-Design mit den Faktoren Identität (personale vs. soziale) und De-Individuation (anonym vs. identifizierbar).

Durchführung: Vor dem Experiment wurde die Meinung der Probandinnen und Probanden (Pbn) zu vier Themen (Privatisierung nationaler Betriebe, Subventionen für Theater, Atomenergie, Diskriminierung) mit einem Fragebogen abgefragt.

Im Labor beteiligten sich vier Tage später 48 Personen an zehnminütigen Diskussionen zu den vier Themen. Die Kommunikation fand über eine Konferenzsoftware statt.

Manipulation: Die *soziale Identität* wurde salient gemacht, indem den Pbn mitgeteilt wurde, die Effizienz der Software würde geprüft und sie würden dabei als Gruppe untersucht. Alle Teilnehmer erhielten eine »Gruppenidentifikationsnummer«. Die *personale Identität* wurde salient gemacht, indem den Pbn mitgeteilt wurde, dass die Effizienz persönlicher Kommunikationsstile im Umgang mit der Software getestet würde. Alle Teilnehmer erhielten eine »persönliche Identifikationsnummer«.

In der Versuchsbedingung *Identifizierbarkeit* saßen die Pbn in demselben Raum. In der Bedingung *Anonymität* saßen sie in verschiedenen Räumen.

Messung der abhängigen Variablen: In Abhängigkeit von den experimentellen Bedingungen wurde gemessen, ob die Pbn bei ihrer eigenen, zuvor abgefragten Meinung bleiben oder sich der Gruppenmeinung anschließen. Dazu wurde ein Differenzwert errechnet: Der Skalenwert der am Ende des Experimentes geäußerten Meinung wurde von dem Skalenwert der zuvor gemessenen Meinung subtrahiert. Höhere Werte bedeuten also eine größere Nähe der individuellen- zur Gruppenmeinung.

Ergebnis: Es zeigte sich der erwartete Interaktionseffekt (vgl. **Abb. 7.1**): Personen, die anonym und mit salienter sozialer Identität kommunizierten passten ihre Meinung nach der Diskussion stärker der Gruppenmeinung an. Personen, die anonym und mit salienter personaler Identität kommunizierten, wichen am wenigsten von ihrer ursprünglichen Meinung ab. ◄◄

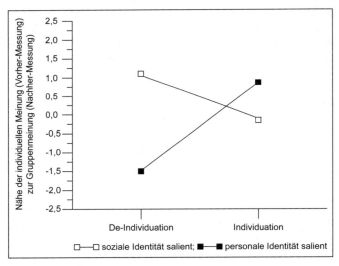

Abb. 7.1: Einfluss der De-Individuation und der Gruppensalienz auf die Nähe der eigenen Meinung zur Gruppenmeinung (Spears et al., 1990)

Das SIDE-Model macht konkrete Vorhersagen dazu, wie sich Menschen unter verschiedenen computervermittelten Kommunikationsbedingungen verhalten. Ebenso wie andere CvK-Modelle geht das SIDE-Model davon aus, dass sich Menschen in anonymen, computervermittelten Umgebungen anders verhalten, als wenn sie sich gegenseitig kennen oder sehen. Das Modell knüpft also wie die anderen in Abschnitt 7.2 vorgestellten Modelle an die Grundannahme fehlender sozialer Hinweisreize und an das Unterschiedsparadigma an (vgl. unter Abschnitt 7.1).

Mit dieser Modellkonzeption können Kommunikationsmedien, in denen Menschen miteinander kommunizieren, die sich während der Kommunikation persönlich kennen, nicht theoretisch erklärt werden. Das SIDE-Model nimmt keinen Bezug auf unterschiedliche Abstufungen der Anonymität oder auf nichttextbasierte Kommunikationsmedien. Beide Aspekte stellen spannende Herausforderungen für weitere Forschung dar. Auch die langfristigen Wirkungen auf die soziale Identität der Nutzerinnen und Nutzer wäre eine interessante Forschungsperspektive.

Der mit dem SIDE-Model entdeckte Begriff der visuellen Anonymität hat weiterhin große Bedeutung in der computervermittelten Kommunikation und wurde in verschiedenen anderen Experimenten untersucht (Bargh & McKenna, 2004; Joinson, 2001; Qian & Scott, 2007). Wie Anonymität mit anderen psychischen Prozessen in Zusammenhang steht, wird im folgenden Abschnitt betrachtet.

7.3 Sozial-Kognitive Prozesse der CvK

Im vorigen Abschnitt ging es vor allem darum, die grundlegenden Funktionsweisen der computervermittelten Kommunikation anhand medienpsychologischer Modelle zu verstehen. Dieser Abschnitt knüpft daran an, indem die Prozesse der Selbstoffenbarung, Selbstdarstellung und sozialen Beziehungen vorgestellt werden. Die hier vorgestellten Prozesse erhalten besondere Bedeutung, weil soziale Online-Medien (z. B. Weblogs oder soziale Netzwerke) auf dem Austausch der Kommunikationspartnerinnen und -partner basieren. Kommunikation ist nicht nur das Geschäftsmodell der meisten sozialen Online-Medien, sondern auch die zentrale Motivation der User (Taddicken & Jers, 2011). Das Social Web kann eben nur »social« sein, wenn die daran Beteiligten etwas von sich preisgeben.

7.3.1 Selbstoffenbarung im Internet

Selbstoffenbarung ist zunächst jegliche Information über die eigene Person, die nicht öffentlich bekannt ist und die ein Mensch mit einem anderen Menschen teilt (Cozby, 1973). Selbstoffenbarung unterliegt der Norm der Reziprozität (Berg & Derlega, 1987). Wenn also eine Person sich selbst offenbart, erhöht sie damit die Bereitschaft einer anderen Person, sich ebenfalls zu offenbaren. Selbstoffenbarung wird als eine notwendige

Voraussetzung angesehen, um mit anderen Menschen in Kontakt zu treten und Beziehungen zu führen (Collins & Miller, 1994). Damit erweist sich die Selbstoffenbarung in psychologischen Studien als Voraussetzung für psychische Gesundheit. Menschen, die sich gegenüber anderen selbst offenbaren, sind demnach weniger ängstlich, depressiv und berichten eher, dass sie mit ihrem Leben zufrieden sind als Personen, die weniger geneigt sind, etwas von sich preiszugeben (Cozby, 1973; Forgas, 2011; Greene, Derlega & Mathews, 2006; Ignatius & Kokkonen, 2007).

Die zentrale Triebfeder der Forschung ist die Beobachtung, dass man computervermittelt ganz unterschiedliche Abstufungen der Selbstoffenbarung vorfindet (Utz, 2012). Von anonymen Begegnungen bis hin zur computervermittelten Kommunikation unter sehr guten Freunden ist alles denkbar. Aufgrund der unterschiedlichen Anonymitätsbedingungen unterliegt die Selbstoffenbarung in der CvK anderen Regeln als in der persönlichen Kommunikation. Die erste Frage, die sich Forscherinnen und Forscher im Zusammenhang der Selbstoffenbarung stellten, lautete dementsprechend: Unterscheidet sich das Ausmaß der Selbstoffenbarung in der CvK und in der Face-to-face-Kommunikation? Tidwell und Walther (2002) baten Dyaden (zwei Personen), entweder face-to-face oder per E-Mail zu kommunizieren. Die Personen in der CvK-Bedingung schrieben insgesamt mehr Wörter, als sich diejenigen in der direkten Gesprächssituation gegenseitig mitteilten. Damit unterschied sich zwar die Anzahl der Äußerungen, jedoch nicht die Tiefe der Selbstoffenbarung. Ähnlich untersuchte Joinson (2001) in drei Experimenten Dyaden, die den Auftrag erhielten, sich entweder über ein Chat-Programm oder face-to-face über »Dilemma-Fragen« zu unterhalten, die keine einfache Lösung nahe legen, zum Beispiel: »Wer soll im Falle eines Atomkriegs Schutz bekommen, wenn nicht alle geschützt werden können?« Auch hier wurden die Kommunikationsinhalte aufgezeichnet und mit einer Inhaltsanalyse ausgewertet. Es zeigte sich, dass die Versuchspersonen in der CvK-Bedingung mehr von sich preisgaben als face-to-face.

Dieses Ergebnis ließ sich in anderen Studien replizieren. Immer wurden die Gesprächsinhalte von Codierern im Hinblick auf verschiedene Kriterien der Selbstoffenbarung ausgezählt (z. B. Tiefe und Intensität der Themen oder thematische Bandbreite). Wenn man jedoch User von sozialen Online-Medien direkt fragt, ob sie face-to-face oder im Internet mehr von sich preisgeben, so geben diese in verschiedenen Studien an, dass sie face-to-face mehr von sich preisgeben (Kim & Dindia, 2011; Nguyen, Bin & Campbell, 2012). Hier zeigt sich, dass das Bild etwas komplexer ist als zunächst angenommen. Vermutlich hat nicht nur die unterschiedliche Methode (Beobachtung vs. Selbstauskunft), sondern auch die unterschiedliche Kommunikationssituation einen Einfluss. Die Versuchspersonen in den Experimenten kommunizierten anonym miteinander, während viele der Personen, die in aktuellen Befragungen Auskunft gaben, nach der Selbstoffenbarung gegenüber ihren Bekannten und Freunden gefragt wurden. Derzeit liegen keine Studien vor, die diesen Widerspruch auflösen könnten. Interessant wäre zu erfahren, welches Ergebnis die Kodierung der Selbstoffenbarung auf sozialen Netzwerkseiten bringen würde. Ein solches Vorgehen würde zeigen, ob die geringere Selbstoffenbarung in den Experimenten ein Methodeneffekt ist oder ob die unterschiedliche Selbstoffenbarung in den Experimenten und auf sozialen Netzwerkseiten zustande kam, weil sich die Settings unterscheiden.

Im Hinblick auf die Wirkungen der Online-Selbstoffenbarung wurde gezeigt, dass Selbstoffenbarung sowohl die Anzahl als auch die Intensität von Kontakten verstärkt (Valkenburg & Peter, 2009). Eine authentische Selbstoffenbarung im Netz macht den Transfer der Freundschaften in das Offline-Leben wahrscheinlicher (Bane, Cornish, Erspamer & Kampman, 2010; McKenna, Green & Gleason, 2002).

7.3.2 Selbstdarstellung im Internet

Selbstdarstellung (Impression Management) wird häufig als »Eindruckslenkung« (Schlenker, 1980) verstanden. Menschen versuchen den Eindruck, den sie auf andere machen, zu steuern und zu kontrollieren. Die Motivation, das eigene Bild auf andere zu lenken, ist interindividuell unterschiedlich stark ausgeprägt

(Leary, 1993). Sie ist zum Beispiel davon abhängig, wie sehr das aktuell wahrgenommene Selbstbild von einem angestrebten, idealen Selbstbild abweicht. Je stärker das eigene Selbstbild von dem empfundenen Idealbild abweicht, umso eher sind Menschen bemüht, sich selbst darzustellen. Auch haben die Ziele der Selbstdarstellung einen Einfluss darauf, wie motiviert Menschen sind, sich vor anderen auf eine bestimmte Weise zu präsentieren. Die Ziele können materieller oder sozialer Natur sein. Ein materielles Ziel ist beispielsweise beruflicher Erfolg, ein soziales Ziel kann beinhalten, bei bestimmten Personen angesehen oder beliebt zu sein. Die Ziele können darüber hinaus die Steigerung des Selbstwertes oder die persönliche Weiterentwicklung betreffen (Leary & Kowalski, 1990).

Selbstdarstellung ist ein Teil des Identitätsmanagements, denn Menschen möchten ihre Identität nicht nur für sich selbst definieren, sondern sie auch von anderen wahrgenommen und verstanden wissen. Selbstdarstellung ist der Weg, mit dem diese Reflektion der eigenen Identität durch andere ermöglicht wird. Medien spielen bei der Selbstdarstellung eine zunehmend wichtige Rolle. Laien, die nicht beruflich mit der Produktion von Medieninhalten zu tun haben, hatten zunächst kaum Möglichkeiten, sich Medien bei der Selbstdarstellung zu Nutze zu machen. In den 1990er Jahren fand eine Beteiligung des Publikums zunächst in täglichen Talkshows (z. B. *Hans Meiser* oder *Britt*), dann ab 2000 in Casting Shows (z. B. *Deutschland sucht den Superstar*) statt. Hier erwies sich die Selbstdarstellung und die Arbeit an der eigenen Identität als eine wesentliche Motivation der Gäste dieser Shows (Trepte, 2005). Mit dem Aufkommen des Internets wurde für persönliche Homepages Ähnliches gezeigt: Auch diese wurden zur Selbstdarstellung genutzt (Renner, Marcus, Machilek & Schütz, 2005). Im Social Web können Nutzerinnen und Nutzer ohne große technische Barrieren eigene Inhalte publizieren oder fremde Beiträge kommentieren. Damit verschwimmt nicht nur die Grenze zwischen Rezeption und Produktion (vgl. dazu Abschnitt 1.1 und **Tab. 1.1**), sondern auch die vormals bestehende strikte Trennung zwischen professionell Medienschaffenden und Laien (Schmidt, 2009). Das »Mitmachnetz« (Fisch & Gscheidle, 2008) bringt die Freiheit, selbst produzierte Unterhaltungsinhal-

7.3 Sozial-Kognitive Prozesse der CvK

te einer breiten Öffentlichkeit zu präsentieren (sog. user-generated content, vgl. Schweiger & Quiring, 2007).

Aktuelle Studien zur Selbstdarstellung auf sozialen Netzwerken zeigen, dass die User im Allgemeinen versuchen, sich in einem guten Licht darzustellen. In einer US-amerikanischen Studie wurden 80 Internetuser mit Profil auf einer Online-Dating-Website gebeten, die Authentizität ihres Profils zu bewerten (Toma, Hancock & Ellison, 2008). Alle Befragten gaben an, dass sie ihr Profil sehr authentisch ausfüllen (M = 4.75 auf einer Skala von 1 = nicht akkurat bis 5 = sehr akkurat). Daraufhin wurden Körpergewicht und Körpergröße durch Wiegen bzw. Messen und das Alter anhand des Ausweises erfasst. Sieht man die objektiven Daten an, so zeigt sich Folgendes: Die meisten Befragten (81 Prozent) »schummeln« im Hinblick auf ihr Gewicht, ihr Alter oder ihre Größe. Hinsichtlich der Körpergröße machten 48 Prozent, bzgl. des Körpergewichtes 59 Prozent und bzgl. des Lebensalters 18 Prozent unwahre Angaben. Je mehr Freunde von dem Profil wussten, umso akkurater war es. Auf Dating-Portalen soll ein Partner oder eine Partnerin gefunden werden, es handelt sich also um soziale Ziele der Selbstdarstellung. Die User versuchen diese sozialen Ziele zu erreichen, in dem sie Körpermerkmale manipulieren, die gemeinhin für soziale und sexuelle Attraktivität sprechen.

Theoretisch wird die Selbstdarstellung im Netz häufig mit dem Zweikomponenten-Modell der Selbstdarstellung von Leary und Kowalski (1990) begründet. Mit diesem wurde nicht nur die Selbstdarstellung in täglichen Talkshows (Trepte, 2002), sondern auch die Selbstdarstellung auf sozialen Netzwerkseiten (Krämer & Haferkamp, 2011) und auf Dating-Portalen erklärt (Toma & Hancock, 2011). Hier werden die beiden Komponenten »impression motivation« (Motivation der Selbstdarstellung) »impression construction« (Eindruckslenkung) unterschieden. Aus beiden Aspekten resultieren die Strategien der Selbstdarstellung. Krämer und Haferkamp (2011) zeigen für soziale Netzwerkseiten zunächst die zwei wesentlichen Unterschiede zwischen Online- und Offline-Selbstdarstellung auf: (1) Während in der Face-to-face-Interaktion eine gezielte Ansprache stattfinden kann, ist diese im sozialen Netzwerk zwar möglich (z. B.

indem ausgewählte Personen über friends-lists angesprochen werden), wird jedoch nicht immer praktiziert. Es resultiert der Wunsch, möglichst viele positive Informationen zu publizieren, um einer breiten Zielgruppe gerecht zu werden. (2) Damit sehen sich die User mit höheren Risiken im Hinblick auf die eigene Privatsphäre konfrontiert. Diese Gemengelage von Motiven – so die Modellannahme – sollte zu unterschiedlichen Online- vs. Offline-Selbstdarstellungsstrategien führen. Dieses Modell wurde noch nicht empirisch geprüft, liefert jedoch vielversprechende Hinweise für kommende Forschung.

Toma und Hancock (2011) bemerken, dass die Motivation der Selbstdarstellung auf Dating-Portalen besonders hoch sein dürfte, wenn eine anschließende Face-to-face-Kommunikation antizipiert wird. Dieser Effekt wurde in der oben dargestellten Studie von Toma, Hancock & Ellison (2008) nachgewiesen. Darüber hinaus sollte die Öffentlichkeit der Portale dazu führen, dass die Motivation der Eindruckslenkung hoch ist. Wenn nun diese beiden motivationalen Aspekte gegeben sind, so wird in die »impression construction« ein hohes Maß an Zeit und Mühe investiert.

Offensichtlich hat es für die User einen Nutzen, unter bestimmten Bedingungen den Eindruck auf andere zu steuern und zu lenken. Manchmal ist dieser Nutzen so hoch, dass die User nicht ganz bei der Wahrheit bleiben. Ob diese Form der Selbstdarstellung sich jedoch überhaupt von der Face-to-face-Kommunikation unterscheidet, können wir zum jetzigen Zeitpunkt nicht beurteilen. Derzeit liegen keine Studien vor, die CvK und Face-to-face im Hinblick auf die Selbstdarstellung vergleichen. Es ist zu vermuten, dass online und offline ähnliche Kommunikationsstrategien verfolgt werden, dass jedoch im Online-Setting andere technische und inhaltliche Kommunikationstaktiken angewendet werden als face-to-face.

7.3.3 Soziale Beziehungen im Netz

Die sozialpsychologische Forschung zu Paar-Beziehungen und Freundschaften wird im Kontext sozialer Online-Medien relevant. Medienpsychologisch ist der Prozess der Beziehungsan-

7.3 Sozial-Kognitive Prozesse der CvK

bahnung und -pflege interessant: Wie gehen Menschen computervermittelt aufeinander zu? Wie pflegen sie ihre Beziehungen? Hier sind Prozesse der Selbstoffenbarung, Selbstdarstellung und Identität relevant, die wir in den vorhergehenden Abschnitten erläutert haben. Darüber hinaus geht es um die Frage, welchen Ertrag die computervermittelten Beziehungen bringen: Sind Menschen in der Lage, Freundschaften zu knüpfen, wenn sie sich überwiegend über Online-Computerspiele kennen? Liefert die Kommunikation auf sozialen Netzwerkseiten soziale Unterstützung oder nur oberflächliche Kontakte? In diesem Abschnitt geben wir einen kleinen Einblick in die Forschung zu sozialen Beziehungen im Netz.

In der Medienpsychologie wird vielfach das soziologische Konzept des Sozialkapitals verwendet und für psychologische Zusammenhänge angepasst (Hofer, 2012). Es subsumiert die positiven Konsequenzen und Ressourcen, die Menschen aufgrund persönlicher Kontakte zur Verfügung stehen (Putnam, 1995; Putnam, 2000). Zwei Komponenten werden unterschieden: *Bridging Social Capital* bezieht sich auf lose soziale Kontakte, mithilfe derer Menschen ihre Perspektive erweitern, mit denen sie Informationen austauschen und die nützlich sein können, zum Beispiel, um sich auf einen Job zu bewerben. *Bonding Social Capital* bezieht sich demgegenüber auf enge soziale Beziehungen, die emotionale Unterstützung bieten. Sozialkapital steht in positivem Zusammenhang mit verschiedenen Aspekten des psychologischen Wohlbefindens, z. B. der allgemeinen Lebenszufriedenheit (Helliwell & Putnam, 2004).

Gerade die frühen Studien zur Kommunikation im Internet weisen darauf hin, dass die Internetnutzung negative Effekte für reale soziale Kontakte haben kann (Kraut et al., 1998; Nie, 2001). Menschen, die viel am Computer arbeiteten, verbrachten weniger Zeit mit ihrer Familie. Man vermutete zunächst eine Substitution realer sozialer Beziehungen durch Online-Bekanntschaften. Im nächsten Schritt stellte sich jedoch heraus, dass dieser *Substitutionseffekt* sich nur zeigte, wenn man die User über Selbstauskunftsfragebögen konkret nach diesem Substitutionseffekt fragte (vgl. dazu Abschnitt 2.3). Heute geht man eher von der Komplementaritätshypothese bzw. einem »*rich-get-richer*«-

Effekt aus. Demnach wird ein höheres Maß an Sozialkapital in der virtuellen Welt von Personen aufgebaut, die im Offline-Leben ebenfalls viel soziale Unterstützung erfahren (Miyata & Kobayashi, 2008; Neustadtl & Robinson, 2002; Quan Haase, Wellman, Witte & Hampton, 2002; Vergeer & Pelzer, 2009).

Medienpsychologische und kommunikationswissenschaftliche Forschung zeigt, dass Menschen auf sozialen Netzwerkseiten vor allem »Bridging Social Capital« generieren, also lose soziale Kontakte knüpfen (Pollet, Roberts & Dunbar, 2011; Steinfield, Ellison & Lampe, 2008; Valenzuela, Park & Kee, 2009). Auch mit Online-Computerspielen, wie »Massive Multiplayer Online Games« (zum Beispiel *World of Warcraft*), werden vor allem lose Kontakte geknüpft (Huvila, Holmberg, Ek & Widén-Wulff, 2010; Steinkuehler & Williams, 2006; Williams et al., 2006). Für Jugendliche und junge Erwachsene zeigten Valkenburg und Peter (2009) in einer Längsschnittstudie, dass Instant-Messaging nur dann die Qualität von Freundschaften erhöht, wenn in der Kommunikation ein gewisses Maß an Selbstoffenbarung stattfindet. Oberflächliche Kommunikation trug demnach nicht dazu bei, dass Beziehungen eine freundschaftliche Qualität erreichten.

Trepte, Reinecke und Jüchems (2012) haben untersucht, warum in Online-Computerspielen nur lose Kontakte geknüpft werden und welche Faktoren dazu beitragen, dass auch tiefergehende freundschaftliche Beziehungen entstehen. Sie haben dazu über 800 Spieler befragt, die in einer elektronischen »E-Sports«-Liga organisiert waren. Die Autoren stellen in ihrer Studie heraus, dass Bonding Social Capital generiert wird, wenn mit dem Online-Computerspiel auch Face-to-face-Kontakt einhergeht. Spieler, die auch offline mit anderen Vereinsmitgliedern in Kontakt standen und sich zum Spielen nicht nur virtuell, sondern auch persönlich trafen, konnten signifikant mehr Bonding Social Capital aufbauen. Im Gegenzug konnten Spieler, die vor allem online miteinander spielten, signifikant mehr Bridging Social Capital aufbauen.

Die Forschung zum Online-Sozialkapital zeigt also, dass Online-Freundschaften vor allem funktionieren, wenn es Bezüge in die Offline-Welt gibt. Leider sind derzeit die Studien, die beide Aspekte klar miteinander in Bezug bringen, noch rar. Auch ist die medienpsychologische Forschung vor allem auf das Resultat des Online-Kontaktes in Form von Sozialkapital fokussiert. Die Prozesse der Beziehungsanbahnung und -gestaltung werden viel zu wenig betrachtet. Insofern gilt es für zukünftige Forschung nicht nur zu fragen, *ob* Menschen mit der CvK Beziehungen und Freundschaften schließen, sondern *wie*.

Zusammenfassung

Computervermittelte Kommunikation beinhaltet, dass sich Menschen über elektronische Medien austauschen. Verschiedene Modelle wurden vorgestellt. Sie adressieren die Frage, wie Menschen computervermittelt kommunizieren, wie sich ihre Kommunikation von der persönlichen Face-to-face-Kommunikation unterscheidet und welche Wirkungen sie auf zentrale psychologische Prozesse haben. Die früheren Modelle der CvK-Forschung fokussieren, welche Defizite computervermittelte Kommunikation hat und welche Medien für welche Form der Kommunikation geeignet sind. Aktuellere Modelle wie das Hyperpersonal Model und das SIDE-Model bringen sozio-emotionale Dimensionen und Voraussetzungen der Medien in Zusammenhang. Das Hyperpersonal Model besagt, dass Menschen sich computervermittelt selektiv präsentieren und dass ihre Selbstdarstellung auf die eigene Identität rückwirkt, wenn sie von anderen positiv verstärkt wird. Das SIDE-Model nimmt an, dass Anonymität Verhaltenstendenzen verstärken kann, die aus der Salienz der personalen und sozialen Identität resultieren. Aktuelle Forschung widmet sich psychologischen Prozessen wie der Selbstdarstellung, der Beziehungsanbahnung und den Online-Freundschaften. Diese Themen sind vor dem Hintergrund der Popularität sozialer Online-Medien relevant geworden.

Im Vordergrund der CvK-Forschung steht der Vergleich der computervermittelten und der Face-to-face-Kommunikation. Wenn es jedoch darum geht, Kommunikation in computervermittelten oder nicht medienvermittelten Kontexten in Beziehung zu setzen und deren Zusammenspiel zu untersuchen, so bietet die medienpsychologische CvK-Forschung noch keine Herangehensweisen oder Ergebnisse. Wünschenswert ist, dass Face-to-face-Kommunikation und CvK als integrierte Formen der Kommunikation betrachtet werden, weil sie bei der täglichen Kommunikation und vor allem im Hinblick auf ihre Wirkungen auf psychologische Prozesse kaum noch trennbar sind.

Literaturempfehlungen

Hofer, M. (2012). Zur Wirkung der Nutzung von Online-Medien auf das Sozialkapital. In L. Reinecke & S. Trepte (Hrsg.), *Unterhaltung in neuen Medien. Perspektiven zur Rezeption und Wirkung von Online-Medien und interaktiven Unterhaltungsformaten* (S. 289–307). Köln: Herbert von Halem Verlag.

Joinson, A. N., McKenna, K. Y. A., Postmes, T. & Reips, U. (Eds.). (2007). *The Oxford handbook of internet psychology.* Oxford: Oxford University Press.

Walther, J. B. (2011). Theories of computer-mediated communication and interpersonal relations. In M. L. Knapp & J. A. Daly (Eds.), *The SAGE handbook of interpersonal communication* (4 ed., pp. 443–479). Thousand Oaks: SAGE.

Wright, K. B. & Webb, L. M. (2011). *Computer-mediated communication in personal relationships.* New York: Peter Lang.

Fragen zur Selbstüberprüfung

1. Definieren Sie MCI und CvK.
2. Wie kann man MCI und CvK am besten voneinander abgrenzen?
3. Nennen Sie drei Modelle der CvK aus den 1990er Jahren und erklären Sie kurz deren Inhalte.
4. Was beinhaltet das Hyperpersonal Model?
5. Schildern Sie die Modellannahmen des SIDE-Model anhand des klassischen Versuchsaufbaus dieses Paradigmas.
6. Geben Menschen unter Bedingungen der CvK oder face-to-face mehr von sich preis?
7. Warum geben Menschen unter den Bedingungen der Anonymität möglicherweise mehr von sich preis?
8. Wie wird Selbstdarstellung theoretisch begründet?
9. Welche Ziele verfolgen Menschen mit der Selbstdarstellung? Geben Sie ein Beispiel mit Medienbezug für jedes Ziel der Selbstdarstellung.

10. Was sind Ihrer Ansicht nach die zentralen Gratifikationen, die User aufgrund der Beteiligung an sozialen Netzwerkseiten erwarten? Begründen Sie Ihre Antwort mit medienpsychologischen Forschungsergebnissen.

8 Mensch-Computer-Interaktion und virtuelle Umgebungen

Virtuelle Agenten sind aus dem täglichen Leben nicht mehr wegzudenken: die Stimme aus dem Navigationssystem, die virtuelle Stewardess im Flugzeug, die das Anlegen der Schwimmwesten erklärt, oder Sprachcomputer beim Telefonbanking. Im dem Moment, in dem wir ihnen zuhören oder sie ansehen, werden sie nicht von einem Programmierer gesteuert, sondern agieren autonom als ›Maschinen‹. Die etablierten Agenten sind noch recht einfach und erlauben selten die Interaktion, aber auch intelligente, virtuelle Agenten sind auf dem besten Weg Teil unseres Alltages zu werden. Für die technische Entwicklung von Agenten, virtuellen Umgebungen oder Robotern werden psychologische Erkenntnisse verwendet, um sie möglichst nutz- und bedienbar zu machen und um ihre Implementierung zu evaluieren. Die Mensch-Computer-Interaktion (MCI) befasst sich damit, wie Menschen mit diesen Maschinen interagieren. Für diesen Teilbereich der MCI, in dem man sich mit der Interaktion mit den genannten neueren Technologien befasst, lassen sich drei zentrale Aufgabenstellungen identifizieren: Erstens wird betrachtet, ob Menschen Computer als soziale Akteure wahrnehmen und ihnen mit Verhaltensweisen begegnen, die sie auch anderen Menschen entgegen bringen würden (vgl. Abschnitt 8.2). Zweitens werden psychologische Befunde auf computergestützte und virtuelle Situationen übertragen und es wird geprüft, ob klassische psychologische Paradigmen auch in virtuellen Umgebungen gelten (vgl. Abschnitt 8.3). Darüber hinaus wird untersucht, ob wir mit den Möglichkeiten virtueller Umgebungen unsere Kommunikation verändern oder verbessern können (vgl. Abschnitt 8.4).

8.1 Einleitung

In der Mensch-Computer-Interaktion (MCI) werden Computer und Technologien als *Quelle* der Kommunikation verstanden. Demnach befasst sich die medienpsychologische Forschung rund um MCI mit der Interaktion der Menschen mit technischen Systemen oder Computern. Im Gegensatz dazu steht bei der computervermittelten Kommunikation (vgl. Kap. 7) die Interaktion zwischen Menschen im Vordergrund. Der Computer ist das *Medium* der Kommunikation. Medienpsychologische MCI-Forschung findet häufig mithilfe von Technologien statt, die in der täglichen Anwendung noch wenig präsent sind. Während die übrige Medienpsychologie so gut wie immer Plausibilisierungsforschung leistet, also bereits vorhandene Medienentwicklungen beobachtet und erklärt, so wird in der Forschung zur MCI häufig »Realisationsforschung« betrieben (Bente, Krämer & Petersen, 2002). Wissenschaftlerinnen und Wissenschaftler programmieren für ihre Forschung Agenten, Avatare und virtuelle Realitäten.

Definition
▶ *Agenten* sind computergesteuerte virtuelle Wesen, die ihre Umwelt mit Sensoren wahrnehmen und autonom auf sie reagieren. Um spezifische Ziele erreichen zu können (z. B. einen Menschen umfassend zu informieren), muss der Agent eine gewisse Lernfähigkeit und Flexibilität haben. Ein *menschlich* aussehender, von einem Algorithmus gesteuerter Agent wird als »anthropomorpher Interface Agent« bezeichnet (vgl. **Abb. 8.1**), während andere Figuren (z. B. eine Comic-Figur oder ein Tier) als »embodied conversational agent« umschrieben werden (Krämer, 2008). ◀◀

Drei weitere Schnittstellen sind neben den Agenten in der MCI-Forschung relevant: Avatare, Robots und virtuelle Umgebungen.

Avatare sind im Gegensatz zu Agenten nicht autonom, sondern von anderen Usern gesteuerte virtuelle Wesen, die mehr oder weniger menschenähnlich (humanoid) aussehen können

(Bailenson & Blascovich, 2004). In der virtuellen Welt Second Life und in verschiedenen Computerspielen (z. B. Nintendo Wii) können sich die User zu Beginn des Spiels Avatare nach eigenen Interessen gestalten. Die »Avatar-mediated Communication« (AMC) zählt streng genommen zur computervermittelten Kommunikation (CvK, vgl. Kap. 7), weil Menschen die Avatare steuern und auf diesem Wege mithilfe der Avatare interagieren. Im Gegensatz zu anderen Formen der CvK (vgl. Kap. 7), erlaubt die AMC aber ein höheres Maß an (1) *Anonymität*, (2) *Plastizität*, also die Veränderung der äußeren Erscheinungsform, (3) *Einbettung* der Kommunikation in virtuelle Umgebungen und die (4) *Ko-Präsenz* verschiedener Interaktionspartner (Bente, Krämer & Eschenburg, 2008).

Robots sind algorithmisch gesteuerte Einheiten, die jedoch im Gegensatz zu Agenten und Avataren physisch als eigenständige technische Entität und außerhalb von anderen Computersystemen funktionieren.

Eine *virtuelle Umgebung* – auch als virtuelle Realität bezeichnet – wird computergestützt erstellt. Der aufgezeichnete Input des Users und das für verschiedene Sinneskanäle dargebotene digitale Display sind aufeinander abgestimmt (Fox, Arena & Bailenson, 2009). Eine virtuelle Umgebung kann in vielen verschiedenen Arten gestaltet sein: als Spiel auf einem Handy, auf einer Konsole und als »high immersive virtual environment«, in dem sich die User – ausgestattet beispielsweise mit optischen Sensoren und head-mounted display – frei bewegen können (vgl. **Abb. 8.2**). Vor allem sog. »low immersive virtual environments« wie beispielsweise Computerspiele sind seit langem etablierte Anwendungen.

Gerade weil die der MCI-Forschung zugrunde liegenden Technologien noch recht neu sind, legt die Forschung den Fokus nicht nur auf das Verhalten und Erleben der Nutzerinnen und Nutzer, sondern die Technologie selbst steht als Forschungsgegenstand im Fokus (Fox et al., 2009). Ziel ist eine möglichst voraussetzungsfreie und intuitive Nutzung (Krämer, 2008). Menschen sollen ohne technisches Vorverständnis mit Agenten interagieren können. Sowohl der Input als auch der Output einer Schnittstelle ist entscheidend. Auf Input-Seite geht es darum, wie Menschen ihre Eingaben machen, ob sie die auf einem Bildschirm repräsentierten Agenten einfach ansprechen können, oder ob sie nur mit Texteingaben in einer Programmiersprache mit ihnen interagieren können. Auf Output-Seite ist die optische Gestaltung des Agenten, die Sprachausgabe oder das soziale und dialogische Verhalten relevant für das Erleben der User (Krämer, Eimler, von der Pütten & Payr, 2011). Medienpsychologische Forschung befasst sich mit Input und Output, wobei die meisten Forschungsfragen dem Output gewidmet sind. Wenn wir im folgenden Abschnitt die grundsätzliche Frage beantwortet haben, ob Computer überhaupt als soziale Akteure wahrgenommen werden, widmen wir uns dieser Output-Seite und erörtern, wie die Gestaltungsmerkmale von Agenten (Abschnitt 8.3) und virtuellen Umgebungen (Abschnitt 8.4) die MCI beeinflussen.

8.2 Computer als soziale Akteure oder Maschinen?

Ob nun Computer, Agenten oder Bots als soziale Akteure wahrgenommen werden oder eher als Technologien, ist eine wesentliche Frage der MCI-Forschung. Verschiedene Modelle und Studien befassen sich mit dem Thema. Diese Studien erörtern zum einen, *ob* und zum anderen *unter welchen Voraussetzungen* Computer als soziale Akteure oder als Medien wahrgenommen werden. Diese Fragen sind vor allem relevant, weil es technisch zunehmend einfach sein wird, fotorealistische Gesichter computergesteuert zu entwickeln oder mit artifizieller Intelligenz eine Interaktion zu simulieren. Damit sehen sich Menschen neuen Herausforderungen ausgesetzt. In spezifischen, zum Beispiel werblichen Umfeldern wäre es medienkompetent, die Agenten und ihre Urheber zu identifizieren und sich ihnen gegenüber weniger vertrauensvoll oder empathisch als gegenüber anderen Menschen zu verhalten. In anderen Situationen hingegen ist es hilfreich, wenn sich die User auf die Algorithmus-gesteuerten, anthropomorphen Schnittstellen einlassen. Zum Beispiel, wenn diese ihnen helfen sollen, ein therapeutisches Programm durchzuführen oder in einer virtuellen Universität zu lernen.

Die Forschung in diesem Bereich basiert auf zwei konkurrierenden Hypothesen: (1) Wenn Menschen Computern menschliche oder menschenähnliche Eigenschaften zuschreiben, reagieren sie auf diese auch wie Menschen. In diesem Fall können also die gängigen sozialpsychologischen Erkenntnisse auch auf die Interaktion von Menschen und Computer übertragen werden. (2) Wenn jedoch der Computer als eigene, technologische Entität aufgefasst wird, ändert sich auch das Verhalten der User. Es entwickelt sich eine spezifische Mensch-Computer-Interaktion, die sich von der Face-to-face-Interaktion unterscheidet.

Diese Idee wurde von Reeves und Nass (1996) in ihrem Konzept der »*Media Equation*« aufgenommen. »Equation« weist darauf hin, dass Menschen Medien und ihre Mitmenschen gleich oder vergleichbar behandeln. Die Autoren zeigen anhand verschiedener Medien auf, dass Menschen eine eingeschränkte Fähigkeit besitzen, zwischen realen und medialen Repräsentationen zu unterscheiden. Auch wenn sie selbst solche Verhaltensweisen für unangemessen halten, legen User gegenüber Computern soziale Interaktionsregeln an.

Die Autoren haben verschiedene Laborexperimente durchgeführt, um herauszufinden, ob sich Menschen gegenüber Computern genauso höflich verhalten, auf Schmeicheleien reagieren und ähnliches geschlechtsspezifisches Verhalten an den Tag legen wie gegenüber Menschen. So wurden 22 Personen in einem Laborexperiment gebeten, computergestützt statistische Daten über typisches US-amerikanisches Verhalten auswendig zu lernen. Die gelernten Fakten wurden anschließend abgefragt. Unabhängig von der Leistung der Probanden gab der Computer ein positives Feedback. Im nächsten Schritt wurden die Probanden gebeten, die Fähigkeit des Computers zu evaluieren. Sie wurden gefragt, ob er z. B. akkurat, kompetent, fair oder freundlich gewesen sei. Eine Gruppe führte diese Evaluation an dem Computer durch, an dem zuvor gelernt wurde. Eine andere Gruppe evaluierte an einem anderen Rechner. Personen, die ihre Evaluation am selben Computer durchführten, beurteilten den Computer signifikant positiver als Personen, die ihre Evaluation an einem anderen Rechner abgab. Offensichtlich hatten Personen, die ihr Arbeitsgerät direkt kritisieren sollten, ebenso viel Skrupel

8.2 Computer als soziale Akteure oder Maschinen?

dies zu tun wie Menschen, die einen Arbeitskollegen direkt kritisieren sollen. Menschen und Computern wird also laut diesem Experiment gleichermaßen höflich und empathisch begegnet.

Mit diesem kleinen Experiment, aber auch mit vielen weiteren Studien wurde demonstriert, dass Menschen offensichtlich Computer mit ähnlichen sozialen Regeln und Verhaltensweisen begegnen wie Menschen. So wurde in sozialpsychologischen Experimenten gezeigt, dass verdeckte Evaluationen ehrlicher ausfallen, weil man hier nicht fürchtet andere zu verletzen. Dieser Befund ließ sich mit dem vorgestellten und vielen weiteren Experimenten für die MCI bestätigen.

Als Erweiterung der Media Equation modellieren Clifford Nass und Kollegen in ihrem *Computers as social actors (CASA)* Ansatz den Gedanken, dass Computer grundsätzlich als soziale Entitäten verstanden werden, auch wenn Menschen explizit mitgeteilt wird, dass sie mit einem technischen Algorithmus kommunizieren (Nass, Fogg & Moon, 1996; Nass & Moon, 2000; Nass & Steuer, 1993). Sie nehmen an, dass User während der MCI automatisch reagieren, um kognitive Ressourcen einzusparen, die sie ihren Aufgabenstellungen widmen, anstatt sich damit auseinanderzusetzen, ob sie dem Computer anders begegnen sollen als sozialen Akteuren.

Zur Unterscheidung, ob Computer als Menschen oder als technische, von Algorithmen gesteuerte Systeme gesehen werden, etablierten Sundar und Nass (2000) die Modelle CAS (computer as independent social actor or source) und CAM (computer as medium). Das *CAS-Paradigma* beinhaltet, dass Menschen Computern ein gewisses Maß an Individualität und Selbststeuerung zuschreiben und deshalb auf diese ebenso wie auf Menschen reagieren. Attributionen werden demnach direkt auf ›die Maschine‹ gerichtet, der Programmierer oder andere Menschen, die mit der Steuerung des Computers betraut sein könnten, seien für den User irrelevant (Nass et al., 1996; Nass & Moon, 2000; Nass & Steuer, 1993; Reeves & Nass, 1996). Das *CAM-Paradigma* besagt, dass Attributionen auf den Programmierer gerichtet werden und der Computer vor allem als Medium verstanden wird, das zwischen User und Programmierern oder anderen Personen, die für die Bereitstellung der Inhalte und Technik verantwortlich sind, vermittelt. Um zu prüfen, ob User ihre Computer eher im Sinne des CAS- oder CAM-Paradigmas wahrnehmen, wurde das oben dargestellte Experiment zur Media Equation in sehr ähnlicher Form durchgeführt (vgl. folgendes Beispiel).

Beispielstudie
▶ *CAS oder CAM (Sundar & Nass, 2000)*
Hypothesen: Wenn ein Terminal, an dem Versuchspersonen eine Lernaufgabe erhalten, durchgehend entweder als »Computer« bezeichnet wird oder nur von einem »Programmierer« die Rede ist, so sollte sich im Sinne des CAM-Paradigmas kein Unterschied bei der Evaluation der beiden Rechner zeigen. In beiden Fällen – also der Interaktion mit dem Computer und mit dem Programmierer – sollten die User den Terminal nur als Medium wahrnehmen, das Nachrichten transportiert. Im Sinne des CAS-Paradigmas jedoch sollten beide Bezeichnungen unterschiedliche Evaluationen zur Folge haben.

Durchführung: Um diese konkurrierenden Hypothesen zu prüfen, lernten zwei experimentelle Gruppen am Computer US-amerikanische Brauchtümer kennen. Den Pbn der ersten Gruppe wurde gesagt, dass sie über zwei Terminals mit zwei Computern interagieren. Den Pbn der zweiten Gruppe wurde gesagt, dass sie über zwei Terminals mit zwei Programmierern interagieren. Nach der Aufgabe mussten die Probanden Testfragen zu den gelernten Inhalten lösen und den Computer bzw. Programmierer dann in einem Paper-Pencil Fragebogen evaluieren.

Messung: Als abhängige Variablen wurden die Freundlichkeit, Effektivität und Ähnlichkeit der Programmierer bzw. Computer gemessen (Evaluation).

Ergebnisse: Die Evaluation beider Experimentalgruppen unterschied sich auf allen drei Dimensionen (Freundlichkeit, Effektivität und Ähnlichkeit) statistisch signifikant. Die Probanden der ersten Versuchsgruppe, die mutmaßlich mit einem Computer interagierten, beurteilten den Terminal als freundlicher, effektiver und ähnlicher. Dementsprechend sehen die Autoren das CAS-Modell bestätigt. Sie nehmen an, dass die unterschiedliche Bewertung zeigt, dass Menschen auf Computer als eigenständige soziale Akteure reagieren. ◀◀

8.2 Computer als soziale Akteure oder Maschinen?

Ausgehend von der Annahme, dass Computer als eigenständige soziale Akteure wahrgenommen werden, stellt sich die Frage, ob die Gestaltung und Anmutung der Maschinen einen Einfluss auf Attributionen, Einstellungen oder Verhaltensweisen hat. Bereits Nass und Kollegen (Nass et al., 1996; Nass & Steuer, 1993) nannten Bedingungen für soziale Reaktionen auf Computer: Interaktivität, Sprache und das Erfüllen von Rollen, die normalerweise Menschen einnehmen. Sie spezifizierten also die grundlegenden CAS- und CAM-Annahmen soweit, dass sie bestimmte Eigenschaften nannten, die eine Wahrnehmung des Computers als Akteur besonders wahrscheinlich machen.

In ihrem Aufsatz »*When the interface is a face*« zeigen Sproull, Subramani, Kiesler und Kollegen (1996) anhand eines Experimentes auf, dass Menschen sich gegenüber textbasierten Informationen anders verhalten als gegenüber einem computergesteuerten Agenten. Für das Experiment wurde ein Embodied Agent programmiert und zeigte in zwei verschiedenen experimentellen Gruppen entweder ein freundliches oder ein unfreundliches Gesicht. In einer dritten experimentellen Gruppe wurde textbasiert kommuniziert. Den Versuchspersonen wurde mitgeteilt, dass sie den Prototyp einer computergestützten Karriereberatung testen würden und im Verlauf des Tests einige Fragen beantworten müssten. Das Arousal (vgl. Definition in Abschnitt 2.4) und die Selbstdarstellung der Probanden unterschieden sich signifikant, je nachdem, ob sie textbasiert oder mit dem Agenten kommunizierten. Dieses für damalige Zeit sehr innovative Experiment kann als Grundlage für die heutige Forschung im Bereich der Agenten gelten. Bis heute befassen sich Medienpsychologinnen und Medienpsychologen mit der Frage, welchen Einfluss die Menschenähnlichkeit einer Schnittstelle auf die Reaktionen hat.

Die Frage, ob Computer als soziale Akteure wahrgenommen werden, wird unter dem Begriff *Agency* betrachtet. Agency bezeichnet die Steuerung eines Systems oder Computers durch einen Menschen. So formuliert James J. Blascovich in seinem *Model of Social Influence* (Blascovich et al., 2002; Guadagno, Blascovich, Bailenson & McCall, 2007), dass der soziale Einfluss einer Schnittstelle größer ist, wenn die User höhere soziale Präsenz empfinden (vgl. zum Konzept der sozialen Präsenz Abschnitt 4.5.2). Er geht davon aus, dass die soziale Präsenz dann höher ist, wenn die Schnittstellen in Bezug auf ihr Verhalten menschenähnlicher sind (»behavioral realism«) bzw. wenn die User davon ausgehen, dass sie von Menschen gesteuert sind.

Während also der CASA-Ansatz besagt, dass Menschen Computern grundsätzlich menschenähnliche Eigenschaften zuschreiben, so geht das Model of Social Influence davon aus, dass der soziale Einfluss eines Computers von der sozialen Präsenz der Schnittstelle abhängt. Um CASA und das Model of Social Influence gegeneinander zu testen, haben Fox und andere (under review) eine Meta-Analyse durchgeführt, in der 25 Studien miteinander verglichen werden, die entweder Avatare oder Agenten untersuchten. Im Sinne des CASA-Ansatzes sollten Agenten und Avatare einen gleichstarken Einfluss und gleichstarke Reaktionen auf Seiten der User hervorrufen. Dem Model of Social Influence folgend, sollten Avatare einen stärkeren Einfluss auf User ausüben und insgesamt stärkere Reaktionen hervorrufen, weil die User davon ausgehen, mit Menschen zu kommunizieren und deshalb eine stärkere soziale Präsenz empfinden. Es zeigte sich, dass die Effektstärken in den Avatar-Studien signifikant höher waren, und dass diese Unterschiede noch deutlicher hervortraten, wenn die User sich in hoch-immersiven Umgebungen bewegten. Laut dieser Studie wird also das Model of Social Influence bestätigt. Diese Vorannahmen sind in der jetzigen technischen Realität weiterhin gültig, könnten jedoch obsolet werden, wenn es gelänge, Agenten mit einem sehr hohen Verhaltensrealismus herzustellen.

Warum werden nun medialen Repräsentationen menschenähnliche Eigenschaften zugesprochen? Und warum verhalten sich Menschen nach sozialen Regeln, obwohl sie wissen, dass sie mit einem computergesteuerten Algorithmus kommunizieren? Verschiedene Erklärungsansätze wurden vorgeschlagen. Reeves und Nass (1996) unterstellen evolutionsbiologische Ursachen. Demnach werden Computer als Auslöser oder »Proxy« eines geradezu automatisch ablaufenden, evolutionär vorgegebenen Programms gesehen. Die Autoren nehmen an, dass das menschliche Gehirn für die Differenzierung zwischen echter und medialer Repräsentation von Menschen nicht ausgelegt sei: »Modern media now engage in old brains« (Reeves & Nass, 1996, S. 12). Nass und Moon (2000) unterstellen den Usern Gedankenlosigkeit. Sie begründen ihre Annahme mit dem Konzept der »mindlessness« (Langer, 1989, 1992), also einer unüberlegten Reaktion der User. Andere Thesen lauten, dass User nicht ausreichend über die Funktionsweisen von Computern Bescheid wissen (»Deficiency«-Hypothese). Allerdings zeigte sich in Experimenten, dass die bei Erwachsenen gefundenen sozialen Reaktionen auf Computer nicht bei Kindern gefunden werden, so dass die These der Unwissenheit oder mangelnden Medienkompetenz zurückgewiesen werden kann (Lee & Sundar, 2010). Letztlich wissen wir also, dass Menschen mit Computern wie mit anderen Menschen interagieren und diese als soziale Akteure wahrnehmen. Warum dies der Fall ist, kann anhand der aktuellen Forschung noch nicht eindeutig beantwortet werden.

Der Versuch herauszufinden, ob und unter welchen Voraussetzungen Computer als soziale Akteure wahrgenommen werden, motiviert einen großen Teil der medienpsychologischen Forschung zur MCI. Die in diesem Abschnitt vorgestellten Ergebnisse liefern die Grundlage für den nächsten, darauf basierenden Schritt: Wenn wir davon ausgehen können, dass User ihre Computer als soziale Akteure wahrnehmen, dann wenden Menschen in der Interaktion mit Technologien soziale Regeln an. Demnach sind diese Technologien geeignet, um soziale Situationen und Interaktionsverhalten zu simulieren. Dieser Grundgedanke inspiriert den Großteil der Grundlagenforschung, die zu und mit MCI durchgeführt wird.

8.3 Gestaltung und Wirkung der MCI

Aktuelle, medienpsychologische Forschung befasst sich in immer differenzierterer Weise mit der Frage, welche Gestaltungskriterien Emotionalität, Akzeptanz, Glaubwürdigkeit, Überzeugungskraft oder Lerneffekte auf Seiten der User auslösen können (Krämer, 2008). Weiter wird untersucht, welche Eigenschaften der User mit diesen Umgebungsfaktoren interagieren (Jucks & Bromme, 2011; von der Pütten, Krämer & Gratch, 2010). Diese

Forschung widmet sich der Gestaltung von Agenten und virtuellen Umgebungen von zwei Seiten: Zum einen werden psychologische Erkenntnisse genutzt, um Agenten oder virtuelle Umgebungen möglichst intuitiv zu *gestalten* oder eine maximale Kommunikationseffizienz zu erreichen. Zum anderen werden psychologische Erkenntnisse eingesetzt, um technische Lösungen zu *evaluieren* (Krämer, 2008).

Virtuelle Agenten werden insbesondere über die Ausgestaltung der nonverbalen Aktivitäten zum Leben erweckt (Allmendinger, 2010). Ihre Blickbewegungen, Körperhaltung, Gestik und Motorik erwiesen sich als mächtiges Tool: Mit nonverbalen Aktivitäten werden nicht nur die Interaktion akzentuiert und strukturiert, sondern dem Agenten auch Emotionen und Persönlichkeit eingehaucht. Die nonverbalen Äußerungen erfüllen damit eine Vielzahl von Funktionen, von denen wir die vier wichtigsten hier vorstellen (in Anlehnung an Bente & Krämer, 2011).

Dialog- und Diskursfunktion: Nonverbale Aktivitäten können im Kontext der Sprachproduktion relevant sein (Bente & Krämer, 2011). Zum Beispiel werden Sprachinhalte durch Kopf- und Blickbewegungen oder Zeigegesten akzentuiert oder strukturiert (Diskursfunktion). Darüber hinaus wird mit »turn-taking«-Signalen (Blickkontakt oder Abwenden) der Sprecherwechsel koordiniert. Mit »back-channel« Signalen (Nicken, Augenbrauen hochziehen) zeigen Gesprächspartner, dass sie einander zuhören (Dialogfunktion).

In ihrer Studie vergleichen Bergmann, Kopp und Eyssel (2011), wie lebensgroße, auf einem Bildschirm dargestellte Agenten von den Usern im Hinblick auf ihre Eloquenz wahrgenommen wurden. Die Gesten der Agenten wurden technisch auf verschiedene Weisen generiert: Ein Agent kombinierte die Gesten *fünf* verschiedener menschlicher Modelle, während ein anderer Agent nur *ein* menschliches Modell simulierte. Die User bewerteten den zweiten Agenten als sprachlich eloquenter. Anhand dieses Experimentes lässt sich verdeutlichen, dass die Authentizität der Gesten bedeutsam ist. Menschlichkeit bedeutet nicht, dass ein optimaler Querschnitt aller menschlichen Gesten dargeboten wird. Vielmehr machen die Echtheit und Passung der Körpersprache einen guten Eindruck auf die User. Allein aufgrund nonverbaler Aspekte wird die Beurteilung der Sprachproduktion maßgeblich beeinflusst.

Sozio-emotionale Funktionen: Nonverbales Verhalten drückt die Emotionalität und die Beziehungsqualität der Interaktionspartner aus. Nonverbales Verhalten repräsentiert beispielsweise gender-spezifisches Verhalten. Dementsprechend haben geschlechtsspezifische nonverbale Verhaltensweisen auch einen Einfluss auf die Ausgestaltung der Beziehung in der MCI. Beispielsweise werden Agenten, die typisch weibliche Verhaltensweisen zeigen, von Usern generell positiver bewertet (Kulms, Krämer, Gratch & Kang, 2011). Dabei wirkt geschlechtsspezifisches nonverbales Verhaltens kontextabhängig: Beispielsweise erweisen sich typisch weibliche Gesten als weiblicher, wenn sie von einem weiblich gestalteten, virtuellen Agenten ausgeführt werden als von einem androgynen Agenten. Das Gleiche gilt für typisch männliche Gesten (Vala, Blanco & Paiva, 2011).

Funktion der Persönlichkeit: Menschen beobachten die Persönlichkeit, Wünsche, Stimmungen und Motive anderer Menschen. Sie leiten daraus Hypothesen ab, wie sich andere situationsübergreifend verhalten. Diese »Theory of Mind« ermöglicht es, Interaktionen besser zu planen und adäquat auf einen spezifischen Interaktionspartner zu reagieren (Premack & Woodruff, 1978). Vermutlich wenden Menschen in der Interaktion mit Agenten diese Theory of Mind ebenfalls an und erwarten sogar, dass der Agent eine Theory of Mind seines menschlichen Gegenübers entwickelt (Krämer et al., 2011). Bestenfalls sollte der User nicht den Eindruck erhalten, dass ihm nur eine Aneinanderreihung von Gesten präsentiert wird, sondern dass der Agent äußerlich und im Hinblick auf seine Persönlichkeit menschenähnliche Züge hat und einschätzbar ist. Über nonverbales Verhalten kann der Persönlichkeit eines Agenten Ausdruck verliehen werden. In ihrer Studie untersuchten Neff et al. (2011), ob User anhand der Gestik eines Avatars Rückschlüsse auf dessen Persönlichkeit ziehen. Als Basis für dieses Experiment dienten differentialpsychologische Erkenntnisse. Demnach verändern Personen mit geringer emotionaler Stabilität (vgl. dazu die Definition der Big Five in Abschnitt 3.1) ihre Körper- und Kopfhaltung häufiger als Menschen mit höherer emotionaler Stabilität. Darüber hinaus verwenden sie weniger ausladende, mehr zur Körpermitte orientierte Gesten (vgl. **Abb. 8.1**). Personen mit geringer emotionaler Stabilität verwenden mehr »non-signaling gestures«, also solche Gesten, die keine Diskurs- oder Dialogfunktion haben. Dazu gehören das Kratzen oder Massieren des eigenen Körpers während der Interaktion. In der Studie zeigte sich, dass die User einen Agenten anhand der non-signaling gestures, nicht jedoch anhand der Körperhaltung als emotional instabil bewerteten.

Abb. 8.1: Vergleich eines Agenten bei der nonverbalen Äußerung geringer (links) und hoher (rechts) emotionaler Stabilität (entnommen aus: Neff et al., 2011)

Die hier vorgestellten Funktionen des nonverbalen Verhaltens werden in den MCI-Studien in der Regel als *unabhängige Variablen* behandelt (vgl. zur Definition Abschnitt 2.2). Um die Wirkung dieser Gestaltungsmerkmale zu erkunden, werden verschiedene *abhängige Variablen* untersucht. Dazu gehören Dimensionen wie Aufmerksamkeit und Glaubwürdigkeit, medienpsychologische Konstrukte wie Presence, Involvement, parasoziale Interaktion oder Aspekte der Usability wie Effizienz, Effektivität oder Akzeptanz (vgl. im Überblick Krämer, 2008).

Mit der derzeit laufenden psychologischen Forschung wird auf der einen Seite zum besseren Verständnis der Avatare und Agenten in der menschlichen Kommunikation beigetragen. Auf der anderen Seite wird das Bild mit zunehmend differenzierter

Forschung diffuser. Es stellt sich heraus, dass einfache Regeln nicht gelten können. Um spezifische Reaktionen der User vorhersagen zu können, müssen sehr viele Variablen berücksichtigt werden, die nicht nur den Realitätsgrad, den Kontext (z. B. Computerspiel vs. Lernumgebung) und die soziale Präsenz der Anwendung (Guadagno et al., 2007), sondern auch die Einstellung der User gegenüber Technik, ihre Motive (Hassenzahl, Schöbel & Trautmann, 2008), das Geschlecht oder die Persönlichkeit berücksichtigen (Guadagno et al., 2007; von der Pütten et al., 2010).

8.4 Virtuelle Umgebungen

Besonders herausfordernd ist sowohl in der CvK- als auch in der MCI-Forschung die Frage, wie Menschen auf virtuelle Umgebungen reagieren und ob virtuelle Umgebungen Verhaltensänderungen bewirken, wenn sie ein Setting darbieten, das real nicht existiert. Welche Parameter führen dazu, dass sich Verhalten und Erleben in realen und virtuellen Umgebungen unterscheiden (Schreier, 2002)?

Zunächst stellen wir in **Abbildung 8.2** ein typisches experimentelles MCI-Setting vor. Anhand der Abbildung ist ersichtlich, dass die Eingaben der Versuchsperson aufgezeichnet werden, um sie dann mit dem virtuellen Setting zu verknüpfen und über das Head-Mounted Display darzubieten (vgl. auch Definition unter 7.1).

Jeremy N. Bailenson und Kollegen postulieren mit dem Ansatz der *Transformed Social Interaction*, dass sich traditionelle soziale Interaktionen in virtuellen Umgebungen verändern und auf diese Weise klassische psychologische Erkenntnisse erweitern lassen (Bailenson, 2006; Bailenson & Beall, 2005; Bailenson, Beall, Loomis, Blascovich & Turk, 2004). Diese veränderte soziale Realität wird als »Transformed Social Interaction« (TSI) bezeichnet. Die Idee der TSI bewegt sich damit in einem Überschneidungsbereich von CvK und MCI. Drei Aspekte stellen die Forscher als bedeutsam heraus (Bailenson, Yee, Blascovich & Guadagno, 2008):

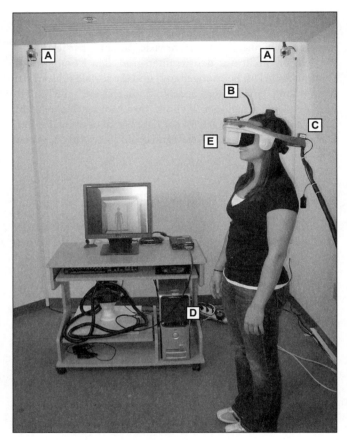

Abb. 8.2: Beispiel für eine virtuelle Umgebung, in der Kameras (A) die Daten eines optischen Sensors (B) aufzeichnen und auf diese Weise die Position der Person im Raum registrieren. Ein Beschleunigungssensor (C) misst die Kopfbewegungen. Diese Informationen werden an den Computer (D) zurückgespielt, über den wiederum gesteuert wird, was die Person auf dem Head-Mounted Display (E) sieht (Fox et al., 2009)

1. *Selbstdarstellung*: In virtuellen Umgebungen ist es möglich, die Darstellung des Avatars von den realen Eigenschaften der steuernden Person bzw. des Users zu entkoppeln. Stellen wir uns dazu eine Lernsituation vor: Während manche Schüler besser lernen, wenn der Lehrer viele expressive Gesten und eine direkte Ansprache verwendet, so lernen andere besser, wenn sie die Inhalte ohne Ansprache reflektieren können. Während in der Face-to-face-Interaktion der Blick nur auf einen Gesprächspartner gerichtet werden kann, so ermöglichen virtuelle Algorithmen, dass ein Avatar oder Agent gleichzeitig mehrere Gesprächspartner anschauen kann. Auch die äußere Erscheinung kann manipuliert werden. Zum Beispiel kann ein geschlechtsneutraler Avatar-Lehrer gestaltet werden, um Effekte des Geschlechts auf die Interaktion zu vermeiden.
2. *Sensorik*: User können in virtuellen Umgebungen ihre sensorischen Kanäle verbessern und ausweiten, indem sie auf einem Bildschirm oder über ein Head-Mounted Display mehrere Perspektiven einnehmen. Ein Avatar-Lehrer kann im Rahmen einer virtuellen Vorlesung registrieren, ob die Studierenden-Avatare dem Professoren-Avatar durchgehend Aufmerksamkeit schenken, in dem Blick- und Kopfbewegungen aufgezeichnet werden.
3. *Kontext und Situation*: Auch ermöglichen virtuelle Umgebungen, die Grenzen von Zeit und Raum zu überwinden. Es ist möglich, Teile eines Gespräches noch einmal anzuhören oder zu pausieren, um Notizen zu machen. Darüber hinaus können alle Schüler einer virtuellen Vorlesung in der ersten Reihe, direkt vor dem Dozenten-Avatar sitzen, auch wenn sie sich tatsächlich an vielen verschiedenen Orten aufhalten.

In einem Experiment zu »*Augmented Gaze*« werden die Möglichkeiten des TSI verdeutlicht (Bailenson et al., 2008). Augmented Gaze bedeutet, dass die Möglichkeiten der visuellen Erfassung und des visuellen Ausdrucks computergestützt erweitert werden. Dieses Experiment basiert auf der sozial- und lernpsychologischen Erkenntnis, dass Menschen eher überzeugt werden können, besser zuhören und lernen, wenn sie direkt angesehen werden. Dieses Ergebnis wurde auf virtuelles Lernen übertragen. In virtuellen Umgebungen kann ein Kommunikator mithilfe des »Augmented Gaze« gleichzeitig und durchgehend mit allen Gesprächspartnern Blickkontakt halten. Anstatt also – wie in realen Gesprächssituationen – den Blickkontakt auf verschiedene Gesprächspartner zu »verteilen«, wurden in der experimentellen Situation alle Gesprächspartner durchgehend angeschaut. Die Kommunikationspartner überlegten in dieser virtuellen Situation nicht, ob die Kommunikatoren sie in der Situation tatsächlich anblickten, und ließen sich schneller überzeugen als eine Gruppe, die ein normales Ausmaß an Blickkontakt erfuhr. Dieses Experiment zeigt, dass unter Bedingungen der TSI klassische psychologische Erkenntnisse in künstlichen Situationen repliziert werden können. Darüber hinaus kann man sich die virtuelle Umgebung so zu Nutze machen, dass nicht nur die Technik »augmented« ist, also über reale Erfahrungen hinausgeht, sondern auch das Erleben ein anderes ist.

Analog zeigt das im Folgenden vorgestellte Experiment, dass Menschen, wenn sie in die Haut eines Avatars schlüpfen und damit ihre Selbstdarstellung zwangsläufig eine andere wird, ihr Verhalten der äußeren Erscheinung anpassen.

Beispiel
▶ *Experiment zum »Proteus Effekt«*
Basierend auf der Selbstwahrnehmungstheorie (Bem, 1972) haben Yee und Bailenson (2007) den Proteus Effekt postuliert. Die Selbstwahrnehmungstheorie besagt, dass Menschen zunächst ihr eigenes Verhalten beobachten, um auf ihre inneren Zustände schließen zu können. Analog besagt der Proteus Effekt, dass Menschen ihr virtuelles Verhalten dem Erscheinungsbild ihres Avatars anpassen.

Folgende Hypothese wurde aufgestellt: Probanden, die durch einen körperlich attraktiven Avatar repräsentiert sind, offenbaren mehr von sich als Probanden, die durch einen unattraktiven Avatar repräsentiert sind. Die Attraktivität der Gesichter der Avatare wurde in einem Pretest überprüft.

Im Laborexperiment wurden die Probanden mit einem Head-Mounted Display ausgestattet, auf dem die virtuelle Umgebung (ein weißer Raum) und ein anderer Avatar sichtbar waren. Der andere Avatar war als »Strohmann« Teil des Experimentes. Die Spieler dachten jedoch, es würde sich um einen anderen Probanden handeln. Die Probanden wurden zunächst gebeten, in einen virtuellen Spiegel zu blicken (um ihr Gesicht zu sehen). Anschließend wurden sie von dem anderen Avatar befragt (»Tell me a little bit about yourself«). Die Selbstoffenbarung (abhängige Variable) wurde anhand der Anzahl der von den Probanden preisgegebenen Informationen gemessen.

Wie erwartet zeigte sich, dass die Probanden, denen ein attraktiver Avatar zugewiesen wurde, signifikant mehr von sich berichteten als Probanden mit einem unattraktiven Avatar. ◄◄

Die Transformed Social Interaction ist ein Beispiel, wie Menschen über ihre Avatare kommunizieren. Viele weitere Formen der Kommunikation in virtuellen Umgebungen sind denkbar. Mit avancierenden technischen Lösungen müssen auch *ethische Implikationen* virtueller Agenten und Umgebungen diskutiert werden (Bailenson et al., 2008). Insbesondere in persuasiven Kontexten (z. B. Wahlkampf oder Werbung) können sozial- oder kommunikationspsychologische Erkenntnisse der Persuasion im Sinne des TSI für ein spezifisches Kommunikationsziel instrumentalisiert werden. Beispielsweise kann ›agumented gaze‹ oder eine besonders ansprechende Gestaltung des äußeren Erscheinungsbildes dazu führen, dass potenzielle Wähler sich von Politikern schneller überzeugen und sogar manipulieren lassen. Eine weitere Konsequenz könnte in diesem Fall sein, dass User virtuellen Umgebungen grundsätzlich weniger vertrauen, wenn sie von den manipulativen Möglichkeiten wissen.

Zusammenfassung

Mensch-Computer-Interaktion beinhaltet, dass Menschen mit Technologien Informationen austauschen. Die medienpsychologische Forschung beobachtet diesen Austausch. Im Vordergrund stehen dabei die Fragen, ob Computer als soziale Akteure wahrgenommen werden und unter welchen Voraussetzungen Menschen computergesteuerte Schnittstellen als soziale Akteure wahrnehmen. Die aktuelle Forschung im Bereich der MCI ist derzeit noch deskriptiv. Interaktionsprozesse und ihre Einflussfaktoren werden beschrieben, es existieren kaum Theorien zu ihrer Erklärung. Dies hat zwei Gründe. Erstens scheint es derzeit vorrangig darum zu gehen, zu prüfen, ob eine grundsätzliche Übertragung psychologischer Prinzipien auf den Bereich der MCI möglich und zulässig ist. Zweitens ist dieser deskriptive Ansatz erforderlich, weil viele technische Lösungen noch neu sind und von Medienpsychologinnen und Medienpsychologen für die experimentelle Forschung eigens entwickelt werden (Bente et al., 2008). Der hohe (technische) Innovationscharakter der Studien bedingt, dass viele Studien Pionierarbeiten sind und damit übergreifende Theorien noch nicht entwickelt werden können.

Ein wesentlicher Teil der Forschung zur MCI befasst sich mit der Frage, wie bestimmte Darstellungsparameter in virtuellen Umgebungen die Kognition, Emotion und das Verhalten der User beeinflusst (Bente et al., 2002). Maßgeblicher Standard ist hier ebenso wie in der CvK-Forschung die Face-to-face-Kommunikation (Sundar, 2008). Im vorigen Kapitel hatten wir das Unterschiedsparadigma erläutert, das dieser Forschungsstrategie zugrunde liegt. Es beinhaltet, dass die Face-to-face-Kommunikation als Vergleichsstandard herangezogen wird. Dies ist problematisch, weil die Chancen der MCI-Forschung an den Schemata der realen Face-to-face-Kommunikation ausgerichtet werden. Ihr Innovationspotenzial wird damit durch die Maßgaben der Realität bestimmt.

Die Forschung zur Replikation klassischer psychologischer Paradigmen in virtuellen Umgebungen wird zunehmend bedeutender Teil der medienpsychologischen MCI und CVK-Forschung sein, weil durch technische Weiterentwicklungen die Simulation realen Verhaltens und realer Settings in virtuellen Umgebungen immer versierter sein kann. Die Durchführung sozialpsychologischer Studien in virtuellen Settings wurde von Blascovich und anderen (2002) als neues Paradigma der Sozialpsychologie beschrieben. Die Stimuli sind gut kontrollierbar und ein Design kann von anderen Forschergruppen oder mit leicht veränderten Bedingungen repliziert werden. Auch erscheint diese Perspektive eine ökonomische Forschung zu ermöglichen, weil virtuelle Umgebungen online dargeboten werden können und sich auf diese Weise leicht größere Teilnehmerzahlen für die Studien gewinnen lassen.

Literaturempfehlungen

Kappas, A. & Krämer, N. C. (Hrsg.) (2011). *Face-to-face communication over the Internet: Issues, Research, Challenges*. Cambridge: Cambridge University Press.

Konijn, E. A., Utz, S., Tanis, M. & Barnes, S. B. (Eds.). (2008). *Mediated interpersonal communication*. New York: Routledge.

Lee, E.-J. & Sundar, S. S. (2010). Human-computer interaction. In C. R. Berger, M. E. Roloff & D. R. Roskos-Ewoldsen (Eds.), *The handbook of commmunication science* (2nd ed., pp. 507–523). Los Angeles: SAGE.

Fragen zur Selbstüberprüfung

1. Definieren Sie MCI und grenzen Sie es von der CVK ab.
2. Welche Fragen betrachtet die medienpsychologische Forschung zu MCI?
3. Was besagt der Media-Equation-Ansatz?
4. Grenzen die das CAS- und CAM-Modell voneinander ab.
5. Welches Argument führt das Social-Influence Model im Gegensatz zum CASA-Modell?
6. Warum werden Computer möglicherweise als soziale Akteure wahrgenommen? Diskutieren Sie kritisch die drei in der Forschung vorgebrachten Gründe und schlagen Sie eigene Überlegungen zur Beantwortung dieser Frage vor.
7. Was besagt der Transformed-Social-Interaction-Ansatz?
8. Schildern Sie ein Experiment, das im Rahmen des TSI durchgeführt wurde.
9. Welche Forschungsperspektiven vermuten Sie im Bereich der MCI in den kommenden Jahren?

9 Medienkompetenz

Nach mehr Medienkompetenz wird meistens gerufen, wenn neue Medien auf den Markt kommen, die sich im Hinblick auf ihre Inhalte und Darstellungsformen von bereits bekannten Medienangeboten unterscheiden. Ob nun Heftromane, der erste Stummfilm oder Computerspiele des 21. Jahrhunderts – »neue« Medien scheinen Menschen zu beunruhigen und führen häufig dazu, dass Studien dazu wie Pilze aus dem Boden schießen. Was passiert aber, wenn sich die Befürchtungen bewahrheiten, also beispielsweise gezeigt wird, dass gewalthaltige Fernsehinhalte Aggressivität auslösen oder vermehrte Online-Aktivitäten zu Einsamkeit und Depression führen? Wissenschaftler, Journalisten, Erzieher, Lehrer und Eltern fordern Medienkompetenz, um auf diese neuen Medien zu reagieren. Und in der Tat zeigen empirische Studien, dass mit der Vermittlung von Medienkompetenz Erfolge erzielt werden können. In Abschnitt 9.1 beschreiben wir zunächst, warum Medienkompetenz in der Medienpsychologie ein solch bedeutsamer Begriff geworden ist. Daraufhin werden zwei Modelle der Medienkompetenz erläutert: in Abschnitt 9.2 das Bielefelder Medienkompetenzmodell von Baacke (1999) und in Abschnitt 9.3 das Prozessmodell der Medienkompetenz von Groeben (2004). Daraufhin werden im Abschnitt 9.4 das Media-Literacy-Konzept vorgestellt und in Abschnitt 9.5 verschiedene Methoden der Erfassung diskutiert. Abschließend wird in Abschnitt 9.6 ein Anwendungsbeispiel zum Thema Medienkompetenz gezeigt: Dem liegt die Frage zugrunde, inwieweit der medienkompetente Umgang älterer Menschen mit dem Internet zu höherer Lebenszufriedenheit führen kann.

9.1 Einführung und Definition

Das Thema Medienkompetenz entwickelte sich in den 1980er Jahren zu einem der wichtigsten medienpsychologischen Forschungsbereiche. In dieser Zeit wurde die deutsche Medienlandschaft durch zwei Dinge geprägt: 1984 startete das duale Rundfunksystem. Ab diesem Zeitpunkt wurden also nicht nur öffentlich-rechtliche Programme, sondern auch privates Fernsehen in alle Fernsehhaushalte gesendet. Das bedeutete eine ausschließliche Orientierung an den Interessen der Zuschauer, denn das Privatfernsehen war stets werbefinanziert und damit abhängig von den Einschaltquoten. Legendär sind die ersten Unterhaltungssendungen, die mehr »Sex and Crime« beinhalteten, als das für die öffentlich-rechtliche Kost üblich und denkbar war. Damit brachen diese Fernsehsendungen nicht nur mit vormaligen, öffentlich-rechtlich geprägten Vorstellungen von »guter« Unterhaltung, sondern riefen zudem die Landesmedienanstalten, die Öffentlichkeit und eben auch Medienforscherinnen und -forscher auf den Plan. Letztere befassen sich mit der Medienkompetenz im Hinblick auf alle denkbaren Medien, also Funkmedien (Radio, Fernsehen), Druck- und Pressemedien (Zeitung, Zeitschrift, Buch, Plakat), Bild- und Tonträgermedien (Kino, Film, Video, CD), neue Medien (Internet, Computerspiele) sowie Lehr- und Lernmedien. Heute firmiert die Forschung weitgehend unter dem Betriff der »Media Literacy« und ist insbesondere im Hinblick auf neue Medien nach wie vor hoch relevant.

Definition
▶ *Medienkompetenz* (auch: *Media Literacy*) beinhaltet die Fähigkeit, Medien kritisch, selbstbestimmt und verantwortlich nutzen, verstehen, bewerten und gestalten zu können. Medienkompetenz wird als Kontinuum verstanden, kann also frei zwischen den Polen hoher und niedriger Medienkompetenz variieren (Baacke, 1999; Groeben, 2002a, 2002b; Hurrelmann, 2002; Sutter & Charlton, 2002). ◀◀

Die Medienkompetenz hat als medienpsychologisches Forschungsfeld viele herausfordernde Aspekte. Erstens beinhaltet der Begriff immer eine *normative Komponente*. Eigentlich müsste also zur Auseinandersetzung mit der Medienkompetenz festgelegt und quantifiziert werden, was unter einer medienkompetenten Nutzung verstanden wird. Sowohl der *Prozess* der kompetenten Mediennutzung (z. B. kritisch, mitgestaltend) als auch das *Ziel* (z. B. Wissen, Handlungsfähigkeit) müssten vorgegeben werden. Diese normative Leistung können medienpsychologisch arbeitende Wissenschaftlerinnen und Wissenschaftler jedoch nicht erbringen. Letztlich sind für eine geeignete Vorgabe, welche Art der Nutzung nun medienkompetent ist, zu viele unbekannte Faktoren im Spiel.

Die Anzahl und der Facettenreichtum bestehender Medienangebote treffen auf Mediennutzerinnen und -nutzer, die sich im Hinblick auf ihre Rezeptionssituation, ihre Vorerfahrung, ihre Persönlichkeit, ihre Verarbeitungskapazitäten bis hin zu ihrer Aufmerksamkeit bei der Rezeption bestimmter Angebote unterscheiden. All diese Unterschiede haben – das zeigt die medienpsychologische Forschung sehr deutlich – einen erheblichen Einfluss auf den Rezeptionsprozess und auch auf das Ergebnis bzw. die Medienwirkungen. Dementsprechend müsste man für eine sinnvolle Definition der Medienkompetenz auch all diese Variablen berücksichtigen. Eine derart kleinteilige Auffassung der Medienkompetenz wäre zwar wissenschaftlich exakt, aber im Hinblick auf eine Auseinandersetzung mit dem Thema in der Öffentlichkeit wenig nützlich. Dementsprechend fassen die Modelle zur Medienkompetenz, die in den folgenden Abschnitten vorgestellt werden, vor allem große Dimensionen zusammen.

9.2 Das Bielefelder Medienkompetenzmodell von Baacke

Die wissenschaftliche Auseinandersetzung mit dem Thema Medienkompetenz wird auf den Medienpädagogen Dieter Baacke und sein 1973 erschienenes Werk »Kommunikation und Kompetenz« zurückgeführt, welches Groeben (2004) als die »Geburtsstunde« (S. 28) der Medienkompetenz bezeichnet. In dieser ersten Konzeption sprach Baacke (1973) noch nicht von

Medienkompetenz, machte aber wesentliche Vorgaben für die nachfolgende Auseinandersetzung. Die Grundideen von Baacke (1973) wurden von vielen Autoren aufgegriffen und weiterentwickelt (z. B. Bonfadelli, Bucher, Paus-Hasebrink & Süss, 2004).

Definition
▸ Laut Baacke (1999) ist *Medienkompetenz* eine Teilmenge der kommunikativen Kompetenz, die durch elterliche Erziehung und Bildungsinstitutionen sozialisiert wird. Das Erreichen von Medienkompetenz wird als lebenslanges Lernprojekt angesehen. ◂◂

Dieter Baacke hat schließlich das *Bielefelder Medienkompetenzmodell* vorgeschlagen und mit Kollegen weiterentwickelt (Treumann, Burkatzki, Strotmann & Wegener, 2004). Das Modell umfasst vier zum Teil miteinander verbundene Dimensionen:

1. Mediennutzung
   Die Dimension »Mediennutzung« umschreibt die Fähigkeit, Medieninhalte zu enkodieren, also sinnvoll in vorhandene Denk- und Gedächtnisstrukturen zu integrieren. Darüber hinaus ist die interaktive Mediennutzung angesprochen, die über das (passive) Rezipieren von Medien hinausgeht und beinhaltet, dass Nutzer auf Medienbotschaften adäquat reagieren und interaktive Angebote nutzen können.
2. Medienkunde
   Die Dimension »Medienkunde« beinhaltet das Wissen über das Mediensystem, wie z. B. über die Arbeit von Redaktionen, die Arbeitsweisen von Journalisten, das Wissen über verschiedene Programmformate und -genres, über die Finanzierung der Medien sowie über die Struktur des dualen Rundfunksystems. Gleichzeitig adressiert diese Dimension auch die Fertigkeit, mit Medien umzugehen, also beispielsweise Computer- bzw. Internetkenntnisse.
3. Mediengestaltung
   Die Dimension »Mediengestaltung« beinhaltet die Fertigkeit, vorhandene Medienangebote zu erstellen, zu verändern und weiterzuentwickeln. Damit ist sowohl die Produktion vorge-

gebener Formate (z. B. Beiträge innerhalb von Social Media) als auch eine eigenständige Entwicklung (z. B. Produktion eines Fernsehbeitrages für einen offenen TV-Kanal) oder Weiterentwicklung gemeint (z. B. im Sinne des »Moddings«, also der Veränderung der Software eines Computerspiels).

4. Medienkritik
   Die Dimension »Medienkritik« umfasst das Erfassen und Verstehen problematischer Prozesse des Mediensystems, die Anwendung solcher Entwicklungen auf den eigenen Lebenszusammenhang und ihre ethische Reflektion.

Das Bielefelder Medienkompetenzmodell ist mit diesen vier Dimensionen ein sehr übersichtlicher und handhabbarer Katalog, der für praktische Schulungen der Medienkompetenz häufig aufgegriffen wird. In der aktuellen medienpsychologischen Forschung spielt Baackes (1999) Modell aber leider kaum eine Rolle. Das mag zum einen daran liegen, dass es nie englischsprachig publiziert wurde und damit der internationalen Community, die zum Thema »Media Literacy« (vgl. Abschnitt 9.4) forscht, nicht ausreichend zugänglich ist. Zum anderen adressieren aktuelle Studien zur Medienkompetenz meistens einen ausgewählten Aspekt der Medienkompetenz und weniger die ganze Bandbreite aller Dimensionen. Prominent ist in der angewandten psychologischen Forschung beispielsweise die Kritikfähigkeit im Hinblick auf Werbung. Ein Ansatz ist hier beispielsweise, dass Jugendliche geschult werden, überschlanke Models aus der Werbung nicht als Vergleichsstandards (siehe Abschnitt 5.1.2), sondern als ein »ästhetisches« oder kulturelles, künstliches Produkt einzustufen (Cook-Cottone & Phelps, 2006).

9.3 Groebens Prozessmodell der Medienkompetenz

Groeben (2002a, 2004) definiert als Ziel der Medienkompetenz das gesellschaftlich handlungsfähige Subjekt, also Individuen, die in der Lage sind, sich nicht nur mit und trotz Medien in der Gesellschaft zurecht zu finden, sondern sich diese auch zu Nut-

9.3 Groebens Prozessmodell der Medienkompetenz

ze zu machen. Damit etabliert der Psychologe Norbert Groeben ein Menschen- und Medienbild, das der humanistischen Psychologie entlehnt ist, also vor allem das individuelle Wachstum, die intellektuelle und persönliche Weiterentwicklung und den Genuss in den Vordergrund stellt. Diese Herangehensweise erscheint gerade vor dem Hintergrund der schieren Anzahl an Stunden, die heute mit Medien verbracht werden, sinnvoll und angebracht. Anstatt also Medienkompetenz als einen Schutzschild zu begreifen, proklamiert Groeben (2004), dass zum medienkompetenten Handlungsspektrum beispielsweise die Entwicklung der eigenen Identität mithilfe von Medien und die Nutzung von Medien zur Orientierung im privaten und beruflichen Alltag gehören können.

Bei der Entwicklung des Prozessmodells werden die Grundlagen des Bielefelder Medienkompetenzmodells zwar erwähnt, aber Groeben (2004) entwickelt ein eigenes Modell, das zusätzliche Aspekte einbezieht. Die Gemeinsamkeit beider Modelle liegt darin, dass alle Aspekte der Medienrezeption, also Rezeption, Kommunikation und Produktion, berücksichtigt werden. Während das Modell von Baacke (1999) jedoch vor allem das Wissen über Medien und das Medienhandeln adressiert, geht Groeben auch auf den Genuss und die aktive Unterhaltungsnutzung ein. Der bedeutendste Unterschied ist die umfassende Normativitätsdebatte, die Groeben (2004) im Zuge der Modellentwicklung führt: Medienkompetenz ist eine Zielvorgabe, die gesellschaftlich gewünscht ist. Dahinter steht der Wunsch, den Umgang mit Medien zu regulieren. Die Art und das Ausmaß der Regulierung sind immer gesellschaftspolitische Fragen, die nicht werturteilsfrei beantwortet werden können. Groeben (2004) rät, dies sowohl bei der theoretischen Arbeit als auch im Hinblick auf die Operationalisierung der Medienkompetenz zu berücksichtigen.

Groeben (2004) definiert sieben Prozessdimensionen, auf denen Medienkompetenz messbar gemacht werden kann (vgl. dazu auch Exkurs zur Erfassung von Medienkompetenz und **Tabelle 9.1**).

1. Medienwissen und Medialitätsbewusstsein
   Diese Dimension umfasst die Fähigkeit, zwischen Fiktion und Realität sowie zwischen Parasozialität (Beziehung zu Medien-

akteuren wie z. B. Protagonisten eines Films) und Orthosozialität (Beziehung zu Personen aus der eigenen »realen« Umwelt) unterscheiden zu können. Auch das Wissen über künstlerische, rechtliche und wirtschaftliche Rahmenbedingungen, über die Arbeitsweisen von Medienunternehmen, über die Intention und mögliche Wirkungen von Medieninhalten ist hiermit angesprochen.

2. Medienspezifische Rezeptionsmuster
Diese Dimension umfasst die technologisch-instrumentellen Fertigkeiten des Medienumgangs von der Selektion bis hin zur Enkodierung und Anwendung.

3. Medienbezogene Genussfähigkeit
Diese Dimension beschreibt die Fähigkeit, sich zu unterhalten, ohne sich im Medienangebot zu verlieren, Identifikation ohne Selbstaufgabe und die Grenzziehung zwischen Genuss und Sucht.

4. Medienbezogene Kritikfähigkeit
Diese Dimension beinhaltet die Fähigkeit, Medieninhalte und -angebote im Hinblick auf ihre Qualität zu beurteilen. Dazu gehört beispielsweise die Fähigkeit, Zeitungsartikel vor dem Hintergrund der politischen Orientierung der Autoren beurteilen zu können.

5. Selektion/Kombination von Mediennutzung
Diese Dimension bezieht sich auf die Fähigkeit, Medien bewusst und zielführend auszuwählen und zu kombinieren.

6. Produktive Partizipationsmuster
Diese Dimension trägt der Entwicklung Rechnung, dass zur Mediennutzung vermehrt auch Medienproduktion gehört. Das impliziert die Veränderung von Medieninhalten, den Umgang mit interaktiven Medien und vor allem auch die Erstellung von eigenen Medieninhalten. Die eigene Mediengestaltung erhält vor allem vor dem Hintergrund der Identitätsentwicklung großen Stellenwert in einer Medienlandschaft, die eine Vielzahl von mitzugestaltenden Medien anbietet (z. B. TV-Sendungen, in denen Laienpersonen mitspielen, oder Internetportale wie flickr.com oder myspace.com)

7. Anschlusskommunikation
   Diese Dimension beinhaltet zweierlei: zum einen die Fähigkeit, in einer mediatisierten Gesellschaft am Diskurs über Medieninhalte und -systeme teilnehmen zu können, zum anderen die Motivation zur Anschlusskommunikation.

Groeben (2002a; Groeben & Hurrelmann, 2002) hat mit seinen Arbeiten zur Medienkompetenz Pionierarbeit geleistet. Seine Argumentationen sind aktuell, anwendbar und zählen zum fachlichen Kanon der Medienpsychologie, weil er die Frage der Normativität auf hoch-intelligente Weise reflektiert und diskutiert (Groeben, 2002b). Für die theoretischen Arbeiten und sein Modell gilt jedoch, ähnlich wie für das Bielefelder Medienkompetenzmodell, dass es heute viel zu selten aufgegriffen und in empirischen Studien umgesetzt wird.

9.4 Media Literacy

Im aktuellen medienpsychologischen Sprachgebrauch firmiert das Thema Medienkompetenz in der Regel unter dem englischen Begriff Media Literacy. Damit ist inhaltlich nicht unbedingt etwas anderes gemeint als in den Konzepten von Baacke (vgl. Abschnitt 9.2) und Groeben (vgl. Abschnitt 9.3). Ganz im Gegenteil: Es erscheint besonders bemerkenswert, wie überdauernd und nachhaltig – sowohl zeitlich als auch bzgl. der Medienentwicklungen – diese Ansätze konzipiert sind. Die deutsche Forschung zur Medienkompetenz wurde in der internationalen, vornehmlich US-amerikanischen Forschungslandschaft wohl aufgrund der Sprachbarriere wenig wahrgenommen. Die aktuelle, internationale Forschung zur Media Literacy hebt insbesondere zwei Aspekte hervor (für einen Überblick vgl. Rosenbaum, Beentjes, & Konig, 2008).

Medienkompetenz als Wissen über Kontextfaktoren der Produktion von Medieninhalten
Zunächst wird in der aktuellen Forschung zum Thema Medienkompetenz noch stärker als in den deutschen Modellen darauf eingegangen, wie Medien konstruiert werden und welchen Ein-

flüssen die Produzenten und Kommunikatoren unterliegen. Der Produktionsprozess ist durch soziale, kulturelle, ökonomische und politische Kontextfaktoren beeinflusst.

Wenn beispielsweise ein Fernsehfilm produziert wird, so werden verschiedene Produzenten und Produzentinnen, Drehbuchautoren und -autorinnen verschiedene Geschlechterstereotype haben. Diese Unterschiede sind zurückzuführen auf das Geschlecht dieser Medienmacher, ihre Persönlichkeit und andere soziodemografische Merkmale. Wenn wir uns nun beispielsweise vor Augen führen, dass die Entwickler von Computerspielen zum großen Teil männlich sind (Kafai, 2008), so ist einfacher nachzuvollziehen, dass auch die Protagonisten der Computerspiele ganz überwiegend männlich sind (Ivory, 2006).

Medienkompetenz als Fähigkeit, die Medien für gesellschaftspolitische Belange zu mobilisieren
Eine Weiterführung der aktiven Produktion von Medieninhalten durch Medienrezipientinnen und -rezipienten beinhaltet, dass Medien aktiv genutzt werden, um konkrete (politische) Ziele zu erreichen. Zum Beispiel betont Hobbs (1998) in ihren Arbeiten, dass Media Literacy das Ziel befördert, das Interesse der Medienmacher zu wecken und aktiv Einfluss auf politische Entscheidungen zu nehmen.

9.5 Die Erfassung der Medienkompetenz

Medienkompetenz ist ein medienpsychologisches Konstrukt und ein Fachbegriff, der in der öffentlichen Diskussion häufig verwendet wird, und sollte damit messbar sein. Nur wenn eine verlässliche Skala der Medienkompetenz vorliegt, kann eine gemeinsame Sprachregelung über das Ausmaß der Medienkompetenz verschiedener Alters- und Bevölkerungsgruppen getroffen werden. Insbesondere für Kinder erscheint der Erwerb der Medienkompetenz und die Möglichkeit, die Medienkompetenz zu messen, vor dem Hintergrund allgegenwärtiger Medien bedeutsam (Nieding & Ohler, 2006). Auch für medienpädagogische Interventionen ist erforderlich, dass gemessen werden kann, wie

9.5 Die Erfassung der Medienkompetenz

hoch die Medienkompetenz jeweils vor und nach einer Intervention ist. Über die Erfassung der Medienkompetenz wird in der Medienpsychologie ebenso wie in der Medienpädagogik diskutiert (Gapski, 2006; Groeben, 2002b). **Tabelle 9.1** gibt einen Überblick verschiedener Skalen zur Erfassung der Medienkompetenz.

Anhand **Tabelle 9.1** wird deutlich, dass die Instrumente zur Erfassung der Medienkompetenz in der Regel nicht an den Modellen der Medienkompetenz orientiert sind. Groeben (2004) hat zwar verschiedene Operationalisierungen vorgeschlagen, eine direkte Auskopplung aus seinem Modell liegt jedoch nicht vor. Das Inventar zur Computerbildung (INCOBI) prüft das Computerwissen und die Computerfertigkeiten (Naumann, Richter & Groeben, 2001; Richter, Naumann & Groeben, 2001). Später wurde eine revidierte Fassung entwickelt (INCOBI-R Richter, Naumann, & Horz, 2010, vgl. Tabelle 8.1) vgl. **Tab. 8.1**). Und obwohl die erste Fassung des Instruments von Norbert Groeben und Kollegen entwickelt wurde, wird bei der Skalenentwicklung nur knapp auf das Prozessmodell Bezug genommen.

Die Gründe, warum Theorie und Messung hier offensichtlich wenig anknüpfen, sind einfach nachvollziehbar: Instrumente, die für praktische Anwendungen (z. B. in der Schule) konzipiert werden, müssen sich an den Zielvorgaben von Institutionen orientieren. Die verfügbaren Instrumente adressieren dann vornehmlich Informations-, technische- und Bedienungskompetenz. Instrumente, die in wissenschaftlichen Studien verwendet werden, beinhalten nur Aspekte der Medienkompetenz, die auch für die Studie relevant sind. Sowohl für die praktische als auch für die wissenschaftliche Anwendung wäre es wenig sinnvoll, Medienkompetenz als ein übergreifendes Konstrukt zu messen. Zu viele Facetten müssten erfasst werden, würden das Instrument überfrachten und schnell veralten lassen.

Tab. 9.1: Instrumente und Skalen zur Erfassung der Medienkompetenz

Bezeichnung des Instruments	Erfasste Dimensionen	Zielgruppe und Durchführung	Beispiel für Skalen und Items	Autoren und Jahr
Information Communication Technology Literacy (ICT Literacy)	1. Aufrufen relevanter Informationen 2. Organisation und Aufbereitung der Informationen für die zukünftige Verwendung 3. Beurteilung der Information 4. Entwicklung eines neuen Verständnisses – Verarbeitung der Informationen, Kombination mit vorhandenem Wissen 5. Austausch über gewonnene Informationen 6. Treffen von kritischen, reflektierten, strategischen ICT-Entscheidungen	Zielgruppe: Schülerinnen und Schüler weiterführender Schulen der 6. und 10. Klasse Durchführung: Computerbasiertes Instrument mit Multiple-Choice-Fragen und der praktischen Nutzung gängiger Software-Produkte, z. B. Microsoft Windows, Word, PowerPoint	*Hybrid Assessment Module:* Der Schüler soll eine Klassendiskussion über das Thema »Gewalt in Videospielen und Jugendliche« vorbereiten. Für die Erfüllung dieser Aufgabe soll er Informationen recherchieren, auswerten, die Qualität bzw. Zuverlässigkeit dieser einschätzen sowie eine PowerPoint-Präsentation anfertigen, welche die Rechercheergebnisse für die abschließende Diskussion zusammenfasst.	(Ainley, Fraillon & Freeman, 2007)

9.5 Die Erfassung der Medienkompetenz

Inventar zur Computerbildung (INCOBI-R)	*Computer Literacy:* Praktisches Computerwissen (PRACOWI) Theoretisches Computerwissen (TECOWI) Erfassung von Computerängstlichkeit (COMA) *Computerbezogene Einstellungen:* Fragebogen zur inhaltlich differenzierten Erfassung computerbezogener Einstellungen (FIDEC)	Zielgruppe: Studierende aller Fächer ohne besondere Computerkenntnisse Durchführung: Online-Fragebogen	*PRACOWI:* Ihr Computer ist abgestürzt, und Sie wollen ihn möglichst schonend neu starten, was tun Sie? *TECOWI:* Was ist »Java«? *COMA:* Beim Arbeiten mit dem Computer habe ich oft Angst, etwas kaputt zu machen. *FIDEC:* Für mich ist der Computer ein nützliches Arbeitsmittel.	(Richter et al., 2001; Richter, et al., 2010)
Information Literacy Test (ILT)	Dimensionen der Association of College and Research Libraries (2003): 1. Bestimmen der Art und der Menge der relevanten Informationen 2. Effizienter Abruf benötigter Informationen 3. Kritische Beurteilung der Informationen bzw. ihrer Quellen, Integration der Informationen in wissensbasiertes System 4. Grundlegendes Verständnis der ökonomischen, legalen und sozialen Aspekte der Informationsnutzung	Zielgruppe: Nutzerinnen und Nutzer von Informationssystemen, welche über entsprechende Kenntnisse im Umgang mit diesen Systemen verfügen (vorwiegend Studierende) Durchführung: Online-Fragebogen mit Multiple-Choice-Fragen	Wo kann man schnell eine Zusammenfassung der wichtigsten Aspekte eines Journal-Artikels finden? Wenn Sie in einer Datenbank das Thema »Vergleich der Menschenrechte in Bolivien und Mexiko« recherchieren, nach welchen wesentlichen Stichworten würden Sie suchen? (Weitere Beispiel-Items sind in einer Demo-Version des Verfahrens auf der Homepage des Testvertreibers zu finden: www.madisonassessment.com/view-demo/information-literacy-test/)	(Cameron, Wise & Lottridge, 2007; Wise, Cameron, Yang & Davis, 2009.)

9.6 Anwendungsbeispiel: Medienkompetenz älterer Menschen im Umgang mit dem Internet

Die Anzahl älterer Internetnutzer ist in den vergangenen Jahren stark angestiegen. Im Jahr 2010 nutzten, den Daten der »ARD/ZDF-Onlinestudie« zufolge, in Deutschland bereits ca. 5,7 Mio. Personen im Alter von 60 oder mehr Jahren zumindest gelegentlich das Internet (van Eimeren & Frees, 2010). Auch wenn die Nutzergruppe der über 60-Jährigen damit bei Weitem keine Randgruppe mehr darstellt, wurde das Internet prozentual gesehen von den älteren Personen (28,2 Prozent) deutlich weniger genutzt als von jüngeren Generationen (z. B. 98,4 Prozent in der Altersgruppe der 20- bis 29-Jährigen). Relativ betrachtet sind ältere Menschen mit dem Internet daher weniger gut vertraut als jüngere Personen. Gerade für ältere Personen, die in ihrem Berufsleben wenig oder keine Berührungspunkte mit den elektronischen Kommunikationsmedien hatten, besteht daher die Gefahr einer Ausgrenzung aus der Informationsgesellschaft (Bischoff & Schröter, 2000). Es gibt bereits mehrere Initiativen und Projekte, deren Ziel es ist, Seniorinnen und Senioren mit dem Medium Internet vertraut zu machen. Darüber hinaus wird diskutiert, welche Vorteile das Internet für die Lebensbedingungen der älteren Generation bereithält und wie die Internetnutzung zur Steigerung des Wohlbefindens beitragen könnte.

Die bisherigen Ergebnisse entsprechender Kurse zur Förderung der Internetnutzung scheinen vielversprechend, wie sich beispielsweise an einer Studie von Shapira, Barak und Gal (2007) aufzeigen lässt: Älteren Personen, die in Pflegeheimen wohnten oder die Unterstützung von Tagespflegeeinrichtungen nutzten, wurde die Teilnahme an einem Computer- und Internetkurs angeboten. Innerhalb eines Zeitraumes von ungefähr 15 Wochen wurde mit den durchschnittlich ca. 80 Jahre alten Teilnehmerinnen und Teilnehmern der Umgang mit dem Computer und speziell mit dem Internet geübt. Im Mittelpunkt des Kurses standen das Erlernen von E-Mail-Schreiben und Internetsurfen sowie die Teilnahme an Foren und virtuellen Communities. Inhaltlich entsprechen diese Tätigkeiten vor allem einer Förderung der beiden ersten Dimensionen des Bielefelder Medienkompetenzmodells nach Baacke und Kollegen (Treumann et al., 2004), also der Mediennutzung und Medienkunde. Sowohl vor Beginn des Computerkurses als auch danach wurden die Teilnehmenden unter anderem auch darum gebeten, Angaben über ihre allgemeine Lebenszufriedenheit und Depressionstendenzen zu machen. Die Ergebnisse der beschriebenen Studie unterstützen die Annahme, dass der Umgang mit dem Internet signifikant positive Effekte für ältere Menschen mit sich bringen kann. Sie berichteten über ein stärkeres Wohlbefinden und geringere Depressivität.

Auch Untersuchungen zu anderen Variablen bestärken diese Ansicht. Ältere Menschen profitieren im Hinblick auf ihre Sozialkontakte (Bradley & Poppen, 2003) und fühlen sich weniger einsam. Diese Ergebnisse dürfen jedoch nicht vorschnell als Kausalzusammenhänge aufgefasst werden. Möglicherweise handelt es sich um Scheinkorrelationen, die durch andere Variablen beeinflusst werden. Beispielsweise ist vorstellbar, dass ältere Menschen, die ohnehin viel Kontakt zu anderen haben und »mitten im Leben« stehen, auch eher das Internet nutzen. Einige Studien zeigen darüber hinaus, dass die Internetnutzung auch mit erhöhter Einsamkeit korrelieren kann (Sum, Mathews, Hughes & Campbell, 2008). Gerade deshalb wird von einigen Autoren (Sum, Mathews, Pourghasem & Hughes, 2008) betont, dass man älteren Menschen bewusstmachen sollte, dass die Internetnutzung verschiedene positive, aber auch negative Effekte haben kann. Dementsprechend scheint nicht eine Steigerung der Internetnutzung per se erstrebenswert zu sein, sondern vor allem die Förderung eines zweckmäßigen und medienkompetenten Umgangs.

Zusammenfassung

Bisherige Modelle zur Medienkompetenz fassen vor allem verschiedene Dimensionen zusammen, die Teil der Medienkompetenz sein sollten. Baacke (1999) zählt beispielsweise Mediennutzung und Medienkritik dazu, Groeben (2004) benennt auch Dimensionen wie Medienwissen oder Genussfähigkeit. Die Modelle zur Medienkompetenz von Baacke (1999) und Groeben (2004) erweisen sich als hilfreich, weil sie vor dem Hintergrund einzelner Angebote und Nutzerpersönlichkeiten reflektiert werden können. Dimensionen wie »Medien verstehen« oder »Medien kritisieren« sind als Raster geeignet und müssen dann weiter spezifiziert werden.

Welchen praktischen Nutzen hat nun die medienpsychologische Auseinandersetzung mit der Medienkompetenz? Praktische Interventionen gibt es massenhaft. Diese bauen zum Teil auf medienpsychologischen Ausdifferenzierungen der Medienkompetenz auf. Potter (2008) veröffentlichte in vielen Auflagen und basierend auf seiner Kognitiven Theorie der Medienkompetenz ein Programm für Studierende. Schulen in Nordrhein-Westfalen und Niedersachsen ermöglichen Schülern am Ende der Schulzeit mit dem »Portfolio: Medienkompetenz«, ihre Medienkompetenz zu messen. Dieses Programm lässt deutlich die zentralen wissenschaftlichen Dimensionen wiedererkennen (Gapski, 2006). Darüber hinaus unterrichten spezielle Agenturen Langzeitarbeitslose (z. B. Agens in Berlin oder Kompass in Hamburg). Die hier benannten Interventionen sind unseres Wissens auf die spezifischen Zielgruppen, ihr Vorwissen und ihre Ausbildungsziele zugeschnitten.

Obwohl das Thema Medienkompetenz in vielerlei Hinsicht angewandt wird, bleibt unbefriedigend, dass die Wissenschaft der Gesellschaft und den Medienmachern beim Aufkommen neuer Formate (z. B. soziale Netzwerke) oder Nutzungsweisen (z. B. Multitasking) nicht schnell genug zur Seite steht. Handreichungen darüber, welche spezifischen Voraussetzungen erfüllt sein müssen, um von einer medienkompetenten Mediennutzung sprechen zu können, scheinen immer erst veröffentlicht zu werden, wenn sich die weniger kompetente Nutzung bereits etabliert hat. Wünschenswert ist also, dass die methodisch überzeugenden und auf Grundlage vieler Studien gewonnenen Dimensionen der Medienkompetenz noch schneller in die Praxis transportiert werden.

Literaturempfehlungen

Groeben, N. (2004). Medienkompetenz. In R. Mangold, P. Vorderer & G. Bente (Hrsg.), *Lehrbuch der Medienpsychologie* (S. 27–50). Göttingen: Hogrefe.

Potter, W. J. & Byrne, S. (2009). Media Literacy. In R. Nabi & M. B. Oliver (Eds.), *The SAGE handbook of media processes and effects* (pp. 345–360). Los Angeles, CA: SAGE.

Rosenbaum, J. E., Beentjes, J. W. J. & Konig, R. P. (2008). Mapping media literacy. Key concepts and future directions. In C. S. Beck (Eds.), *Communicaton Yearbook* (Vol. 32, pp. 313–353). New York: Routledge.

Fragen zur Selbstüberprüfung

1. Beschreiben Sie das Bielefelder Medienkompetenzmodell.
2. Welche Ziele der Medienkompetenz definiert Groeben in seinem Prozessmodell der Medienkompetenz?
3. Warum ist das Thema Normativität im Kontext der medienpsychologischen Betrachtung der Medienkompetenz so relevant?
4. Beschreiben sie die aktuellen Konzepte zur Media Literacy.
5. Wie kann man Medienkompetenz messen?
6. Inwiefern kann die Medienkompetenz einen positiven Effekt auf das Leben älterer Menschen haben?

10 Berufsfelder

> Berufe, in denen das Thema Medienpsychologie adressiert wird, gibt es viele, und wir haben den Eindruck, dass diese Berufe unter Studierenden außerordentlich beliebt sind. Im Gegensatz zur Interessenlage sind diese Berufe aber noch nicht klar definiert, es liegen keine Studien zu Einstiegsmöglichkeiten oder konkrete Berufsbilder vor. Weil wir in unseren Seminaren häufig nach Einstiegsmöglichkeiten gefragt werden, haben wir hier fünf mögliche Berufsfelder herausgegriffen, in denen medienpsychologisches Wissen zur Anwendung kommt: Mediaforschung (Abschnitt 10.1), Medienentwicklung (Abschnitt 10.2), Marketing (Abschnitt 10.3), Unternehmensberatung (Abschnitt 10.4) und Therapie (Abschnitt 10.5). Es wird jeweils gezeigt, was die einzelnen Berufsfelder beinhalten und welche Aufträge bearbeitet werden. Außerdem gehen wir darauf ein, warum und an welcher Stelle medienpsychologische Inhalte relevant für diese Berufsfelder sind und welche Aufgabenstellungen angehende Medienpsychologinnen und -psychologen in diesen Berufsfeldern zu erwarten haben.

10.1 Mediaforschung

Welche Fernsehsendungen sind beim Publikum beliebt? Welche Aspekte einer Internetseite sehen sich die User zuerst an und welche lesen sie ganz zum Schluss? Warum interessieren sich Jugendliche nicht für Zeitungen? Mediaforscherinnen und -forscher beantworten diese Fragen mithilfe empirischer Methoden. Alle Methoden, die im zweiten Kapitel dieses Buches dargestellt sind, kommen in der Mediaforschung zur Anwendung. Zum Berufsbild gehören die Entwicklung der Forschungsfragen, die

Planung und Durchführung der Studien, die Auswertung mit statistischen Methoden und die Aufbereitung für den Auftraggeber im eigenen Unternehmen (bei betrieblicher Medienforschung) oder den Kunden.

Definition

▶ *Mediaforschung* untersucht Medieninhalte und ihre Publika mit empirischen Methoden. Die Mediaforschung wird auch als angewandte Medienforschung bezeichnet. ◀◀

Mediaforschung ist im Hinblick auf die Methoden und die Arbeitsabläufe vergleichbar mit der Marktforschung. Während jedoch bei der Mediaforschung ausschließlich Medienmarken, Medienunternehmen und Medienangebote untersucht werden, so betrachtet man in der Marktforschung alle anderen Marken und Produkte (für weiterführende Informationen zur Marktforschung als Berufsfeld vgl. Pirovsky, 2008). Auch hat die Mediaforschung viele Überschneidungen mit den Forschungsfragen der Medienpsychologie. Das Wissen über spezifische Zielgruppen wird vor allem in den Theorien zur Medienselektion, Medienrezeption und Medienwirkung vermittelt (vgl. Kap. 3, 4 und 5). Hier geht es beispielsweise darum, welche Inhalte als unterhaltsam wahrgenommen werden oder unter welchen Bedingungen persuasive Botschaften besser erinnert werden. Darüber hinaus widmet sich ein großer Teil der Medienpsychologie der Frage, welche Spezifika Kinder und Jugendliche bei der Wahrnehmung, Verarbeitung und Interpretation von Medieninhalten aufweisen und wie jüngere Menschen mit Medien kommunizieren (vgl. Kap. 7)

Die kommerziellen Forschungszweige Markt- und Mediaforschung laufen immer auf die Frage hinaus: Wie lässt sich ein Medienprodukt verkaufen? Mit der Forschung sollen das Produkt und werbliche Kaufargumente verbessert werden. Die Erkenntnisse der Medienpsychologie könnte man zwar für den Verkauf eines Medienprodukts verwenden, das Ziel ist jedoch nicht kommerziell. Im Vordergrund steht die Erklärung des menschlichen Erlebens und Verhaltens.

Die Ziele und Funktionen der Mediaforschung lassen sich wie folgt zusammenfassen (vgl. ausführlich in: Frey-Vor, Siegert & Stiehler, 2008):

Erfolgskontrolle
Erfolgskontrolle beinhaltet die Messung von Kontakten. Gefragt wird, ob, wie häufig und wie lange bestimmte Medienangebote genutzt werden. Zum anderen wird überprüft, ob die anvisierte Zielgruppe und das erreichte Publikum übereinstimmen. Massenmedien werden gar nicht (z. B. Fernsehen) oder nur zu einem sehr geringen Teil durch Verkaufserlöse finanziert (z. B. Verkaufspreis einer Zeitung). Deshalb müssen Medienunternehmen ein für die werbetreibenden Unternehmen attraktives Umfeld schaffen. Mit der Messung der Kontakte können Medienunternehmen gegenüber ihren Werbekunden belegen, wie viele Personen nicht nur die Zeitung lesen oder eine Sendung schauen, sondern auch die Anzeige sehen.

Werbewirkungsforschung
Da Medienunternehmen ihre Angebote mithilfe von Werbeeinnahmen finanzieren, müssen sie ihren Werbekunden nicht nur nachweisen, wie viele Personen bestimmte Angebote nutzen (Kontakte), sondern auch möglichst exakte Hintergrundinformationen zu den Nutzern liefern, damit eine sinnvolle Platzierung von Werbung möglich ist und damit diese zu einem angemessenen Preis angeboten werden kann. Dieser Bereich wird als Werbewirkungsforschung bezeichnet. Die Werbewirkungsforschung befasst sich damit, wie bestimmte Angebote und ihre Gestaltung wirken und wie sich Zielgruppen hinsichtlich ihrer Reaktionen auf diese Angebote unterscheiden. Die Forschungsfragen ähneln denen der Medienpsychologie in vielerlei Hinsicht. In der Werbewirkungsforschung wird auch nach Involvement, Affinität und der Bindung an Medien und Mediencharaktere gefragt. Werbewirkungsforschung wird von Medienunternehmen mit großangelegten Media-Studien betrieben. Diese werden von den Medienunternehmen (z. B. Verlage wie Gruner + Jahr oder Burda) erstellt und dann den werbetreibenden Unternehmen regelmäßig zur Verfügung gestellt (Gehrau, 2008).

Inhalteentwicklung
Medienunternehmen überprüfen vor der Einführung neuer Angebote, ob die Konzepte bei Lesern oder Zuschauern auf Akzeptanz stoßen. Für die Einführung neuer Zeitschriften werden Copy-Tests durchgeführt. Die Inhalte der Zeitschriften werden Befragten als Probeexemplar vorgelegt. Dann wird gemessen, welche Seiten die Probanden ansehen, wie sie die Inhalte bewerten und ob sich die Bewertung in verschiedenen Zielgruppen unterscheidet.

Programmplanung
Bei bereits etablierten Angeboten – zum Beispiel Fernsehsendungen – werden Ergebnisse der Mediaforschung verwendet, um Programme optimal zu platzieren. Dabei wird darauf Rücksicht genommen, dass bestimmte Zielgruppen bestimmte Sendeplätze häufiger nutzen als andere. Die Lebensgewohnheiten und Bedürfnisse der Zuschauer werden erforscht und mit dem Einschalt- und Sehverhalten in Zusammenhang gebracht. Das wichtigste Instrument zur Programmplanung ist neben den Mediastudien ein einfaches Trial-and-Error-Prinzip. Sendungen werden dort im Programmschema platziert, wo die Programmplaner ihren Erfolg vermuten.

Mediaplanung
Wenn sich ein werbetreibendes Unternehmen an einen einzelnen Verlag wendet, so kann dieser Verlag eine Platzierung der Werbung in seinen Zeitschriften anbieten. Eine Mediaplanungsagentur erarbeitet auch eine Strategie für die Platzierung der Werbung, bezieht aber alle Verlage, Fernsehangebote, Online-Werbeplätze sowie Plakat- und Kinowerbung mit ein. Mediaplanung greift die Mediastudien verschiedener Medien- und Marktforschungsunternehmen auf und erarbeitet ganzheitliche Lösungen für werbetreibende Kunden. Das Ziel der Strategie ist, Werbung medien- und formatübergreifend so zu platzieren, dass möglichst viele Kontakte generiert werden und dass die Passung der Kontakte zum beworbenen Produkt möglichst hoch ist.

Mediaforscherinnen und Mediaforscher sind in Marktforschungs- oder Mediaforschungsagenturen, in der Mediaplanung, in Werbeagenturen, Unternehmensberatungen oder Medienunternehmen beschäftigt. In **Abbildung 10.1** ist beispielhaft die Stellenausschreibung eines Computerspieleherstellers dargestellt. Gesucht wird Kompetenz im Bereich der Forschung zum Erleben von Computerspielen.

Entwicklung quantitativer Methoden

Spielepsychologe (m/w)
Mensch-Maschine-Interaktion

Unser Klient ist ein führendes Unternehmen der Spieleindustrie mit Tradition, ausgeprägter Kreativität und nachhaltigem Erfolg. Im Rahmen einer Erweiterung des Entwicklungsteams suchen wir die wissenschaftlich ausgewiesene und mit erster Praxiserfahrung versehene Persönlichkeit als Spielepsychologen/Spielepsychologin.

Sie berichten direkt an das zuständige Vorstandsmitglied und arbeiten – vom Home Office aus oder am Sitz des Unternehmens – an der Vertiefung des Wissens über die Interaktion zwischen Mensch und Maschine. Ihre innerhalb des Studiums erworbenen tiefen Kenntnisse der experimentellen und der mathematischen Auswertungs-Methoden haben Sie in ersten Jahren praktischer Tätigkeit in unternehmerischen Strukturen angewendet, erweitert und vertieft. Experimentelle Psychologie ist Ihnen ebenso geläufig wie Kognitionspsychologie oder psychophysiologische und wahrnehmungspsychologische Forschung. Insbesondere beherrschen Sie die gängigen neuropsychologischen Methoden der funktionellen Diagnostik, wie zum Beispiel EEG, Ableitung akustisch, visuell und somatisch-sensorisch evozierter Potentiale und Hautwiderstandsmessung. Idealerweise haben Sie sich bereits mit dem Einfluss elektronischer Medien – etwa in Gestalt von Werbung oder Videospielen – auf die Funktion des zentralen Nervensystems und auf die menschliche Psyche befasst.

Wenn Sie in der praktischen Anwendung dieser Forschungsmethoden im Rahmen der Entwicklung von zukunftsweisenden Spielen Ihre persönliche berufliche Perspektive sehen und Freude daran haben, den Entwicklungsprozess neuer Spieleideen mit zu steuern, dabei zugleich aber auf hohem wissenschaftlichen Niveau tätig zu sein, dann bitten wir um Ihre Bewerbung.

Zu diesem Unternehmen passen Persönlichkeiten, die bodenständig solide agieren und zugleich mit Phantasie und sicherem Gespür für Kundenbedürfnisse arbeiten. Sehr gute Englischkenntnisse setzen wir voraus.

Für den ersten Kontakt übermitteln Sie uns bitte zunächst eine Kurzbewerbung mit Anschreiben und Lebenslauf (inkl. Gehaltsvorstellung und Eintrittstermin).

Abb. 10.1: Stellenausschreibung (erschienen 2010 auf stepstone.de)

Zu den größten *Marktforschungsagenturen* weltweit gehören die Gesellschaft für Konsumforschung (GfK Gruppe), TNS Infratest und The Nielsen Company. Alle drei Unternehmen betreiben Mediaforschung. Die GfK Mediaforschung erhebt die TV-Einschaltquoten in Deutschland (Buß & Gumbl, 2008). Dazu wird bei einer repräsentativen Auswahl von deutschen Zuschauern auf dem Fernseher eine Set-Top-Box installiert, mit der die eingeschalteten Programme ermittelt werden. Die auf diese Weise erhobenen Informationen werden täglich an Medienunternehmen weitergeleitet, damit sie den Erfolg einzelner Fernsehsendungen ermitteln können (Schwab & Unz, 2004).

Nielsen Media ist bekannt für die Ermittlung der Ausgaben für Werbemaßnahmen. Damit erstellen Werbe- und Mediaagenturen Wettbewerbsanalysen. Medienunternehmen ermitteln mithilfe dieser Daten, welchen Werbedruck sie in bestimmten Werbeumfeldern (z. B. einer TV-Sendung) leisten müssen, um vom Zuschauer wahrgenommen zu werden. Neben diesen großangelegten Studien werden in der Mediaforschung auch kleinere Ad-hoc-Fragestellungen beantwortet, zum Beispiel, wenn ein Medienunternehmen neue Zielgruppen ansprechen möchte und herausfinden muss, welche Inhalte diese Zielgruppe interessieren. Die Bandbreite der Forschungsfragen und Methoden ist sehr groß. Somit gibt es innerhalb der Mediaforschung verschiedene Spezialisierungen, zum Beispiel auf Methoden (qualitativ vs. quantitativ), Mediengenres (Print vs. TV) oder bestimmte Tools, die von einem Unternehmen angeboten werden (z. B. Ad Alert von Nielsen oder Ermittlung der Einschaltquoten durch die GfK).

10.2 Medienentwicklung

An der Entwicklung neuer oder Weiterentwicklung vorhandener Medien sind Menschen aus verschiedenen Bereichen beteiligt. Dazu gehören Medientechnik, Betriebswirtschaftslehre, Informatik, Psychologie und Pädagogik. Die Arbeit findet beinahe immer projektbezogen statt und verändert sich entsprechend in Abhängigkeit von den Wünschen des Kunden. Für Medienpsychologinnen und -psychologen steht bei der Arbeit im Vordergrund, die Perspektive der Nutzerinnen und Nutzer zu vertreten. Die Usability (etwa: Bedienbarkeit) wird beinahe bei jedem technischen Produkt überprüft (für einen Überblick siehe: Groner, Raess & Sury, 2008; weiterführend siehe: Sarodnick & Brau, 2006). Medienpsychologie befasst sich insbesondere mit der Frage, wie sich die menschliche Interaktion aufgrund der Mediennutzung verändert. Die Theorien zur computervermittelten Kommunikation geben Aufschluss darüber, ob die anonyme Kommunikationssituation die Wahrnehmung der Interaktion verändert (vgl. Kap. 7). Viele Studien aus dem Bereich der Mensch-Computer-Interaktion zeigen, wie Menschen darauf reagieren, wenn sie mit Computern oder in virtuellen Umgebungen interagieren (Kap. 8). Die Theorien der Medienrezeption gehen darauf ein, welche Botschaften als besonders involvierend wahrgenommen werden (vgl. Kap. 4). Die Theorien zur Medienwirkung befassen sich damit, unter welchen Umständen gelernt und erinnert wird (vgl. Kap. 5). Medienpsychologinnen und -psychologen verwenden psychologische Erkenntnisse, um möglichst gut vorherzusehen, welche Inhalte, welche Form und Gestaltung Medien haben müssen, um eine optimale »User Experience« zu ermöglichen.

Definition
▶ Die *Medienentwicklung*, auch Medienkonzeption oder Media Design, befasst sich mit der wissenschaftlich fundierten Neu- oder Weiterentwicklung von Medienprodukten. ◀◀

Im Folgenden werden die *psychologischen Schwerpunkte* der Medienentwicklung dargestellt.

Hardware
Seit einiger Zeit ist es möglich, leistungsfähige und leicht zu bedienende BCIs (Brain-Computer-Interfaces) für Menschen zu entwickeln, die motorisch eingeschränkt sind. So kann Patienten mit Amyotropher Lateralsklerose (ALS), einer unheilbaren Krankheit, bei der als Folgeerkrankung nach und nach die Muskeln versagen, durch BCIs eine Verständigung ermöglicht werden.

BCIs sind nicht auf die Motoneurone im Rückenmark angewiesen, sondern werden über ein EEG an der Kopfhaut gesteuert. Dadurch ist es den Patienten und Patientinnen möglich, auch ohne entsprechende Stimmmuskulatur mit anderen Menschen zu kommunizieren. Für die Entwicklung einer solchen Technik ist auf der einen Seite *neuropsychologisches Wissen* und auf der anderen Seite medienpsychologisches Wissen zu Aufmerksamkeit, Verarbeitungskapazität und Aktivation erforderlich. Neben medizinischer Hardware sind medienpsychologische Erkenntnisse dieser Art für die Gestaltung gängiger Konsumprodukte wie beispielsweise Mobiltelefone oder Service-Terminals erforderlich.

Software
Medienpsychologen und -psychologinnen befassen sich im Bereich der Software mit der Anpassung an neue Kontextbedingungen. Sie sorgen für eine angemessene Usability, wenn beispielsweise ein Web-Angebot aus Deutschland für den Einsatz in anderen Kulturkreisen angepasst werden soll, oder schätzen psychologische Folgen von Videospielen mit Gewaltdarstellungen ab. Auch in der Produktentwicklung werden medienpsychologische Erkenntnisse angewandt. Dies ist besonders im E-Learning der Fall. So stellen Westera, Hommes, Houtmans und Kurvers (2003) eine Software vor, die zur Verbesserung der diagnostischen Fähigkeiten bei Psychologiestudenten beitragen soll. Hier sind auf der einen Seite *entwicklungspsychologische* und *pädagogische Kenntnisse* (bei Programmen für Kinder/Jugendliche) wichtig, auf der anderen Seite medienpsychologische Erkenntnisse zum Unterhaltungserleben und Lernen mit Medien.

Ein anderer Schwerpunkt ist die Entwicklung sogenannter Embodied Conversational Agents (ECAs). Diese sind Computerprogramme, die durch ein Gesicht oder einen ganzen Körper repräsentiert und zur Kommunikation mit Menschen eingesetzt werden (vgl. Kap. 8). So können ECAs in Museen als virtuelle Ratgeber fungieren (hierzu siehe Kopp, Gesellensetter, Krämer & Wachsmuth, 2005)

Medienpsychologinnen und -psychologen finden in erster Linie in den Unternehmen der Soft- und Hardwareentwicklung

Beschäftigung, vereinzelt gibt es sie auch als freie Mitarbeiterinnen oder Mitarbeiter. Bei der Bewerbung auf eine Stelle im Bereich der Medienentwicklung werden von vielen Arbeitgebern auch Kenntnisse in anderen Wissensgebieten gefordert. Dies betrifft auf der einen Seite Informatik und auf der anderen Seite eine *solide Methodenkenntnis* (nicht nur in der Statistik). Es lassen sich keine einheitlichen Zusatzqualifikationen nennen. Es ist vielmehr von den jeweiligen Projekten abhängig, welche Fähigkeiten erwartet werden. So stellen sich beim Design einer Unternehmensberatungs-Website ganz andere Anforderungen als bei der Erstellung eines Computerprogramms für Menschen in hohem Alter.

10.3 Marketing

Medienpsychologinnen und -psychologen arbeiten in Werbeagenturen, in den Marketingabteilungen von Verlagen und Sendern oder unterstützen Unternehmen bei der Steuerung ihrer Kommunikationspolitik als Mitarbeiter einer Unternehmensberatung. Während die Bereiche Marketing, Werbung und Kommunikation eine enorme Bandbreite aufweisen und sich in viele Berufe untergliedern lassen, zeigen die medienpsychologischen Inhalte dieser Berufe große Überschneidungen und lassen sich recht gut zusammenfassen. Das Ziel dieser Berufsbereiche ist vor allem die Veränderung von Wissen, Meinungen, Einstellungen und Verhalten der Konsumenten. Darüber hinaus soll langfristig das Image eines Unternehmens oder Produkts positiv beeinflusst werden.

Definition
▶ »*Marketing* ist eine unternehmerische Denkhaltung. Sie konkretisiert sich in der Analyse, Planung, Umsetzung und Kontrolle sämtlicher interner und externer Unternehmensaktivitäten, die durch eine Ausrichtung der Unternehmensleistungen am Kundennutzen im Sinne einer konsequenten Kundenorientierung darauf abzielen, absatzmarktorientierte Unternehmensziele zu erreichen« (Bruhn, 2009, S. 14). Preis-, Vertriebs-,

Produkt- und Kommunikationspolitik zählen zu den Steuerungsinstrumenten des Marketings. ◄◄

Beim Marketing geht es nicht mehr nur vorrangig um eine Verkaufsorientierung wie in den 1960er Jahren oder einer Wettbewerbsorientierung wie in den 1980er Jahren, sondern zunehmend darum, Marketing als »Beziehungsarbeit« zu Konsumenten zu verstehen (Bruhn, 2009). Mit dieser Orientierung am Konsumenten eröffnet sich für Medienpsychologinnen und -psychologen mit einem Blick für Wahrnehmungsprozesse bei der Medienrezeption (Kap. 4) und die Wirkung von persuasiven Botschaften (Kap. 5) eine Reihe von Aufgabenstellungen. Diese werden meistens in Form von Projektarbeit erbracht. Beispiele für medienpsychologische Aufgabenstellungen innerhalb von Projekten oder als alleiniger Auftrag sind im Folgenden zusammengefasst. Anhand dieser Beispiele werden die Überschneidungsbereiche des Marketings mit der Mediaforschung und Mediaplanung deutlich (vgl. Abschnitt 10.1). Während jedoch Mediaforschung und -planung vorrangig die Vermarktung und Platzierung der Werbung fokussieren, geht es im Marketing auch um übergreifende Entscheidungen zur Marke und zur Unternehmensstrategie.

Beispiele
► *Medienpsychologische Aufgabenstellungen im Marketing*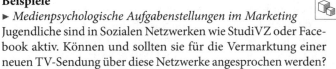
Jugendliche sind in Sozialen Netzwerken wie StudiVZ oder Facebook aktiv. Können und sollten sie für die Vermarktung einer neuen TV-Sendung über diese Netzwerke angesprochen werden?

Das Markenimage eines großen Automobilherstellers soll deutlicher in Richtung der älteren und qualitätsbewussten Zielgruppen ausgerichtet werden. Welche Medienangebote sind geeignet und welche Mediennutzungsgewohnheiten müssen berücksichtigt werden, um diese Zielgruppe anzusprechen? Wie kann die Markenbotschaft gestaltet sein, um ein nachhaltiges Markenimage von Qualität an diese Zielgruppe zu transportieren?

Ein großer Verlag bietet seine Inhalte noch nicht für das iPad® und andere E-Reader an, da die Geschäftsführung dies nicht für gewinnbringend hält. Das Marketing bittet um medienpsychologische Argumente, warum man den Eintritt in diesen Markt nicht verpassen darf. ◄◄

Zu den »psychologischen Marketingzielen« eines Unternehmens gehören die Auseinandersetzung und Beeinflussung seines Bekanntheitsgrades, Image und Einstellung, Kundenzufriedenheit und Kaufpräferenzen (Bruhn, 2009). Die psychologischen Ziele werden insbesondere durch die Kommunikationspolitik des Unternehmens angesteuert. Zu den Instrumenten der Kommunikationspolitik werden Werbung, Public Relations, persönliche Kommunikation, Multimediakommunikation und Sponsoring, Mitarbeiterkommunikation, Verkaufsförderung, Messen und Ausstelllungen gezählt (im Überblick und speziell für das Medienmarketing sind diese Bereiche von Pezoldt und Sattler (2009) dargestellt).

Werbung ist ebenso wie Public Relations ein geplanter Kommunikationsprozess. Wissen, Meinungen und Einstellungen sollen mithilfe persuasiver Botschaften gezielt verändert werden (Siegert & Brecheis, 2010). Manchmal ist das Ziel der Werbung schlicht, den Absatz eines bestimmten Produkts zu erhöhen. Sehr häufig ist aber auch das Ziel, ein Unternehmen bekannt zu machen oder bestimmte Unternehmenseigenschaften herauszuarbeiten bzw. das Unternehmen oder ein Produkt als Marke mit einem bestimmten Markenimage zu kommunizieren. Für beide Bereiche können medienpsychologische Studieninhalte qualifizieren. Wissen über Zielgruppen und Medientrends sowie über die Selektion, Rezeption und Wirkung von Medieninhalten auf unterschiedliche Gruppen in verschiedenen Situationen sind eine Voraussetzung für die Entwicklung sinnvoller Strategien und Kampagnen.

Public Relations (PR) oder Öffentlichkeitsarbeit versuchen, dialogorientiert Kommunikationsprozesse in Gang zu setzen. »Die PR umfasst alle Aktivitäten, die indirekt zur Verbesserung des Images oder der Produkte eines Unternehmens beitragen sollen« (Wirtz, 2006, S.110). Die PR richtet sich nicht nur an Endverbrauer, sondern auch an Journalisten oder Verbände.

Beispiel
▶ *Idealtypischer Ablauf eines Projekts im Bereich der Werbung*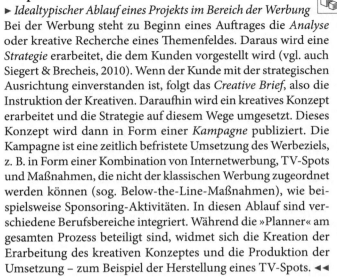
Bei der Werbung steht zu Beginn eines Auftrages die *Analyse* oder kreative Recherche eines Themenfeldes. Daraus wird eine *Strategie* erarbeitet, die dem Kunden vorgestellt wird (vgl. auch Siegert & Brecheis, 2010). Wenn der Kunde mit der strategischen Ausrichtung einverstanden ist, folgt das *Creative Brief*, also die Instruktion der Kreativen. Daraufhin wird ein kreatives Konzept erarbeitet und die Strategie auf diesem Wege umgesetzt. Dieses Konzept wird dann in Form einer *Kampagne* publiziert. Die Kampagne ist eine zeitlich befristete Umsetzung des Werbeziels, z. B. in Form einer Kombination von Internetwerbung, TV-Spots und Maßnahmen, die nicht der klassischen Werbung zugeordnet werden können (sog. Below-the-Line-Maßnahmen), wie beispielsweise Sponsoring-Aktivitäten. In diesen Ablauf sind verschiedene Berufsbereiche integriert. Während die »Planner« am gesamten Prozess beteiligt sind, widmet sich die Kreation der Erarbeitung des kreativen Konzeptes und die Produktion der Umsetzung – zum Beispiel der Herstellung eines TV-Spots. ◀◀

10.4 Unternehmensberatung

Unternehmensberatungen beraten strategisch konzeptionell, implementieren Entscheidungen und liefern Services wie beispielsweise Forschung, Implementierung von IT-Lösungen oder PR. Insgesamt 350 Tätigkeitsfelder gehören zu den Aufgaben der Unternehmensberatung (Hartenstein, Billing, Schawel & Grein, 2009). Grob gliedern lassen sich diese Tätigkeitsbereiche in die Managementberatung, Personalberatung und IT-Beratung (Fink, 2009). Diese Tätigkeitsbereiche überschneiden sich sowohl im Portfolio einzelner Unternehmensberatungen als auch in den konkreten Aufträgen der Beraterinnen und Berater. In der Managementberatung kann es darum gehen, die Organisationsstruktur des Unternehmens zu analysieren und zu restrukturieren, oder die Beschaffenheit eines neuen Marktes einzuschätzen und konkrete Vorgehensweisen für den Markteintritt zu entwickeln. Die IT-Beratung unterstützt das Unternehmen im Bereich der Planung, Entwicklung und Implementierung informationstechnischer Systeme (Fink, 2009). Die Personalberatung unterstützt bei der Personalakquise, -entwicklung sowie bei der Gehalts- und Vertragsgestaltung.

Definition
▶ *Unternehmensberatung (auch: Consulting)*
Professionelle Dienstleistung, die durch hierarchisch von den Auftraggebern unabhängige Personen, zeitlich befristet und gegen Entgelt erbracht wird. Die Beratung hat das Ziel, betriebswirtschaftliche Probleme im Bereich der Planung, Organisation, Führung oder Kontrolle des beauftragenden Unternehmens interaktiv mit dem Klienten zu definieren, zu strukturieren und zu analysieren, sowie Problemlösungen zu erarbeiten und auf Wunsch ihre Umsetzung mit dem Klienten zu planen und zu realisieren (nach Fink, 2009; Nissen, 2007). ◂◂

Unternehmensberatungen richten sich an alle Unternehmen, auch die Medienbranche spielt eine nennenswerte Rolle. Während die Generalisten unter den Unternehmensberatungen in allen Branchen und Funktionsbereichen agieren, gibt es eine Vielzahl von Beratungen, die sich ausgewählten Problemen, Funktionsbereichen oder Märkten widmen. Die Beratung von Medienunternehmen umfasst beispielsweise die Erarbeitung von Digitalstrategien für Verlagshäuser. Beraterinnen und Berater unterstützen die Verlagshäuser auf dem Weg in das digitale Zeitalter. Aufgrund technischer Neuentwicklungen wie E-Reader und der Tatsache, dass immer weniger junge Menschen Zeitung lesen, müssen Verlage ihr Angebot digital greifbar machen und Bezahlmodelle entwickeln. Beratungsthemen in diesem Bereich umfassen beispielsweise die folgenden Leistungen:

- Digitalstrategie (multi- und crossmedial)
- Marktanalysen, Wachstums- und Szenariomodelle
- Crossmediale Produktionsprozesse in der Redaktion
- Crossmediale (Werbe-)Verkaufsorganisationen
- Wachstumsstrategien in digitalen Geschäftsfeldern
- Strategische Weiterentwicklung im digitalen Strukturwandel

- Crossmediale Verkaufsorganisationen
- Integrierte Steuerungssysteme und Führungsinstrumente

Medienpsychologische Unternehmensberatungen im engeren Sinn gibt es unseres Wissens nicht. Die Medienbranche ist jedoch ein relevanter Bereich. Bisher werden psychologische Konzepte vor allem in der strategischen Beratung und in der Personalberatung verwendet. Psychologische Ansätze des Problemlösens spielen beispielsweise in der strategischen Beratung eine Rolle (Fink, 2009). So wird der aus der Kognitionspsychologie stammende Problemheurismus der Mittel-Ziel-Analyse angewandt, um Organisationsprozesse zu untersuchen. Demnach werden in einem schrittweisen Verfahren der vorliegende Ist-Zustand und der angestrebte Soll-Zustand miteinander verglichen. Im Prozess wird überprüft, ob bestimmte Operatoren (die beispielsweise durch Beratung implementiert werden) zu einer Übereinstimmung von Ist- und Soll-Zustand führen. Modelle dieser Art spiegeln sicher nicht die inhaltliche Komplexität, die ein Berater im Tagesgeschäft vorfindet, wieder. Beispielhaft soll hier nur verdeutlicht werden, dass psychologisches Wissen und psychologische Instrumente in der Beratung zur Analyse, Strukturierung und Kommunikation der Fragestellungen verwendet werden.

10.5 Coaching, Beratung, Therapie

Coaching, psychologische Beratung und Therapie stellen den klassischen Bereich der psychologischen Tätigkeit dar. Therapie fand in der Vergangenheit beinahe ausschließlich in direktem Kontakt zwischen Therapeut und Patient statt. Durch das Internet ergeben sich neue Möglichkeiten der Betreuung (Eichenberg & Brähler, 2012; Eichenberg & Ott, 2012). Der Medieneinsatz in diesem Feld ist sehr vielfältig. Einerseits kann er als *Ergänzung* des therapeutischen Prozesses erfolgen, andererseits das *Medium* für den Prozess sein. Als Ergänzung werden Medien oftmals für die Psychoedukation eingesetzt, also die Informationsvermittlung durch eine Broschüre oder Online-Informationen. Außerdem kann im Rahmen einer Expositionstherapie Filmmaterial als erster Schritt dienen oder die Behandlung in einer virtuellen Umgebung erfolgen (vgl. dazu auch Kap. 7). Im Folgenden wird ein Beispiel für eine Therapie mithilfe virtueller Realität dargestellt.

Beispiel
▶ *Experiment zu virtueller Realität und Höhenangst*
Coelho, Santos, Silvério und Silva (2006) führten eine Studie zur Wirksamkeit von virtuellen Realitäten in der Behandlung von Höhenangst durch. Zehn Probanden mit klinisch bedeutsamer Höhenangst wurde hierzu in vier Sitzungen über ein helmetmounted display die Sicht aus einem Hotelfenster gezeigt (ähnlich zum head-mounted display in **Abbildung 8.2**). Die Patienten konnten die Höhe zwischen dem ersten und achten Stockwerk einstellen. Dieses Verfahren hat den Vorteil, dass Situationen simuliert werden können, die Patienten in der Realität nicht aufsuchen würden. Nach der Exposition wurde in mehreren Verfahren getestet, wie stark sich die Höhenangst äußert. Ein Prä-Post-Vergleich zeigte, dass die Verbesserung auch ein Jahr später noch Bestand hatte. Das Ergebnis stimmt mit anderen Studien auf diesem Gebiet überein. Nachteilig an diesem Verfahren ist, dass möglicherweise keine ausreichende Generalisierung auf andere Situationen stattfindet. ◀◀

Als *Medium* für den therapeutischen Prozess wurde und wird oftmals das Telefon eingesetzt. In den letzten Jahren haben zusätzlich auch Therapie- und Selbsthilfeangebote im Internet Verbreitung gefunden und bieten ein breites Spektrum an Hilfestellungen. Sie lassen sich grob nach den zwei Dimensionen *Professionalität* und *Interaktivität* einteilen: Auf der Dimension Professionalität gibt es einerseits Angebote von approbierten, entsprechend ausgebildeten Psychologinnen und Psychologen und andererseits Angebote, die von Laien (oftmals Betroffenen oder deren Angehörigen) betrieben werden, sowie diverse Mischformen. Die Bandbreite der Dimension Interaktivität reicht von reinen Informationsseiten, über E-Mail- oder Foren-Kontakt, bis zu Therapie mittels einer Web-Cam und Skype.

Während bei den wenig interaktiven Angeboten alle Professionalitätsgrade vertreten sind, überwiegen bei zunehmender Interaktivität professionelle Anbieter.

Die *Chance* der Online-Therapie liegt in der verbesserten Erreichbarkeit der Therapeutinnen und Therapeuten (Rochlen, Zack & Speyer, 2004). Viele Menschen scheuen den ersten Schritt zu einer behandelnden Institution, weil sie eine Stigmatisierung befürchten. Durch das Internet kann diese Hemmschwelle deutlich herabgesetzt werden, da hier weitgehende (aber natürlich keine uneingeschränkte) Anonymität besteht. Abgesehen von dieser Hemmschwelle können Menschen in ländlichen Regionen, bei denen der Besuch eines Therapeuten eine längere Anreise bedeuten würde, sowie Patienten mit Angst- und Panikstörungen, für die ein Verlassen des Hauses problematisch ist, von derartigen Angeboten profitieren. Darüber hinaus kann bei einer textbasierten Intervention schon das Schreiben für den Patienten hilfreich sein (Rochlen et al., 2004). Ein *Risiko* der Online-Therapie ist, dass die Gesprächspartner sich häufiger missverstehen können, da bei E-Mail-Kontakt nonverbale Informationen verlorengehen, oder durch Tippfehler völlig andere Bedeutungen entstehen können (vgl. auch Kap. 7 zur computervermittelten Kommunikation). Außerdem kann die Sicherheit der übertragenen Daten unter Umständen gefährdet sein. Online-Therapie eignet sich nicht für jeden Störungstyp. So schließen Rochlen et al. (2004) sie für Patienten mit Borderline- oder Wahrnehmungsstörungen aus.

Mittlerweile liegen erste Wirksamkeitsstudien zu einzelnen Störungsbildern vor, z. B. zu Angststörungen (Reger & Gahm, 2009). Die Ergebnisse sind nur vorläufig, deuten aber darauf hin, dass Online-Therapie zumindest gegenüber Placebo-Bedingungen eine höhere Wirksamkeit haben.

Zusammenfassung

In der Mediaforschung geht es darum, Forschungsfragen zur Mediennutzung zu beantworten. Im Rahmen der Medienentwicklung werden neue Medienprodukte erstellt. Medienpsychologinnen und Medienpsychologen bringen ihr Wissen zur Medienrezeption ein und kümmern sich um die Usability der Produkte und die User Experience. Unternehmensberaterinnen und -berater versuchen strategische Lösungen für die Probleme von Medienunternehmen zu finden. Medienpsychologisches Wissen ist dann relevant, wenn diese Fragen von Medienunternehmen gestellt werden oder wenn es um Projekte mit Medienbezug geht. Marketing und Werbung befassen sich mit der medienbasierten Kommunikation, das Ziel ist die Veränderung von Wissen, Meinungen und Einstellungen. Therapie und Coaching erhalten medienpsychologische Relevanz, weil sie zunehmend medienbasiert – zum Beispiel über das Internet – durchgeführt werden. Für ein verlässliches therapeutisches Angebot ist demnach nicht nur klinisches, sondern auch medienbezogenes Wissen erforderlich.

Auch wenn Studierende in unseren Seminaren ein großes Interesse an medienpsychologischen Praktika und Berufen bekunden, so können wir derzeit noch nicht sagen, wie viele medienpsychologisch ausgebildete Studierende ihr Wissen letztlich auch beruflich einsetzen können. Empirische Studien zu dieser Fragestellung wären nützlich, um viele offene Fragen zu beantworten – z. B. wie viele Absolventen eines Studiums der Psychologie medienpsychologisch arbeiten, wie viel Prozent der Absolventen in welchen der hier dargestellten Berufe arbeiten und wie die Bezahlung in den einzelnen Berufsbereichen durchschnittlich ausfällt. Die Medienpsychologie ist ein sehr junges Fach (vgl. Kap. 1 zur Geschichte der Medienpsychologie), und das Selbstverständnis des Faches wird laufend diskutiert. Insofern ist eine Studie, die diese Fragen beantwortet, sicher in den nächsten Jahren zu erwarten.

Literaturempfehlungen

Döring, N. & Ingerl, A. (2008). Medienkonzeption. In B. Batinic & M. Appel (Hrsg.), *Medienpsychologie* (S. 403–424). Heidelberg: Springer.
Fink, D. (Hrsg.). (2004). *Management Consulting Fieldbook: Die Ansätze der großen Unternehmensberater* (2. Aufl.). München: Vahlen.

Rochlen, A. B., Zack, J. S. & Speyer, C. (2004). Online Therapy: Review of relevant definitions, debates, and current empirical support. *Journal of Clinical Psychology, 60*(3), 269–283.

Unz, D. (2008). Medienpsychologie und Marketing. In K. Sternberg & M. Amelang (Hrsg.), *Psychologen im Beruf. Anforderungen, Chancen, Perspektiven* (S. 148–159). Stuttgart: Kohlhammer.

Wottawa, H. (2008). Unternehmensberatung. In K. Sternberg & M. Amelang (Hrsg.), *Psychologen im Beruf. Anforderungen, Chancen, Perspektiven* (S. 128–147). Stuttgart: Kohlhammer.

Fragen zur Selbstüberprüfung
1. Was sind typische Berufsfelder, in denen medienpsychologische Inhalte zur Anwendung kommen?
2. Welche Fragen beantwortet die Mediaforschung?
3. Was ist Mediaplanung?
4. Warum kann in der Medienentwicklung medienpsychologisches Wissen relevant sein?
5. Wie wirksam ist die Therapie über das Internet laut den bisherigen Evaluationsstudien? Welche Einschränkungen gelten hier?

Danksagung

Wir möchten folgenden Personen herzlich danken: Mischa Bruno, Wiebke Weidner, Wiebke Maaß, Johanna Kopf, Keno Jüchems, Erik Sobolewski, Josephine Schmitt, Caroline Verfürth, Sabine Reich, Katharina Knop, Tamara Mattheiß, Jens Hartmann, Nicole Krämer, Ulrike Merkel, Maria von Salisch, Bernd Leplow. Danke für Eure Unterstützung und die Geduld mit uns und unserem Buch!

Literatur

Aelker, L. (2012). *Filme gemeinsam erleben. Die Wirkung von Mitzuschauern auf (Meta-)Emotionen aus appraisal-theoretischer Perspektive*. Stuttgart: Kohlhammer.

Ainley, J., Fraillon, J. & Freeman, C. (2007). *National Assessment Program – ICT Literacy Years 6 & 10 Report 2005*. Carlton: Ministerial Council on Education, Employment, Training and Youth Affairs (MCEETYA).

Ainsworth, S. (1999). The functions of multiple representations. *Computers and Education, 33*, 131–152.

Allmendinger, K. (2010). Social presence in synchronous virtual learning situations: The role of nonverbal signals displayed by avatars. *Educational Psychology Review, 22*(1), 41–56.

Amichai-Hamburger, Y., Wainapel, G. & Fox, S. (2002). „On the internet no one knows I'm an introvert": Extraversion, neuroticism, and internet interaction. *CyberPsychology & Behavior, 5*(2), 125–128.

Anderson, C. A. (2000). Violence and aggression. In A. E. Kazdin (Ed.), *Encyclopedia of Psychology* (pp. 162–169). Washington, DC: Oxford University Press and the American Psychological Association.

Anderson, C. A. & Bushman, B. J. (2002). The effects of media violence on society. *Science, 295*, 2377–2378.

Anderson, C. A., & Dill, K. E. (2000). Video games and aggressive thoughts, feelings, and behavior in the laboratory and in life. *Journal of Personality and Social Psychology, 78*(4), 772–790.

Anderson, C. A., Shibuya, A., Ihori, N., Swing, E. L., Bushman, B. J., Sakamoto, A., Rothstein, H. & Saleem, M. (2010). Violent video game effects on aggression, empathy, and prosocial behavior in eastern and western countries: A meta-analytic review. *Psychological Bulletin, 136*, 151–173.

Anderson, J. R. (2001). *Kognitive Psychologie* (3. Auflage). Heidelberg: Spektrum.

Appel, M. & Richter, T. (2007). Persuasive effects of fictional narratives increase over time. *Media Psychology, 10*, 113–134.

Appel, M. & Richter, T. (2010). Transportation and need for affect in narrative persuasion: A mediated moderation model. *Media Psychology, 13*, 101–135.

Appel, M., Mara, M. & Odag, Ö. (2012). Persuasion durch Unterhaltungsangebote. In L. Reinecke & S. Trepte (Hrsg.), *Unterhaltung in neuen Medien. Perspektiven zur Rezeption und Wirkung von Online-Medien und interaktiven Unterhaltungsformaten* (S. 344–360). Köln: Herbert von Halem Verlag.

Baacke, D. (1973). *Kommunikation und Kompetenz. Grundlegung einer Didaktik der Kommunikation und ihrer Medien*. München: Juventa.

Baacke, D. (1999). Medienkompetenz: theoretisch erschließend und praktisch erfolgreich. *Medien & Erziehung, 43*(1), 7–12.

Baddeley, A. (1992). Working memory. *Science, 255*, 556–559.

Bailenson, J. N. (2006). Transformed social interaction in collaborative virtual environments. In P. Messaris & L. Humphreys (Eds.), *Digital media: Transformations in human communication* (pp. 255–264). New York, NY: Peter Lang.

Bailenson, J. N. & Beall, A. C. (2005). Transformed social interaction: Exploring the digital plasticity of avatars. In R. Schroeder & A. Axelsson (Eds.), *Avatars at work and play: Collaboration and interaction in shared virtual environments* (pp. 1–16). Heidelberg: Springer.

Bailenson, J. N., Beall, A. C., Loomis, J., Blascovich, J. & Turk, M. (2004). Transformed social interaction, augmented gaze, and social influence in immersive virtual environments. *Human Communication Research, 31*, 511–537.

Bailenson, J. N. & Blascovich, J. (2004). Avatars. In W. S. Bainbridge (Ed.), *Encyclopedia of Human-Computer Interaction* (pp. 64–68). Great Barrington, MA: Berkshire.

Bailenson, J. N., Yee, N., Blascovich, J. & Guadagno, R. E. (2008). Transformed social interaction in mediated interpersonal communication. In E. A. Konijn, S. Utz, M. Tanis & S. Barnes (Eds.), *Mediated interpersonal communication* (pp. 77–99). New York, NY: Routledge.

Bandura, A. (1965). Vicarious processes: A case of no-trial learning. In L. Berkowitz (Ed.), *Advances in experimental social psychology* (Vol. 2, pp. 1–55). New York, NY: Academic Press.

Bandura, A. (1986). *Social foundations of thought and action: A social cognitive theory*. Englewood Cliffs, NJ: Prentice-Hall.

Bandura, A. (1997). *Self-efficacy: The exercise of control*. New York, NY: Freeman.

Bandura, A. (2001). Social cognitive theory of mass communication. *Media Psychology, 3*, 265–299.

Bandura, A. (2002). Social cognitive theory of mass communication. In J. Bryant & D. Zillmann (Eds.), *Media Effects: Advances in theory and research* (pp. 121–153). Mahwah: Lawrence Erlbaum Associates.

Bane, C. M. H., Cornish, M., Erspamer, N. & Kampman, L. (2010). Self-disclosure through weblogs and perceptions of online and „real-life" friendships among female bloggers. *CyberPsychology, Behavior, and Social Networking, 13*, 131–139.

Banerjee, S. C., Greene, K., Krcmar, M., Bagdasarov, Z. & Ruginyte, D. (2008). The role of gender and sensation seeking in film choice:

Exploring mood and arousal. *Journal of Media Psychology, 20*, 97–105.

Bannert, M., Hildebrand, M. & Mengelkamp, C. (2009). Effects of a metacognitive support device in learning environments. *Computers in Human Behavior, 25*, 829–835.

Bargh, J. A. & McKenna, K. Y. A. (2004). The Internet and social life. *Annual Review of Psychology, 55*, 573–590.

Bartholow, B. D., Bushman, B. J. & Sestir, M. A. (2006). Chronic violent video game exposure and desensitization to violence: Behavioral and event-related brain potential data. *Journal of Experimental Social Psychology, 42*, 532–539.

Bartsch, A., Vorderer, P., Mangold, R. & Viehoff, R. (2008). Appraisal of emotions in media use: Toward a process model of meta-emotion and emotion regulation. *Media Psychology, 11*, 7–27.

Bem, D. (1972). Self-perception theory. In L. Berkowitz (Ed.), *Advances in experimental social psychology* (Vol. 6, pp. 1–62). New York, NY: Academic Press.

Bente, G. & Krämer, N. C. (2011). Virtual gestures. Embodiment and nonverbal behaviour in computer-mediated communication. In A. Kappas & N. C. Krämer (Eds.), *Face-to-face communication over the Internet: Issues, research, challenges* (pp. 176–209). Cambridge, England: Cambridge University Press.

Bente, G., Krämer, N. C. & Eschenburg, F. (2008). Is there anybody out there? Analyzing the effects of embodiment and nonverbal behavior in avatar-mediated communication. In E. Konijn, S. Utz, M. Tanis & S. Barnes (Eds.), *Mediated interpersonal communication* (pp. 131–157). New York, NY: Routledge.

Bente, G., Krämer, N. C. & Petersen, A. (2002). Virtuelle Realitäten als Gegenstand und Methode in der Psychologie. In G. Bente, N. C. Krämer & A. Petersen (Hrsg.), *Virtuelle Realitäten* (S. 1–32). Göttingen: Hogrefe.

Berg, J. H. & Derlega, V. J. (1987). Themes in the study of self-disclosure. In V. J. Derlega (Ed.), *Self-disclosure: Theory, research, and therapy* (pp. 1–8). New York, NY: Plenum Press.

Bergmann, K., Kopp, S. & Eyssel, F. (2011). Individualized gesturing outperforms average gesturing – Evaluating gesture production in virtual humans. In H. Högni Vilhjálmsson, S. Kopp, S. Marsella & K. R. Thórisson (Eds.), *Intelligent virtual agents. 10th International Conference, IVA 2011, September 15-17, 2011. Proceedings.* (pp. 104–117). Berlin: Springer.

Bierhoff, H.-W. (2009). *Psychologie prosozialen Verhaltens: Warum wir anderen helfen*. Stuttgart: Kohlhammer.

Bilandzic, H. & Busselle, R. W. (2008). Transportation and transportability in the cultivation of genre-consistent attitudes and estimates. *Journal of Communication, 58*, 508–529.

Biocca, F., David, P. & West, M. (1994). Continuous response measurement (CRM): A computerized tool for research on the cognitive processing of communication messages. In A. Lang (Ed.), *Measuring psychological responses to media messages* (pp. 15–64). Hillsdale, NJ: Lawrence Erlbaum Associates.

Biocca, F., Harms, C. & Burgoon, J. K. (2003). Towards a more robust theory and measure of social presence: Review and suggested criteria. *Presence: Teleoperators and Virtual Environments, 12*, 456–480.

Bischoff, S. & Schröter, M. (2000). Förderung der Medienkompetenz und Internet-Nutzung von Senioren durch die Senior-Info-Mobil-Aktionswochen. Abschlussbericht zu den von ISAB 1998–99 durchgeführten Aktionswochen in 14 Kommunen mit Seniorenbüros. ISAB-Schriftenreihe: Berichte aus Forschung und Praxis Nr 62. www.isab-institut.de/upload/projekte/03_demographischer_wandel/0_3_1_15_Senior_info_mobil/Nr62–SIM-Abschlussbericht.pdf. Stand: 22.08.2012

Blascovich, J., Loomis, J., Beall, A. C., Swinth, K. R., Hoyt, C. & Bailenson, J. N. (2002). Immersive virtual environment technology as a methodological tool for social psychology. *Psychological Inquiry, 13*, 103–124.

Bodemer, D., Ploetzner, R., Bruchmüller, K. & Häcker, S. (2005). Supporting learning with interactive multimedia through active integration of representations. *Instructional Science, 33*, 73–95.

Bodemer, D., Ploetzner, R., Feuerlein, I. & Spada, H. (2004). The active integration of information during learning with dynamic and interactive visualisations. *Learning and Instruction, 14*, 325–341.

Bohner, G. & Dickel, N. (2011). Attitudes and attitude change. *Annual Review of Psychology, 62*, 391–417.

Bolls, P., Lang, A. & Potter, R. F. (2001). The effects of message valence and listener arousal on attention, memory, and facial muscular responses to radio advertisements. *Communication Research, 28*, 627–651.

Bommert, H., Dirksmeyer, C. & Kleyböcker, R. (2000). *Differentielle Medienrezeption*. Münster: LIT Verlag.

Bommert, H., Weich, K.-W. & Dirksmeier, C. (1995). *Rezipientenpersönlichkeit und Medienwirkung – Der persönlichkeitsorientierte Ansatz der Medienwirkungsforschung*. Hamburg: LIT Verlag.

Bonfadelli, H., Bucher, P., Paus-Hasebrink, I. & Süss, D. (Hrsg.). (2004). *Medienkompetenz und Medienleistungen in der Informationsgesellschaft. Beiträge einer internationalen Tagung*. Zürich: Verlag Pestalozzianum.

Bortz, J. & Döring, N. (2006). *Forschungsmethoden und Evaluation für Human- und Sozialwissenschaftler*. Berlin: Springer.

Boucsein, W. (1988). *Elektrodermale Aktivität. Grundlagen, Methoden und Anwendungen*. Berlin: Springer.

Boucsein, W. & Thum, M. (1996). Multivariate psychophysiological analysis of stress-strain processes under different break schedules during computer work. In J. Fahrenberg & M. Myrtek (Eds.), *Ambulatory assessment* (pp. 305–313). Seattle: Hogrefe & Huber.

Bradley, M. M. & Lang, P. J. (1994). Measuring emotion: The self-assessment manikin and the semantic differential. *Journal of Behavior Therapy and Experimental Psychiatry, 25*(1), 49–59.

Bradley, N. & Poppen, W. (2003). Assistive technology, computers and internet may decrease sense of isolation for homebound elderly and disabled persons. *Technology and Disability, 15*, 19–25.

Brosius, H.-B. (1998). Politikvermittlung durch Fernsehen: Inhalte und Rezeption von Fernsehnachrichten. In W. Klingler, G. Roters & O. Zöllner (Hrsg.), *Fernsehforschung in Deutschland: Themen – Akteure – Methoden* (S. 283–301). Baden-Baden: Nomos.

Brosius, H.-B. & Weaver, J. B. (1994). *Der Einfluß der Persönlichkeitsstruktur von Rezipienten auf Film- und Fernsehpräferenzen in Deutschland und den USA*. In L. Bosshart & W. Hoffmann-Riem (Hrsg.), Medienlust und Mediennutz (S. 284–300). München: Ölschläger.

Brown, J. D. (2009). Media and sexuality. In R. L. Nabi & M. B. Oliver (Eds.), *The SAGE handbook of media processes and effects* (pp. 409–422). Thousand Oaks, CA: SAGE.

Bruhn, M. (2009). *Marketing: Grundlagen für Studium und Praxis* (9. Aufl.). Wiesbaden: Gabler.

Bruns, T. & Praun, N. (2002). *Biofeedback*. Frankfurt: Vandenhoeck & Ruprecht.

Bryant, J. & Zillmann, D. (1984). Using television to alleviate boredom and stress: Selective exposure as a function of inducing excitational states. *Journal of Broadcasting, 28*, 1–20.

Bushman, B. J. (1998). Priming effects of media violence on the accessibility of aggressive constructs in memory. *Personality and Social Psychological Bulletin, 24*, 537–545.

Bushman, B. J. & Anderson, C. A. (2009). Comfortably numb: Desensitizing effects of violent media on helping others. *Psychological Science, 20*, 273–277.

Bushman, B. J., Huesmann, L. R. & Whitaker, J. L. (2009). Violent media effects. In R. L. Nabi & M. B. Oliver (Eds.), *The SAGE handbook of media processes and effects* (pp. 299–312). Thousand Oaks, CA: SAGE.

Buss, A. H. & Perry, M. P. (1992). The aggression questionnaire. *Journal of Personality and Social Psychology, 63*, 452–459.

Buß, M. & Gumbl, H. (2008). Fernsehen. In G. Frey-Vor, G. Siegert & H.-J. Stiehler (Hrsg.), *Mediaforschung* (S. 147–172). Konstanz: UVK.

Busselle, R. & Bilandzic, H. (2008). Fictionality and perceived realism in experiencing stories: A model of narrative comprehension and engagement. *Communication Theory, 18*, 255–280.

Busselle, R. & Bilandzic, H. (2009). Measuring narrative engagement. *Media Psychology, 12*, 321–347.

Butt, S. & Phillips, J. G. (2008). Personality and self-reported mobile phone use. *Computers in Human Behavior, 24*, 346–360.

Cacioppo, J. T. & Petty, R. E. (1982). The need for cognition. *Journal of Personality and Social Psychology, 42*, 116–131.

Cacioppo, J. T. & Tassinary, L. G. (1990). Psychophysiology and psychophysiological inference. In J. T. Cacioppo & L. G. Tassinary (Eds.), *Principles of psychophysiology: Physical, social, and inferential elements* (pp. 3–33). New York, NY: Cambridge University Press.

Cameron, L., Wise, S. L. & Lottridge, S. M. (2007). The development and validation of the Information Literacy Test. *College & Research Libraries, 68*(3), 229–237.

Cantor, J. (2002). Fright reactions to mass media. In J. Bryan & D. Zillmann (Eds.), *Media effects: Advances in theory and research* (pp. 287–306). Mahwah: Lawrence Erlbaum Associates.

Cantril, H. & Allport, G. W. (1935). *The psychology of radio*. New York, NY: Harper & Brothers Publishers.

Carletta, J., Hill, R. L., Nicol, C., Taylor, T., de Ruiter, J. P. & Bard, E. G. (2010). Eyetracking for two-person tasks with manipulation of a virtual world. *Behavior Research Methods, 24*(1), 254–265.

Carlson, J. R. & Zmud, R. W. (1994). Channel expansion theory: A dynamic view of media and information richness perceptions. In D. P. Moore (Ed.), *Academy of Management: Best papers proceedings* (pp. 280–284). Madison, WI: Omnipress.

Carnagey, N. L., Anderson, C. A. & Bushman, B. J. (2007). The effect of video game violence on physiological desensitization to real-life violence. *Journal of Experimental Social Psychology, 43*, 489–496.

Chen, H. (2006). Flow on the net-detecting Web users' positive affects and their flow states. *Computers in Human Behavior, 22*, 221–233.

Christofides, E., Muise, A. & Desmarais, S. (2009). Information disclosure and control on Facebook: Are they two sides of the same coin or two different processes? *CyberPsychology & Behavior, 12*(3), 341–345.

Clark, J. M. & Paivio, A. (1991). Dual coding theory and education. *Educational Psychology Review, 3*(3), 149–210.

Coelho, C. M., Santos, J. A., Silvério, J. & Silva, C. F. (2006). Virtual reality and acrophobia: One-year follow-up and case study. *CyberPsychology & Behavior, 9*(3), 336–341.

Cohen, J. (2001). Defining identification: A theoretical look at the identification of audiences with media characters. *Mass Communication and Society, 4*(3), 245–264.

Cohen, J. (2002). Deconstructing Ally: Explaining viewers' interpretations of popular television. *Media Psychology, 4*, 253–277.

Cohen, J. (2006). Audience identification with media characters. In J. Bryant & P. Vorderer (Eds.), *Psychology of entertainment* (pp. 183–197). Mahwah, NJ: Lawrence Erlbaum Associates.

Cohen, J. (2009). Mediated relationships and media effects: Parasocial interaction and identification. In R. L. Nabi & M. B. Oliver (Eds.), *The SAGE handbook of media processes and effects* (pp. 223–236). Thousan Oaks: SAGE.

Cole, H. & Griffiths, M. D. (2007). Social interactions in massively multiplayer online role-playing gamers. *CyberPsychology & Behavior, 10*(4), 575–583.

Collins, N. L. & Miller, L. C. (1994). Self-disclosure and liking: A meta-analytic review. *Psychological Bulletin, 116*(3), 457–475.

Cook-Cottone, C. & Phelps, L. (2006). Adolescent eating disorders. In G. G. Bear & K. Minke (Eds.), *Childrens' needs III: Development, prevention, and intervention* (pp. 977–988). Washington, DC: National Association of School Psychologists.

Correa, T., Hinsley, A. W. & de Zuniga, H. G. (2010). Who interacts on the Web? The intersection of users' personality and social media use. *Computers in Human Behavior, 26*, 247–253.

Cotton, J. L. (1985). Cognitive dissonance in selective exposure. In D. Zillmann & J. Bryant (Eds.), *Selective exposure to communication* (pp. 11–34). Hillsdale, NJ: Lawrence Erlbaum Associates.

Cozby, P. C. (1973). Self-disclosure: A literature review. *Psychological Bulletin, 79*(2), 73–91.

Daft, R. L. & Lengel, R. H. (1986). Organizational information requirements, media richness and structural design. *Management Science, 32*, 554–571.

DeAndrea, D. C. & Walther, J. B. (2011). Attributions for inconsistencies between online and offline self-presentations. *Communication Research, 38*, 805–825.

Dittmar, H. (2008). *Consumer culture, identity and well-being. The search for the „good life" and the „body perfect".* New York, NY: Psychology Press.

Dixon, T. L. & Azocar, C. L. (2007). Priming crime and activating blackness: Understanding the psychological impact of the overrepresentation of blacks as lawbreakers on television news. *Journal of Communication, 57*, 229–253.

Dixon, T. L. & Linz, D. (2000). Overrepresentation and underrepresentation of African Americans and Latinos as lawbreakers on television news. *Journal of Communication, 50*, 131–154.

Donsbach, W. (1989). Selektive Zuwendung zu Medieninhalten – Einflußfaktoren auf die Auswahlentscheidungen von Rezipienten. *Kölner Zeitschrift für Soziologie und Sozialpsychologie, 30*, 392–405.

Donsbach, W. (1991). *Medienwirkung trotz Selektion. Einflußwirkungen auf die Zuwendung zu Zeitungsinhalten*. Köln: Böhlau.

Eichenberg, C. & Brähler, E. (2012). Internet als Ratgeber bei psychischen Problemen: Bevölkerungsrepräsentative Befragung in Deutschland, o.Jg., online first, *Psychotherapeut*.

Eichenberg, C. & Ott, R. (2012). Klinisch-psychologische Intervention im Internet: Ein Review zu empirischen Befunden störungsspezifischer Angebote. *Psychotherapeut, 57*(1), 58–69.

Ellison, N. B., Vitak, J., Steinfield, C., Gray, R. & Lampe, C. (2011). Negotiating privacy concerns and social capital needs in a social media environment. In S. Trepte & L. Reinecke (Eds.), *Privacy online. Perspectives on privacy and self-disclosure in the social web* (pp. 19–32). Berlin: Springer.

Ellsworth, P. C. & Scherer, K. R. (2003). Appraisal processes in emotion. In R. J. Davidson, K. R. Scherer & H. H. Goldsmith (Eds.), *Handbook of affective sciences* (pp. 572–595). New York, NY: Oxford University Press.

Elmore, R. T., Wildman, R. W. & Westefeld, J. S. (1980). The use of systematic desensitization in the treatment of blood phobia. *Journal of Behavior Therapy and Experimental Psychiatry, 11*, 277–279.

Eron, L. D., Huesmann, L. R., Lefkowitz, M. M. & Walder, L. O. (1972). Does television violence cause aggression? *American Psychologist, 27*, 253–263.

Eveland, W. P., Jr., Shah, D. & Kwak, N. (2003). Assessing causality in the cognitive mediation model. A panel study of motivations, information processing, and learning during campaign 2000. *Communication Research, 30*(4), 359–386.

Eyal, K. & Cohen, J. (2006). When good friends say goodbye: A parasocial breakup story. *Journal of Broadcasting & Electronic Media, 50*, 502–523.

Ferguson, C. J. (2007). Evidence for publication bias in video game violence effects literature: A meta-analytic review. *Aggression and Violent Behavior, 12*, 470–482.

Festinger, L. (1957). *A theory of cognitive dissonance*. Stanford, CA: Stanford University Press.

Fiedler, K. & Bless, H. (2003). Soziale Kognition. In W. Stroebe, K. Jonas & M. Hewstone (Hrsg.), Sozialpsychologie. Eine Einführung (4. Aufl., S. 125–163). Heidelberg: Springer.

Fink, D. (2009). *Strategische Unternehmensberatung*. München: Vahlen.

Finn, S. (1997). Origins of media exposure. Linking personality traits to TV, radio, print, and film use. *Communication Research, 24*(5), 507–529.

Fisch, M. & Gscheidle, C. (2008). Mitmachnetz Web 2.0: Rege Beteiligung nur in Communitys. *Media Perspektiven, o. Jg.,* 7, 356–364.

Forgas, J. P. (2011). Affective influences on self-disclosure: Mood effects on the intimacy and reciprocity of disclosing personal information. *Journal of Personality and Social Psychology, 100*, 449–461.

Fox, J., Ahn, S. J., Janssen, J., Yeykelis, L., Segovia, K., Y. & Bailenson, J. N. (under review). Avatars versus agents: A meta-analysis quantifying the effect of agency.

Fox, J., Arena, D. & Bailenson, J. N. (2009). Virtual Reality. A survival guide for the social scientist. *Journal of Media Psychology, 21*(3), 95–113.

Frey-Vor, G., Siegert, G. & Stiehler, H.-J. (2008). *Mediaforschung*. Konstanz: UVK.

Frindte, W. & Obwexer, I. (2003). Ego-Shooter – Gewalthaltige Computerspiele und aggressive Neigungen. *Zeitschrift für Medienpsychologie, 15*(4), 140–148.

Früh, W. (2002). *Unterhaltung durch das Fernsehen. Eine molare Theorie.* Konstanz: UVK.

Früh, W. (2011). *Inhaltsanalyse. Theorie und Praxis* (7. überarb. Aufl.). Konstanz: UVK Verlagsgesellschaft.

Fulk, J., Schmitz, J. & Steinfield, C. (1990). A social influence model of technology use. In J. Fulk & C. Steinfield (Eds.), *Organizations and communication technology* (pp. 71–94). Newbury Park, CA: SAGE.

Gapski, H. (Hrsg.). (2006). *Medienkompetenzen messen? Verfahren und Reflexionen zur Erfassung von Schlüsselkompetenzen* (Bd. 3). Düsseldorf: kopaed.

Gehrau, V. (2008). Printmedien. In G. Frey-Vor, G. Siegert & H.-J. Stiehler (Hrsg.), *Mediaforschung* (S. 195–211). Konstanz: UVK.

Gentile, D. A., Anderson, C. A., Yukawa, S., Ihori, N., Saleem, M., Ming, L. K., Shibuya, A., Liau, A., Khoo, A., Bushman, B., Huesmann, L. & Sakamoto, A. (2009). The effects of prosocial video games on prosocial behaviors: International evidence from correlational, longitudinal, and experimental studies. *Personality and Social Psychology Bulletin, 35*, 752–763.

Gerjets, P., Scheiter, K., Opfermann, M., Hesse, F. W. & Eysink, T. H. S. (2009). Learning with hypermedia: The influence of representational formats and different levels of learner control on performance and learning behavior. *Computers in Human Behavior, 25*, 360–370.

Ginns, P. (2005). Meta-analysis of the modality effect. *Learning and Instruction, 15*, 313–331.

Ginns, P. (2006). Integrating information: A meta-analysis of the spatial contiguity and temporal contiguity effects. *Learning and Instruction, 16*, 511–525.

Gläser, J. & Laudel, G. (2010). *Experteninterviews und qualitative Inhaltsanalyse als Instrumente rekonstruierender Untersuchungen* (4. Aufl.). Wiesbaden: VS Verlag.

Gleich, U. & Burst, M. (1996). Parasoziale Beziehungen von Fernsehzuschauern mit Personen auf dem Bildschirm. *Medienpsychologie, 8*, 182–200.

Gramann, K. & Schandry, R. (2009). *Psychophysiologie. Körperliche Indikatoren psychischen Geschehens.* Weinheim: Beltz PVU.

Green, M. C. & Brock, T. C. (2000). The role of transportation in the persuasiveness of public narratives. *Journal of Personality and Social Psychology, 79*(5), 701–721.

Green, M. C., Garst, J. & Brock, T. C. (2004). The power of fiction: Determinants and boundaries. In L. J. Shrum (Ed.), *The psychology of entertainment media: Blurring the lines between entertainment and persuasion* (pp. 161–176). Mahwah, NJ: Lawrence Erlbau Associates.

Greenberg, B. S., Eastin, M., Hofschire, L., Lachlan, K. & Brownell, K. D. (2003). Portrayals of overweight and obese individuals on commercial television. *American Journal of Public Health, 93*, 1342–1348.

Greene, K., Derlega, V. J. & Mathews, A. (2006). Self-disclosure in personal relationships. In A. Vangelisti & D. Perlman (Eds.), *The Cambridge handbook of personal relationships* (pp. 409–427). New York, NY: Cambridge University Press.

Greenfield, P. M. (1983). Video games and cognitive skills. In S. S. Baughman & P. D. Clagett (Eds.), *Video games and human development: A research agenda for the 80's* (pp. 19–24). Cambridge: Harvard Graduate School of Education.

Greitemeyer, T. (2012). *Grundriss der Psychologie: Sozialpsychologie.* Stuttgart: Kohlhammer.

Greitemeyer, T. & Osswald, S. (2010). Effects of prosocial video games on prosocial behavior. *Journal of Personality and Social Psychology, 98*, 211–221.

Greitemeyer, T., Osswald, S. & Brauer, M. (2010). Playing prosocial video games increases empathy and decreases schadenfreude. *Emotion, 10*, 796–802.

Groebel, J. (1986). Fernseh- und Videogewalt: Der aktuelle Forschungsstand. *Unterrichtswissenschaft, 2*, 154–162.

Groebel, J. (1988). Sozialisation durch Fernsehgewalt. Ergebnisse einer kulturvergleichenden Studie. *Publizistik, 33*(2–3), 468–481.

Groeben, N. (2002a). Anforderungen an die theoretische Konzeptualisierung von Medienkompetenz. In N. Groeben & B. Hurrelmann (Hrsg.), *Medienkompetenz. Voraussetzungen, Dimensionen, Funktionen* (S. 11–22). Weinheim: Juventa.

Groeben, N. (2002b). Dimensionen der Medienkompetenz: Deskriptive und normative Aspekte. In N. Groeben & B. Hurrelmann (Hrsg.), *Medienkompetenz. Voraussetzungen, Dimensionen, Funktionen* (S. 160–197). Weinheim: Juventa.

Groeben, N. (2004). Medienkompetenz. In R. Mangold, P. Vorderer & G. Bente (Hrsg.), *Lehrbuch der Medienpsychologie* (S. 27–50). Göttingen: Hogrefe.

Groeben, N. & Hurrelmann, B. (Hrsg.). (2002). *Medienkompetenz. Voraussetzungen, Dimensionen, Funktionen*. Weinheim: Juventa.

Groesz, L. M., Levine, M. P. & Murnen, S. K. (2002). The effect of experimental presentation of thin media images on body satisfaction: A meta-analytic review. *International Journal of Eating Disorders, 31*, 1–16.

Groner, R., Raess, S. & Sury, P. (2008). Usability: Systematische Gestaltung und Optimierung von Benutzerschnittstellen. In B. Batinic & M. Appel (Hrsg.), *Medienpsychologie* (S. 425–447). Berlin: Springer.

Guadagno, R. E., Blascovich, J., Bailenson, J. N. & McCall, C. (2007). Virtual humans and persuasion: The effects of agency and behavioral realism. *Media Psychology, 10*(1), 1–22.

Hall, A. (2005). Audience personality and the selection of media and media genres. *Media Psychology, 7*(4), 377–398.

Harrison, K. & Cantor, J. (1997). The relationship between media consumption and eating disorders. *Journal of Communication, 47*(1), 40–67.

Harrison, K. & Hefner, V. (2006). Media exposure, current and future body ideals, and disordered eating among preadolescent girls: A longitudinal panel study. *Journal of Youth and Adolescence, 35*(2), 153–163.

Hartenstein, M., Billing, F., Schawel, C. & Grein, M. (2009). *Karriere machen: der Weg in die Unternehmensberatung 2009/2010. Consulting Case Studies erfolgreich bearbeiten* (8. Aufl.). Wiesbaden: Gabler.

Harter, S. (1978). Effectance motivation reconsidered: Toward a developmental model. *Human Development, 21*(1), 34–64.

Hartmann, T. (2010). *Parasoziale Interaktionen und Beziehungen*. Baden-Baden: Nomos.

Hartmann, T. & Goldhoorn, C. (2011). Horton and Wohl revisited: Exploring viewers' experience of parasocial interaction. *Journal of Communication, 61*, 1104–1121.

Hartmann, T., Schramm, H. & Klimmt, C. (2004). Personenorientierte Medienrezeption: Ein Zwei-Ebenen-Modell parasozialer Interaktion. *Publizistik, 49*(1), 25–47.

Harwood, J. (1999). Age identification, social identity gratifications, and television viewing. *Journal of Broadcasting & Electronic Media, 43*(1), 123–136.

Hasebrink, U. & Domeyer, H. (2010). Zum Wandel von Informationsrepertoires in konvergierenden Medienumgebungen. In M. Hartmann & A. Hepp (Hrsg.), *Die Mediatisierung der Alltagswelt* (S. 49–64). Wiesbaden: VS Verlag.

Hasebrink, U. & Popp, J. (2006). Media repertoires as a result of selective media use. A conceptual approach to the analysis of patterns of exposure. *Communications, 31*(3), 369–387.

Hassenzahl, M., Schöbel, M. & Trautmann, T. (2008). How motivational orientation influences the evaluation and choice of hedonic and pragmatic interactive products: The role of regulatory focus. *Interacting with Computers, 20*, 473–479.

Hastall, M. R. (2009). Informational utility as determinant of media choices. In T. Hartmann (Ed.), *Media choice: A theoretical and empirical overview* (pp. 149–166). New York, NY: Routledge.

Heider, F. (1958). *The psychology of interpersonal relations*. New York, NY: Wiley.

Helliwell, J. F. & Putnam, R. D. (2004). The social context of well-being. *Philosophical Transactions of the Royal Society B: Biological Sciences, 359*, 1435–1446.

Herrenkohl, T. I., Maguin, E., Hill, K. G., Hawkins, J. D., Abbott, R. D. & Catalano, R. F. (2000). Developmental risk factors in youth violence. *Journal of Adolescent Health, 26*, 176–186.

Herzog, H. (1933). Stimme und Persönlichkeit. *Zeitschrift für Psychologie, 130*(3–5), 300–369.

Herzog, H. (1944). What do we really know about daytime serial listeners? In P. F. Lazarsfeld & F. N. Stanton (Eds.), *Radio research 1942–1943* (pp. 3–33). New York, NY: Duell, Sloan and Pearce.

High, A. C. & Caplan, S. E. (2009). Social anxiety and computer-mediated communication during initial interactions: Implications for the hyperpersonal perspective. *Computers in Human Behavior, 25*(2), 475–482.

Hilton, J. L. & von Hippel, W. (1996). Stereotypes. *Annual Review of Psychology, 47*, 237–271.

Hobbs, R. (1998). The seven great debates in the media literacy movement. *Journal of Communication, 48*(1), 16–32.

Hofer, M. (2012). Zur Wirkung der Nutzung von Online-Medien auf das Sozialkapital. In L. Reinecke & S. Trepte (Hrsg.), *Unterhaltung in neuen Medien. Perspektiven zur Rezeption und Wirkung von Online-Medien und interaktiven Unterhaltungsformaten* (S. 289–307). Köln: Herbert von Halem Verlag.

Hong, J.-C. & Liu, M.-C. (2003). A study on thinking strategy between experts and novices of computer games. *Computers in Human Behavior, 19*, 245–258.

Horton, D. & Wohl, R. R. (1956). Mass communication and para-social interaction: Observation on intimacy at a distance. *Psychiatry, 19*(3), 215–229.

Huesmann, L. R. & Kirwil, L. (2007). Why observing violence increases the risk of violent behavior by the observer. In D. J. Flannery, A. T. Vazsonyi & I. Waldman (Eds.), *The Cambridge handbook of violent behavior and aggression* (pp. 545–570). Cambridge, England: Cambridge University Press.

Huettel, S. A., Song, A. W. & McCarthy, G. (2009). *Functional magnetic resonance imaging* (2nd ed.). New York, NY: W. H. Freeman.

Hurrelmann, B. (2002). Medienkompetenz: Geschichtliche Entwicklung, dimensionale Struktur, gesellschaftliche Einbettung. In N. Groeben & B. Hurrelmann (Hrsg.), *Medienkompetenz. Voraussetzungen, Dimensionen, Funktionen* (S. 301–314). Weinheim: Juventa.

Huvila, I., Holmberg, K., Ek, S. & Widén-Wulff, W. (2010). Social capital in Second Life. *Online Information Review, 34*(2), 295–316.

Ignatius, E. & Kokkonen, M. (2007). Factors contributing to verbal self-disclosure. *Nordic Psychology, 59*(4), 362–391.

Irtel, H. (2007). PXLab: The psychological experiments laboratory. www.uni-mannheim.de/fakul/psycho/irtel/pxlab/demos/index_SAM.html. Stand: 22.08.2012

Ivory, J. D. (2006). Still a man's game: Gender representation in online reviews of video games. *Mass Communication & Society, 9*(1), 103–114.

Iyengar, S., Peters, M. D. & Kinder, D. R. (1982). Experimental demonstration of the „not-so-minimal" consequences of television news programs. *American Political Science Review, 76*, 848–858.

Jiang, L. C., Bazarova, N. N. & Hancock, J. T. (2011). The disclosure-intimacy link in computer-mediated communication: An attributional extension of the hyperpersonal model. *Human Communication Research, 37*, 58–77.

Jin, S. A. (2011). 'I feel present. Therefore, I experience flow': A structural equation modeling approach to flow and presence in video games. *Journal of Broadcasting & Electronic Media, 55*(1), 114–136.

Johnson, J. D., Adams, M. S., Hall, W. & Ashburn, L. (1997). Race, media, and violence: Differential racial effects of exposure to violent news stories. *Basic and Applied Social Psychology, 19*, 81–90.

Joinson, A. N. (2001). Self-disclosure in computer-mediated communication: The role of self-awareness and visual anonymity. *European Journal of Social Psychology, 31*, 177–192.

Jucks, R. & Bromme, R. (2011). Perspective taking in computer-mediated instructional communication. *Journal of Media Psychology, 23*(4), 192–199.

Kafai, Y. B. (2008). *Beyond Barbie® and Mortal Kombat: New perspectives on gender and gaming.* Cambridge, MA: MIT Press.

Kato, P. M., Cole, S. W., Bradlyn, A. S. & Pollock, B. H. (2008). A video game improves behavioral outcomes in adolescents and young adults with cancer: A randomized trial. *Pediatrics, 122*(2), e305–e317.

Kiesler, S., Siegel, J. & McGuire, T. W. (1984). Social psychological aspects of computer-mediated communication. *American Psychologist, 39*, 1123–1134.

Kim, J. & Dindia, K. (2011). Online self-disclosure: A review of research. In K. B. Wright & L. M. Webb (Eds.), *Computer-mediated communication in personal relationships* (pp. 156–180). New York, NY: Peter Lang.

Kirsh, S. J. (2003). The effects of violent video games on adolescents: The overlooked influence of development. *Aggression and Violent Behavior, 8*, 377–389.

Klimmt, C. (2011). *Das Elaboration-Likelihood-Modell*. Baden Baden: Nomos.

Klimmt, C. & Blake, C. (2012). Selbstwirksamkeitsmaschinen: Motivationsprozesse interaktiver Unterhaltung. In L. Reinecke & S. Trepte (Hrsg.), *Unterhaltung in neuen Medien. Perspektiven zur Rezeption und Wirkung von Online-Medien und interaktiven Unterhaltungsformaten* (S. 65–81). Köln: Herbert von Halem Verlag.

Klimmt, C., Hartmann, T. & Schramm, H. (2006). Parasocial interactions and relationships. In J. Bryant & P. Vorderer (Eds.), *Psychology of entertainment* (pp. 291–313). Mahwah: Lawrence Erlbaum Associates.

Klimmt, C., Hefner, D. & Vorderer, P. (2009). The video game experience as 'true' identification: A theory of enjoyable alterations of players' self perception. *Communication Theory, 19*(4), 351–373.

Klimmt, C., Hefner, D., Vorderer, P., Roth, C. & Blake, C. (2010). Identification with video game characters as automatic shift of self-perceptions. *Media Psychology, 13*(4), 323–338.

Knobloch, S. & Zillmann, D. (2002). Mood management via the digital jukebox. *Journal of Communication, 52*(2), 351–366.

Knobloch-Westerwick, S. (2006). Mood management theory, evidence, and advancements. In J. Bryant & P. Vorderer (Eds.), *Psychology of entertainment* (pp. 239–254). Mahwah, NJ: Lawrence Erlbaum Associates.

Knobloch-Westerwick, S. & Hastall, M. R. (2010). Please your self: Social identity effects on selective exposure to news about in- and out-groups. *Journal of Communication, 60*, 515–535.

Knobloch-Westerwick, S., David, P., Eastin, M. S., Tamborini, R. & Greenwood, D. (2009). Sports spectators' suspense: Affect and uncertainty in sports entertainment. *Journal of Communication, 59*(4), 750–767.

Köhler, T., Kahnwald, N. & Reitmeier, M. (2008). Lehren und Lernen mit Multimedia und Internet. In B. Batinic & M. Appel (Hrsg.), *Medienpsychologie* (S. 477–501). Berlin: Springer.

Kopp, S., Gesellensetter, L., Krämer, N. C. & Wachsmuth, I. (2005). A conversational agent as museum guide – design and evaluation of a real-world application. In T. Panayiotopoulos, J. Gratch, R. Aylett, D. Ballin, P. Olivier & T. Rist (Eds.), *Intelligent virtual agents 2005* (pp. 329–343). Berlin: Springer.

Korzenny, F. (1978). A theory of electronic propinquity: Mediated communication in organizations. *Comunication Research, 5*, 3–24.

Krahé, B. & Möller, I. (2010). Longitudinal effects of media violence on aggression and empathy among German adolescents. *Journal of Applied Developmental Psychology, 31*, 401–409.

Krahé, B., Möller, I., Huesmann, L. R., Kirwil, L., Felber, J. & Berger, A. (2011). Desensitization to media violence: Links with habitual media violence exposure, aggressive cognitions, and aggressive behavior. *Journal of Personality and Social Psychology, 100*, 630–646.

Krämer, N. C. (2008). *Soziale Wirkungen virtueller Helfer. Gestaltung und Evaluation von Mensch-Computer Interaktion*. Stuttgart: Kohlhammer.

Krämer, N. C. & Haferkamp, N. (2011). Online self-presentation: Balancing privacy concerns and impression construction on social networking sites. In S. Trepte & L. Reinecke (Eds.), *Privacy online. Perspectives on privacy and self-disclosure in the social web* (pp. 127–142). Berlin: Springer.

Krämer, N. C., Eimler, S., von der Pütten, A. & Payr, S. (2011). Theory of companions: What can theoretical models contribute to applications and understanding of human-robot interaction? *Applied Artificial Intelligence, 25*, 474–502.

Kraut, R., Patterson, M., Lundmark, V., Kiesler, S., Mukopadhyay, T. & Scherlis, W. (1998). Internet paradox. A social technology that reduces social involvement and psychological well-being? *American Psychologist, 53*(9), 1017–1031.

Kromrey, H. (2006). *Empirische Sozialforschung* (11. Aufl.). Stuttgart: Lucius & Lucius.

Kulms, P., Krämer, N. C., Gratch, J. & Kang, S.-H. (2011). It's in their eyes: A study on female and male virtual humans gaze. In H. Högni Vilhjálmsson, S. Kopp, S. Marsella & K. R. Thórisson (Eds.), *Intelligent virtuale agents. 10th International Conference, IVA 2011, September 15–17, 2011. Proceedings.* (pp. 80–92). Berlin: Springer.

Kunczik, M. & Zipfel, A. (2005). *Publizistik: Ein Studienhandbuch*. Köln: Böhlau.

Lamnek, S. (2005). *Qualitative Sozialforschung*. Weinheim: Beltz.

Lang, A. (1990). Involuntary attention and physiological arousal evoked by structural features and emotional content in TV commercials. *Communication Research, 17*, 275–299.

Lang, A. (2000). The limited capacity model of mediated message processing. *Journal of Communication, 50*(1), 46–70.

Lang, A. (2009). The limited capacity model of motivated mediated message processing. In R. L. Nabi & M. B. Oliver (Eds.), *The SAGE handbook of media processes and effects* (pp. 193–204). Thousand Oaks, CA: SAGE.

Lang, A., Dhillon, K. & Dong, Q. (1995). The effects of emotional arousal and valence on television viewers' cognitive capacity and memory. *Journal of Broadcasting & Electronic Media, 39*, 313–327.

Lang, A., Geiger, S., Strickwerda, M. & Sumner, J. (1993). The effects of related and unrelated cuts on television viewers' attention, processing capacity, and memory. *Communication Research, 20*, 4–29.

Lang, A., Park, B., Sanders-Jackson, A. N., Wilson, B. D. & Wang, Z. (2007). Cognition and emotion in TV message processing: How valence, arousing content, structural complexity, and information density affect the availability of cognitive resources. *Media Psychology, 10*, 317–338.

Langenbucher, W. R. (2008). *Paul Felix Lazarsfeld – Leben und Werk* (Bd. 1). Wien: Braumüller.

Langer, E. (1989). Minding matters: The consequences of mindlessness-mindfulness. In L. Berkowitz (Ed.), *Advances in experimental psychology* (Vol. 22, pp. 137–173). San Diego, CA: Academic Press.

Langer, E. (1992). Matters of mind: Mindfulness/mindlessness in perspective. *Consciousness and Cognition, 1*, 289–305.

Lazarsfeld, P. F., Berelson, B. R. & Gaudet, H. (1944). *The people's choice: How the voter makes up his mind in a presidential campaign.* New York, NY: Duell, Sloan & Pierce.

Leary, M. R. (1993). The interplay of private self-processes and interpersonal factors in self-presentation. In J. Suls (Ed.), *Psychological perspectives on the self* (Vol. 4: The self in social perspective, pp. 127–155). Hillsdale, NJ: Lawrence Erlbaum Associates.

Leary, M. R. & Kowalski, R. M. (1990). Impression management: A literature review and two-component model. *Psychological Bulletin, 107*(1), 34–47.

Lee, E.-J. & Sundar, S. S. (2010). Human-computer interaction. In C. R. Berger, M. E. Roloff & D. R. Roskos-Ewoldsen (Eds.), *The handbook of commmunication science* (2nd ed., pp. 507–523). Los Angeles: SAGE Publications.

Lindsay, J. J. & Anderson, C. A. (2000). From antecedent conditions to violent actions: A general affective aggression model. *Personality and Social Psychology Bulletin, 26*(5), 533–547.

Lombard, M. & Ditton, T. (1997). At the heart of it all: The concept of presence. *Journal of Computer Mediated Communication, 3*(2).

Lück, H. E. (2011). *Geschichte der Psychologie. Strömungen, Schulen, Entwicklungen* (Bd. 5). Stuttgart: Kohlhammer.

Lynn, P. (Ed.). (2009). *Methodology of longitudinal surveys.* Chichester: John Wiley & Son.

Mares, M. L. & Cantor, J. (1992). Elderly viewers responses to televised portrayals of old age. Empathy and mood management versus social comparison. *Communication Research, 19*(4), 459–478.

Mastro, D. E. (2009). Racial/ethnic stereotyping and the media. In R. L. Nabi & M. B. Oliver (Eds.), *The SAGE handbook of media processes and effects* (pp. 377–391). Thousand Oaks, CA: SAGE.

Mayer, R. E. (2001). *Multimedia learning*. Cambridge, England: Cambridge University Press.

Mayer, R. E. (Ed.). (2005). *The Cambridge handbook of multimedia learning*. Cambridge, England: Cambridge University Press.

Mayring, P. (2007). *Qualitative Inhaltsanalyse: Grundlagen und Techniken* (9. Aufl.). Weinheim: Beltz.

McCrae, R. R. & John, O. P. (1992). An Introduction to the five factor model and its application. *Journal of Personality, 60*, 175–215.

McKenna, K. Y. A., Green, A. S. & Gleason, M. E. J. (2002). Relationship formation on the internet: What's the big attraction? *Journal of Social Issues, 58*(1), 9–31.

Medienpädagogischer Forschungsverbund Südwest. (2009). JIM-Studie 2009: Jugend, Information, (Multi-) Media. www.mpfs.de/fileadmin/JIM-pdf09/JIM-Studie2009.pdf. Stand: 22.08.2012

Meyer, D. E. & Schvaneveldt, R. W. (1971). Facilitation in recognizing pairs of words: Evidence of a dependence between retrieval operations. *Journal of Experimental Psychology, 90*, 227–234.

Minsky, M. (1980). Telepresence. *Omni*, June, 45–51.

Miyata, K. & Kobayashi, T. (2008). Causal relationship between internet use and social capital in Japan. *Asian Journal of Social Psychology, 11*, 42–52.

Möhring, W. & Schlütz, D. (2010). *Die Befragung in der Medien- und Kommunikationswissenschaft* (2. Aufl.). Wiesbaden: VS-Verlag.

Möller, I. & Krahé, B. (2009). Exposure to violent video games and aggression in German adolescents: A longitudinal analysis. *Aggressive Behavior, 35*, 75–89.

Moskaliuk, J., Kimmerle, J. & Cress, U. (2012). Collaborative knowledge building with wikis: The impact of redundancy and polarity. *Computers & Education, 58*, 1049–1057.

Mullin, C. R. & Linz, D. (1995). Desensitization and resensitization to violence against women: Effects of exposure to sexually violent films on judgements of domestic violence victims. *Journal of Personality and Social Psychology, 69*, 449–459.

Mummendey, A. (1985). Verhalten zwischen sozialen Gruppen: Die Theorie der sozialen Identität. In D. Frey & M. Irle (Hrsg.), *Theorien der Sozialpsychologie* (Bd. 2, S. 185–216). Bern: Huber.

Mummendey, A. & Otten, S. (2003). Aggressives Verhalten. In W. Stroebe, K. Jonas & M. Hewstone (Hrsg.), *Sozialpsychologie. Eine Einführung* (4. Aufl., S. 353–380). Heidelberg: Springer.

Münsterberg, H. (1916). *The photoplay. A psychological study*. New York, NY: D. Appleton and Company.

Nabi, R. L. (2009). Emotion and media effects. In R. L. Nabi & M. B. Oliver (Eds.), *The SAGE handbook of media processes and effects* (pp. 205– 221). Thousand Oaks, CA: SAGE.

Nakamura, J. & Csikszentmihalyi, M. (2002). The concept of flow. In C. R. Snyder & S. J. Lopez (Eds.), *Handbook of positive psychology* (pp. 89–105). New York, NY: Oxford University Press.

Nass, C. & Moon, Y. (2000). Machines and mindlessness: Social responses to computers. *Journal of Social Issues, 56*, 81–103.

Nass, C. & Steuer, J. (1993). Voices, boxes, and sources of messages: Computers and social actors. *Human Communication Research, 19*, 504–527.

Nass, C., Fogg, B. J. & Moon, Y. (1996). Can computers be teammates? *International Journal of Human-Computer Studies, 45*, 669–678.

Naumann, J., Richter, T. & Groeben, N. (2001). Validierung des Inventars zur Computerbildung (INCOBI) anhand eines Vergleichs von Anwendungsexperten und Anwendungsnovizen. *Zeitschrift für Pädagogische Psychologie, 15*, 219–232.

Neff, M., Toothman, N., Bowmani, R., Fox Tree, J. E. & Walker, M. A. (2011). Don't scratch! Self-adaptors reflect emotional stability. In H. Högni Vilhjálmsson, S. Kopp, S. Marsella & K. R. Thórisson (Eds.), *Intelligent virtuale agents. 10th International Conference, IVA 2011, September 15–17, 2011. Proceedings.* (pp. 398–411). Berlin: Springer.

Neustadtl, A. & Robinson, J. P. (2002). Social contact differences between internet users and nonusers in the General Social Survey. *IT and Society, 1*(1), 73–102.

Newell, P. B. (1994). A systems model of privacy. *Journal of Environmental Psychology, 14*, 65–78.

Nguyen, M., Bin, Y. S. & Campbell, A. (2012). Comparing online and offline self-disclosure: A systematic review. *Cyberpsychology, Behavior and Social Networking, 15*(2), 103–111.

Nie, N. H. (2001). Sociability, interpersonal relations, and the internet: Reconciling conflicting findings. *American Behavioral Scientist, 45*(3), 420–435.

Nieding, G. & Ohler, P. (2006). Der Erwerb von Medienkompetenz zwischen 3 und 7 Jahren. *tv diskurs, 38*(4), 46–51.

Nissen, V. (2007). *Consulting Research. Unternehmensberatung aus wissenschaftlicher Perspektive*. Wiesbaden: Gabler.

O'Keefe, D. (2009). Theories of persuasion. In R. L. Nabi & M. B. Oliver (Eds.), *The SAGE handbook of media processes and effects* (pp. 269–282). Thousand Oaks, CA: SAGE.

Oliver, M. B. (1993a). Adolescents' enjoyment of graphic horror: Effects of viewers' attitudes and portrayals of victim. *Communication Research, 20*, 30–50.

Oliver, M. B. (1993b). Exploring the paradox of the enjoyment of sad films. *Human Communication Research, 19*(3), 315–342.

Oliver, M. B. (1996). Influences of authoritarianism and portrayals of race on caucasian viewers' responses to reality-based crime dramas. *Communication Reports, 9*, 141–150.

Oliver, M. B. & Bartsch, A. (2011). Appreciation of entertainment. The importance of meaningfulness via virtue and wisdom. *Journal of Media Psychology, 23*(1), 29–33.

Oliver, M. B. & Raney, A. (2011). Entertainment as pleasurable and meaningful: Identifying hedonic and eudaimonic motivations for entertainment consumption. *Human Communication Research, 59*, 984–1004.

Oliver, M. B., Weaver, J. B. & Sargent, S. (2000). An examination of factors related to sex differences in enjoyment of sad films. *Journal of Broadcasting & Electronic Media, 44*(2), 282–300.

Osgood, C. E. & Tannenbaum, P. H. (1955). The principle of congruity in the prediction of attitude change. *Psychological Review, 62*, 42–55.

Paechter, M. (2007). Wissensvermittlung, Lernen und Bildung mit Medien. In U. Six, U. Gleich & R. Gimmler (Hrsg.), *Kommunikationspsychologie und Medienpsychologie* (S. 372–387). Weinheim: Beltz.

Pajares, F., Prestin, A., Chen, J. & Nabi, R. L. (2009). Social cognitive theory and media effects. In R. L. Nabi & M. B. Oliver (Eds.), *The SAGE handbook of media processes and effects* (pp. 283–297). Thousand Oaks, CA: SAGE.

Peter, J. (2002). Medien-Priming – Grundlagen, Befunde und Forschungstendenzen. *Publizistik, 47*(1), 21–44.

Peter, J. & Valkenburg, P. M. (2008). Adolescents' exposure to sexually explicit internet material and sexual preoccupancy: A three-wave panel study. *Media Psychology, 11*(2), 207–234.

Peter, J. & Valkenburg, P. M. (2009). Adolescents' exposure to sexually explicit internet material and sexual satisfaction: A longitudinal study. *Human Communication Research, 35*(2), 171–194.

Petersen, L. E. (2005). Der Einfluss von Models in der Werbung auf das Körperselbstbild der Betrachter/innen. *Zeitschrift für Medienpsychologie, 17*, 54–63.

Petty, R. E. & Cacioppo, J. T. (1986). The elaboration likelihood model of persuasion. In L. Berkowitz (Ed.), *Advances in Experimental Social Psychology* (Vol. 19, pp. 124–205). New York, NY: Academic Press.

Petty, R. E. & Wegener, D. T. (1999). The elaboration likelihood model: Current status and controversies. In S. Chaiken & Y. Trope (Eds.), *Dual process theories in social psychology* (pp. 41–72). New York, NY: Guilford Press.

Petty, R. E., Brinol, P. & Priester, J. R. (2009). Mass media attitude change: Implications of the elaboration likelihood model of persuasion. In J. Bryant & M. B. Oliver (Eds.), *Media effects: Advances in theory and research* (3rd ed., pp. 125–164). New York, NY: Routledge.

Petty, R. E., Cacioppo, J. T. & Goldman, R. (1981). Personal involvement as a determinant of argument-based persuasion. *Journal of Personality and Social Psychology, 41*, 847–855.

Petty, R. E., Cacioppo, J. T. & Schumann, D. (1983). Central and peripheral routes to advertising effectiveness: The moderating role of involvement. *Journal of Consumer Research, 10*, 135–146.

Pezoldt, K. & Sattler, B. (2009). *Medienmarketing. Marketingmanagement für werbefinanziertes Fernsehen und Radio*. Stuttgart: Lucius & Lucius.

Pirovsky, W. (2008). Markt- und Meinungsforschung. In K. Sternberg & M. Amelang (Hrsg.), *Psychologen im Beruf. Anforderungen, Chancen, Perspektiven* (S. 105–113). Stuttgart: Kohlhammer.

Pollet, T. V., Roberts, S. G. B. & Dunbar, R. I. M. (2011). Use of social network sites and instant messaging does not lead to increased offline social network size, or to emotionally closer relationships with offline network members. *Cyberpsychology, Behavior, and Social Networking, 14*(4), 253–258.

Potter, R. F., Lang, A. & Bolls, P. D. (2008). Identifying structural features of audio: Orienting responses during radio messages and their impact on recognition. *Journal of Media Psychology, 20*, 168–177.

Potter, W. J. (2008). *Media Literacy* (4th ed.). Los Angeles: SAGE Publications.

Potter, W. J. (2009). Conceptualizing the audience. In R. L. Nabi & M. B. Oliver (Eds.), *The SAGE handbook of media processes and effects* (pp. 19–34). Thousand Oaks, CA: SAGE.

Premack, D. & Woodruff, G. (1978). Does the chimpanzee have a theory of mind? *The Behavioral and Brain Sciences, 4*, 512–526.

Putnam, R. D. (1995). Bowling alone: America's declining social capital. *Journal of Democracy, 6*(1), 65–78.

Putnam, R. D. (2000). *Bowling alone: The collapse and revival of American community*. New York, NY: Simon & Schuster.

Qian, H. & Scott, C. R. (2007). Anonymity and self-disclosure on weblogs. *Journal of Computer-Mediated Communication, 12*(4), article 14.

Quan Haase, A., Wellman, B., Witte, J. & Hampton, K. (2002). Capitalizing on the net: Social contact, civic engagement, and sense of community. In I. B. Wellman & C. Haythornthwaite (Eds.), *The Internet in everyday life* (pp. 291–324). Oxford Blackwell.

Raney, A. A. (2004). Expanding disposition theory: Reconsidering character liking, moral evaluations, and enjoyment. *Communication Theory, 14*, 348–369.

Raney, A. A. (2006). The psychology of disposition-based theories of media enjoyment. In J. Bryant & P. Vorderer (Eds.), *Psychology of entertainment* (pp. 137–150). Mahwah: Lawrence Erlbaum Associates.

Ravaja, N. (2004). Contributions of psychophysiology to media research: Review and recommendations. *Media Psychology, 6*(2), 193–235.

Ravaja, N. (2009). The psychophysiology of digital gaming: The effect of a non co-located opponent. *Media Psychology, 12*(3), 268–294.

Reeves, B. & Nass, C. (1996). *The media equation: How people treat computers, television, and new media like real people and places.* Cambridge: CSLI Publications.

Reger, M. A. & Gahm, G. A. (2009). A meta-analysis of the effects of internet- and computer-based cognitive behavioral treatments of anxiety. *Journal of Clinical Psychology, 65*(1), 53–75.

Reicher, S. D., Spears, R. & Postmes, T. (1995). A social identity model of deindividuation phenomena. In W. Stroebe & M. Hewstone (Eds.), *European reviews of social psychology* (Vol. 6, pp. 161–197). Chichester: Wiley.

Reinecke, L., Klatt, J. & Krämer, N. C. (2011). Entertaining media use and the satisfaction of recovery needs: Recovery outcomes associated with the use of interactive and noninteractive entertaining media. *Media Psychology, 14*, 192–215.

Reinecke, L., Tamborini, R., Grizzard, M., Lewis, R. J., Eden, A. & Bowman, N. D. (2012). Characterizing mood management as need satisfaction: The effects of intrinsic needs on selective exposure and mood repair. *Journal of Communication, 62*, 437–453.

Renner, K.-H., Marcus, B., Machilek, F. & Schütz, S. (2005). Selbstdarstellung und Persönlichkeit auf privaten Homepages. In K.-H. Renner, A. Schütz & F. Machilek (Hrsg.), *Internet und Persönlichkeit* (S. 188–204). Göttingen: Hogrefe.

Rheinberg, F. & Vollmeyer, R. (2003). Flow-Erleben in einem Computerspiel unter experimentell variierten Bedingungen. *Zeitschrift für Psychologie, 211*(4), 161–170.

Richter, T., Naumann, J. & Groeben, N. (2001). Das Inventar zur Computerbildung (INCOBI): Ein Instrument zur Erfassung von Computer Literacy und computerbezogenen Einstellungen bei Studierenden der Geistes- und Sozialwissenschaften. *Psychologie in Erziehung und Unterricht, 48*, 1–13.

Richter, T., Naumann, J. & Horz, H. (2010). Eine revidierte Fassung des Inventars zur Computerbildung (INCOBI-R). *Zeitschrift für Pädagogische Psychologie, 24*(1), 23–37.

Ritterfeld, U., Cody, M. & Vorderer, P. (Eds.). (2009). *Serious Games: Mechanisms and effects.* New York, NY: Routledge.

Rivenburgh, N. K. (2000). Social Identity Theory and news portrayals of citizens involved in international affairs. *Media Psychology, 2*(4), 303–329.

Rochlen, A. B., Zack, J. S. & Speyer, C. (2004). Online therapy: Review of relevant definitions, debates, and current empirical support. *Journal of Clinical Psychology, 60*(3), 269–283.

Rosenbaum, J. E., Beentjes, J. W. J. & Konig, R. P. (2008). Mapping media literacy. Key concepts and future directions. In C. S. Beck (Ed.), *Communicaton Yearbook* (Vol. 32, pp. 313–353). New York, NY: Routledge.

Rosenberg, M. J. (1960). An analysis of affective-cognitive consistency. In M. J. Rosenberg, C. I. Hovland, W. J. McGuire, R. P. Abelson & J. W. Brehm (Eds.), *Attitude organization and change* (pp. 15–64). New Haven, CT: Yale University Press.

Roskos-Ewoldsen, D. R. & Roskos-Ewoldsen, B. (2009). Current research in media priming. In R. L. Nabi & M. B. Oliver (Eds.), *The SAGE handbook of media processes and effects* (pp. 177–192). Thousand Oaks, CA: SAGE.

Roskos-Ewoldsen, D. R., Klingler, M. R. & Roskos-Ewoldsen, B. (2007). Media priming: A meta-analysis. In R. W. Preiss, B. M. Gayle, N. Burell, M. Allen & J. Bryant (Eds.), *Mass media effects research: Advances through meta-analysis* (pp. 53–80). Mahwah: Lawrence Erlbaum Associates.

Roskos-Ewoldsen, D. R., Roskos-Ewoldsen, B. & Dillman Carpentier, F. (2009). Media priming: A synthesis. In J. Bryant & M. B. Oliver (Eds.), *Media effects: Advances in theory and research* (3rd ed., pp. 74–93). New York, NY: Routledge.

Ross, C., Orr, E. S., Sisic, M., Arseneault, J. M., Simmering, M. G. & Orr, R. R. (2009). Personality and motivations associated with Facebook use. *Computers in Human Behavior, 25*, 578–586.

Rössler, P. (2010). *Inhaltsanalyse* (2. Aufl.). Konstanz: UVK.

Rössler, P. (2011). *Skalenhandbuch Kommunikationswissenschaft*. Wiesbaden: VS-Verlag.

Rothmund, T. & Gollwitzer, M. (2012). Digitale Spiele und prosoziales Verhalten. In L. Reinecke & S. Trepte (Hrsg.), *Unterhaltung in neuen Medien. Perspektiven zur Rezeption und Wirkung von Online-Medien und interaktiven Unterhaltungsformaten* (S. 326–343). Köln: Herbert von Halem Verlag.

Rothmund, T., Gollwitzer, M. & Klimmt, C. (2011). Of virtual victims and victimized virtues: Differential effects of experienced aggression in video games on social cooperation. *Personality and Social Psychology Bulletin, 37*, 107–119.

Ryan, R. M. & Deci, E. L. (2000). Self-determination theory and the facilitation of intrinsic motivation, social development, and well-being. *American Psychologist, 55*(1), 68–78.

Salomon, G. (1979). *Interaction of media, cognition, and learning*. San Francisco: Jossey-Bass.

Salomon, G. (1984). Television is "easy" and print is "tough": The differential investment of mental effort in learning as a function of perceptions and attributions. *Journal of Educational Psychology, 76*, 647–658.

Sarodnick, F. & Brau, H. (2006). *Methoden der Usability Evaluation. Wissenschaftliche Grundlagen und praktische Anwendung*. Bern: Huber.

Scheck, S., Allmendinger, K. & Hamann, K. (2008). The effects of media richness on multilateral negotiations in a collaborative virtual environment. *Journal of Media Psychology, 20*(2), 57–66.

Scherer, K. (1998). Emotionsprozesse im Medienkontext: Forschungsillustrationen und Zukunftsperspektiven. *Medienpsychologie, 10*(4), 276–293.

Schlenker, B. R. (1980). *Impression management: The self-concept, social identity, and interpersonal relations*. Monterey, CA: Brooks.

Schmidt, J. (2009). *Das neue Netz. Merkmale, Praktiken und Folgen des Web 2.0*. Konstanz: UVK.

Schmitt, M. (2004). Persönlichkeitspsychologische Grundlagen. In R. Mangold, P. Vorderer & G. Bente (Hrsg.), *Lehrbuch der Medienpsychologie* (S. 151–175). Göttingen: Hogrefe.

Scholl, A. (2009). *Die Befragung* (2. Aufl.). Konstanz: UVK.

Schramm, H. (2005). *Mood Management durch Musik. Die alltägliche Nutzung von Musik zur Regulierung von Stimmungen*. Köln: Herbert von Halem Verlag.

Schramm, H. & Oliver, M. B. (2012). Comparing entertainment and emotions. In F. Esser & T. Hanitzsch (Eds.), *Handbook of comparative communication research* (pp. 370–381). Oxford: Routledge.

Schramm, H. & Wirth, W. (2006). Medien und Emotionen. Bestandsaufnahme eines vernachlässigten Forschungsfeldes aus medienpsychologischer Perspektive. *Medien- und Kommunikationswissenschaft, 54*(1), 25–55.

Schramm, H. & Wirth, W. (2010a). Exploring the paradox of sad-film enjoyment: The role of multiple appraisals and meta-appraisals. *Poetics: Journal of Empirical Research on Culture, the Media and the Arts, 38*, 319–335.

Schramm, H. & Wirth, W. (2010b). Testing a universal tool for measuring parasocial interactions across different situations and media. *Journal of Media Psychology, 22*, 26–36.

Schreier, M. (2002). Realität, Fiktion, Virtualität: Über die Unterscheidung zwischen realen und virtuellen Welten. In G. Bente, N. C. Krämer & A. Petersen (Hrsg.), *Virtuelle Realitäten* (S. 33–53). Göttingen: Hogrefe.

Schwab, F. & Unz, D. (2004). Telemetrische Verfahren. In R. Mangold, P. Vorderer & G. Bente (Hrsg.), *Lehrbuch der Medienpsychologie* (S. 229–250). Göttingen: Hogrefe.

Schwan, S. & Riempp, R. (2004). The cognitive benefits of interactive videos: Learning to tie nautical knots. *Learning and Instruction, 14*, 293–305.

Schweiger, W. & Quiring, O. (2007). User-Generated Content auf massenmedialen Websites – eine Spielart der Interaktivität oder etwas völlig anderes? In M. Friedrichsen, W. Mühl-Benninghaus & W. Schweiger (Hrsg.), *Neue Technik, neue Medien, neue Gesellschaft? Ökonomische Herausforderungen der Onlinekommunikation* (S. 97–120). München: Verlag Reinhard Fischer.

Schweizer, K., Gramß, D., Mühlhausen, S. & Vogel-Heuser, B. (2009). Mental models in process visualization – Could they indicate the effectiveness of an operator's training? *Lecture Notes in Computer Science, 5639*, 297–306.

Shapira, N., Barak, A. & Gal, I. (2007). Promoting older adults' wellbeing through internet training and use. *Aging & Mental Health, 11*(5), 477–484.

Sherry, J. (2004). Flow and media enjoyment. *Communication Theory, 14*(4), 328–347.

Shiraev, E. (2011). *A history of psychology. A global perspective.* Thousand Oaks, CA: SAGE.

Siegert, G. & Brecheis, D. (2010). *Werbung in der Medien- und Informationsgesellschaft. Eine kommunikationswissenschaftliche Einführung* (2. Aufl.). Wiesbaden: VS-Verlag.

Sigurdsson, J. F., Gudjonsson, G. H., Bragason, A. V., Kristjansdottir, E. & Sigfusdottir, I. D. (2006). The role of violent cognition in the relationship between personality and the involvement in violent films and computer games. *Personality and Individual Differences, 41*(2), 381–392.

Simons, R., Detenber, B., Cuthbert, B. N., Schwartz, D. D. & Reiss, J. A. (2003). Attention to television: Alpha power and its relationship to image motion and emotional content. *Media Psychology, 5*(3), 283–301.

Singhal, A. & Rogers, E. M. (2002). A theoretical agenda for entertainment-education. *Communication Theory, 12*, 117–135.

Six, U., Gleich, U. & Gimmler, R. (Hrsg.). (2007). *Kommunikationspsychologie und Medienpsychologie.* Weinheim: Beltz PVU.

Slater, M. D. (2003). Alienation, aggression, and sensation seeking as predictors of adolescent use of violent film, computer, and website content. *Journal of Communication, 53*(1), 105–121.

Slater, M. D. (2007). Reinforcing spirals: The mutual influence of media selectivity and media effects and their impact on individual behavior and social identity. *Communication Theory, 17*(3), 281–303.

Slater, M. D., Henry, K. L., Swaim, R. C. & Anderson, L. L. (2003). Violent media content and aggressiveness in adolescents: A downward spiral model. *Communication Research, 30*, 713 – 736.

Smith, S. L., Lachlan, K. & Tamborini, R. (2003). Popular video games: Quantifying the presentation of violence and its context. *Journal of Broadcasting & Electronic Media, 47*(1), 58–76.

Smith, S. L., Lachlan, K., Pieper, K. M., Boyson, A. R., Wilson, B. J., Tamborini, R. & Weber, R. (2004). Brandishing guns in American media: Two studies examining how often and in what context firearms appear on television and in popular video games. *Journal of Broadcasting & Electronic Media, 48*(4), 584–606.

Spears, R. & Lea, M. (1994). Panacea or panopticum? The hidden power in computer-mediated communication. *Communication Research, 21*(4), 427–459.

Spears, R., Lea, M. & Lee, S. (1990). De-individuation and group polarization in computer-mediated communication. *British Journal of Social Psychology, 29*, 121–134.

Spitzer, B. L., Henderson, K. A. & Zivian, M. T. (1999). Gender differences in population versus media body sizes: A comparison over four decades. *Sex Roles, 40*, 545–565.

Sproull, L., Subramani, M., Kiesler, S., Water, K. & Walker, J. H. (1996). When the interface is a face. *Human Computer Interaction, 11*, 97–124.

Steinfield, C., Ellison, N. B. & Lampe, C. (2008). Social capital, self-esteem, and use of online social network sites: A longitudinal analysis. *Journal of Applied Developmental Psychology, 29*, 434–445.

Steinkuehler, C. & Williams, D. (2006). Where everybody knows your (screen) name: Online games as "third places". *Journal of Computer-Mediated Communication, 11*(4), 885–909.

Stemmler, G., Hagemann, D., Amelang, M. & Bartussek, D., (2011). *Differentielle Psychologie und Persönlichkeitsforschung* (7. Aufl.). Stuttgart: Kohlhammer.

Steuer, J. (1992). Defining virtual reality: Dimensions determining telepresence. *Journal of Communication, 42*(4), 73–93.

Sturm, H. (1984). Wahrnehmung und Fernsehen – Die fehlende Halbsekunde. Plädoyer für eine zuschauerfreundliche Fernsehdramaturgie, *o. Jg.*, 1, 58–65.

Suckfüll, M. (1998). Aktivierungswirkungen narrativer Strukturen von Filmen. *Medienpsychologie, 10*(2), 87–109.

Suckfüll, M. (2000). Film analysis and psychophysiology: Effects of moments of impact and protagonists. *Media Psychology, 2*(3), 269–301.

Sum, S., Mathews, M. R., Pourghasem, M. & Hughes, I. (2008). Internet technology and social capital: How the internet affects seniors' social capital and wellbeing. *Journal of Computer-Mediated Communication, 14*, 202–220.

Sum, S., Mathews, R. M., Hughes, I. & Campbell, A. (2008). Internet use and loneliness in older adults. *CyberPsychology & Behavior, 11*(2), 208–211.

Sundar, S. S. (2008). Self as source. Agency and customization in interactive media. In E. A. Konijn, S. Utz, M. Tanis & S. B. Barnes (Eds.),

Mediated interpersonal communication (pp. 59–74). New York, NY: Routledge.

Sundar, S. S. & Nass, C. (2000). Source orientation in human computer interaction: Programmer, networker, or independent social actor? *Communication Research, 27*(6), 683–703.

Sutter, T. & Charlton, M. (2002). Medienkompetenz – einige Anmerkungen zum Kompetenzbegriff. In N. Groeben & B. Hurrelmann (Hrsg.), *Medienkompetenz. Voraussetzungen, Dimensionen, Funktionen* (S. 129–147). Weinheim: Juventa.

Sweller, J., van Merrienboer, J. J. G. & Paas, F. G. W. C. (1998). Cognitive architecture and instructional design. *Educational Psychology Review, 10*, 251–296.

Taddicken, M. & Jers, C. (2011). The uses of privacy online: Trading a loss of privacy for social web gratifications? In S. Trepte & L. Reinecke (Eds.), *Privacy online. Perspectives on privacy and self-disclosure in the social web* (pp. 143–158). Berlin: Springer.

Tajfel, H. (1978). *Differentiation between social groups. Studies in the social psychology of intergroup relations*. London: Academic Press.

Tajfel, H. (1979). Individuals and groups in social psychology. *British Journal of Social and Clinical Psychology, 18*, 183–190.

Tajfel, H. (1981). *Human groups and social categories*. Cambridge, England: Cambridge University Press.

Tamborini, R., Grizzard, M., Bowman, N. D., Reinecke, L., Lewis, R. J. & Eden, A. (2011). Media enjoyment as need satisfaction: The contribution of hedonic and non-hedonic needs. *Journal of Communication, 61*, 1025–1042.

Tamborini, R., Weber, R., Eden, A., Bowman, N. D. & Grizzard, M. (2010). Repeated exposure to daytime soap opera and shifts in moral judgment toward social convention. *Journal of Broadcasting & Electronic Media, 54*(4), 621–640.

Tarrant, M., North, A. C. & Hargreaves, D. J. (2001). Social categorization, self-esteem, and the estimated musical preferences of male adolescents. *The Journal of Social Psychology, 141*(5), 565–581.

Tidwell, L. S. & Walther, J. B. (2002). Computer-mediated communication effects on disclosure, impressions, and interpersonal evaluations. Getting to know one another a bit at a time. *Human Communication Research, 28*(3), 317–348.

Toma, C. L. & Hancock, J. T. (2011). A new twist on love's labor: Self-presentation in online dating profiles. In K. B. Wright & L. M. Webb (Eds.), *Computer-mediated communication in personal relationships* (pp. 41–55). New York, NY: Peter Lang.

Toma, C. L., Hancock, J. T. & Ellison, N. B. (2008). Seperating fact from fiction: An Examination of deceptive self-presentation in online dating profiles. *Personality and Social Psychological Bulletin, 34*(8), 1023–1036.

Trampe, D., Stapel, D. A. & Siero, F. W. (2007). On models and vases: Body dissatisfaction and proneness to social comparison effects. *Journal of Personality and Social Psychology, 92*(1), 106–118.

Trepte, S. (2002). *Der private Fernsehauftritt als Selbstverwirklichung. Die Option des Auftritts als Rezeptionsphänomen und zur Konstruktion des Selbst.* München: Fischer.

Trepte, S. (2004a). Soziale Identität und Medienwahl. Eine binationale Studie zum Einfluss von Gender-Identität und nationaler Identität auf die Auswahl unterhaltender Medieninhalte. *Medien & Kommunikationswissenschaft, 52*(2), 230–249.

Trepte, S. (2004b). Zur Geschichte der Medienpsychologie. In R. Mangold, P. Vorderer & G. Bente (Hrsg.), *Lehrbuch der Medienpsychologie* (S. 3–26). Göttingen: Hogrefe.

Trepte, S. (2005). Daily talk as self-realization: An empirical study on participation in daily talk shows. *Media Psychology, 7*(2), 165–189.

Trepte, S. (2006). Social Identity Theory. In J. Bryant & P. Vorderer (Eds.), *Psychology of entertainment* (pp. 255–271). Mahwah, NJ: Lawrence Erlbaum Associates.

Trepte, S. (2008). Consistency Theories. In W. Donsbach (Ed.), *The International Encyclopedia of Communication* (Vol. 3, pp. 928–932). Oxford: Blackwell.

Trepte, S. & Reinecke, L. (2010a). Avatar creation and video game enjoyment. Effects of life-satisfaction, game competitiveness, and identification with the avatar. *Journal of Media Psychology, 22*(4), 171–184.

Trepte, S. & Reinecke, L. (2010b). Gender und Games – Medienpsychologische Gender-Forschung am Beispiel Video- und Computerspiele. In G. Steins (Hrsg.), *Handbuch Psychologie und Geschlechterforschung* (S. 229–248). Wiesbaden: VS-Verlag.

Trepte, S. & Reinecke, L. (2011a). The pleasures of success: Game-related efficacy experiences as a mediator between player performance and game enjoyment. *Cyberpsychology, Behavior, and Social Networking, 14*, 555–557.

Trepte, S., & Reinecke, L. (Eds.). (2011b). *Privacy online: Perspectives on privacy and self-disclosure in the social web.* Heidelberg: Springer.

Trepte, S., Reinecke, L. & Behr, K.-M. (2008a). Der Beitrag des dynamisch-transaktionalen Ansatzes zur psychologischen Experimentallogik und der Beitrag der Sozialpsychologie zum dynamisch-transaktionalen Ansatz. In C. Wünsch, W. Früh & V. Gehrau (Hrsg.), *Integrative Modelle in der Rezeptions- und Wirkungsforschung: Dynamische und transaktionale Perspektiven* (S. 127–154). München: Fischer Verlag.

Trepte, S., Reinecke, L. & Behr, K.-M. (2008b). Qualitätserwartungen und ethischer Anspruch bei der Lektüre von Blogs und von Tageszeitungen. *Publizistik, 53*(4), 509–534.

Trepte, S., Reinecke, L. & Behr, K.-M. (2009). Creating virtual alter egos or superheroines? Gamers' strategies of avatar creation in terms of gender and sex. *International Journal of Gaming and Computer-Mediated Simulations, 1*(2), 52–76.

Trepte, S., Reinecke, L. & Jüchems, K. (2012). The social side of gaming: How playing online computer games creates online and offline social support. *Computers in Human Behavior, 28*, 832–839.

Trepte, S. & Wirth, W. (2004). Externe versus interne Validität in kommunikationswissenschaftlichen Experimenten. In W. Wirth, E. Lauf & A. Fahr (Hrsg.), *Forschungslogik und -design in der empirischen Kommunikationswissenschaft. Band 1: Einführung, Problematisierungen und Aspekte der Methodenlogik aus kommunikationswissenschaftlicher Perspektive* (S. 60–87). Köln: Herbert von Halem Verlag.

Treumann, K. P., Burkatzki, E., Strotmann, M. & Wegener, C. (2004). Das Bielefelder Medienkompetenz-Modell. Clusteranalytische Untersuchungen zum Medienhandeln Jugendlicher. In H. Bonfadelli, P. Bucher, I. Paus-Hasebrink & D. Süss (Hrsg.), *Medienkompetenz und Medienleistungen in der Informationsgesellschaft. Beiträge einer internationalen Tagung* (S. 35–52). Zürich: Verlag Pestalozzianum.

Turner, J. C. & Onorato, R. S. (1999). Social identity, personality, and the self-concept: A self-categorization perspective. In T. R. Tyler, R. M. Kramer & O. P. John (Eds.), *The psychology of the social self* (pp. 11–46). Mahwah, NJ: Lawrence Erlbaum Associates.

Turner, J. C., Brown, D. & Tajfel, H. (1979). Social comparison and group interest in ingroup favouritism. *European Journal of Social Psychology, 9*, 187–204.

Utz, S. (2012). Der Beitrag von Selbstoffenbarung und Selbstpräsentation zum Unterhaltungserleben bei der Nutzung von sozialen Netzwerkseiten. In L. Reinecke & S. Trepte (Hrsg.), *Unterhaltung in neuen Medien. Perspektiven zur Rezeption und Wirkung von Online-Medien und interaktiven Unterhaltungsformaten* (S. 140–157). Köln: Herbert von Halem Verlag.

Vala, M., Blanco, G. & Paiva, A. (2011). Providing gender to embodied conversational agents. In H. Högni Vilhjálmsson, S. Kopp, S. Marsella & K. R. Thórisson (Hrsg.), *Intelligent virtual agents. 10th international conference, IVA 2011, September 15–17, 2011. Proceedings.* (S. 148–154). Berlin: Springer.

Valenzuela, S., Park, N. & Kee, K. F. (2009). Is there social capital in a social network site?: Facebook use and college students´ life satisfaction, trust, and participation. *Journal of Computer-Mediated Communication, 14*, 875–901.

Valkenburg, P. M. & Peter, J. (2009). The effect of instant messaging on the quality of adolescents' existing friendships: A longitudinal study. *Journal of Communication, 59*, 79–97.

van Eimeren, B. & Frees, B. (2009). Der Internetnutzer 2009 – multimedial und total vernetzt? Ergebnisse der ARD/ZDF-Onlinestudie 2009. *Media Perspektiven, o. Jg.,* 7, 334–348.

van Eimeren, B. & Frees, B. (2010). Ergebnisse der ARD/ZDF-Onlinestudie 2010. Fast 50 Millionen Deutsche online – Multimedia für alle? *Media Perspektiven, o. Jg.,* 7, 334–349.

van Eimeren, B., & Ridder, C.-M. (2011). Trends in der Nutzung und Bewertung der Medien 1970 bis 2010. *Media Perspektiven, o. Jg., 1,* 2–15.

van Someren, M. W., Barnard, Y. F. & Sandberg, J. A. C. (1994). *The think aloud method. A practical guide to modelling cognitive processes.* London: Academic Press.

Vergeer, M. & Pelzer, B. (2009). Consequences of media and internet use for offline and online network capital and well-being. A causal model approach. *Journal of Computer-Mediated Communication, 15,* 189–210.

Vitouch, P. (1980). *Physiologische und psychologische Aspekte des Fernsehens.* Wien: ORF.

Vogel, I. (2007). *Das Sad-Film Paradoxon. Ein theoretischer und empirischer Beitrag zum Anreiz trauriger Filme.* Aachen: Shaker Verlag.

von der Pütten, A. M., Krämer, N. C. & Gratch, J. (2010). How our personality shapes our interactions with virtual characters – implications for research and development. *Lecture Notes in Artificial Intelligence, 6356,* 208–221.

von Salisch, M., Vogelgesang, J., Kristen, A. & Oppl, C. (2011). Preference for violent electronic games and aggressive behavior among children: The beginning of the downward spiral? *Media Psychology, 14,* 233–258.

Vorderer, P. (2006). Kommunikationswissenschaftliche Unterhaltungsforschung: Quo vadis? In W. Wirth, H. Schramm & V. Gehrau (Hrsg.), *Unterhaltung durch Medien* (S. 47–58). Köln: Herbert von Halem Verlag.

Vorderer, P. (2011). What's next? Remarks on the current vitalization of entertainment theory. *Journal of Media Psychology, 22*(1), 60–63.

Vorderer, P. & Hartmann, T. (2009). Entertainment and enjoyment as media effects. In J. Bryant & M. B. Oliver (Eds.), *Media effects: Advances in theory and research* (3rd ed., pp. 532–550). New York, NY: Routledge.

Vorderer, P., Klimmt, C. & Ritterfeld, U. (2004). Enjoyment: At the heart of media entertainment. *Communication Theory, 14*(4), 388–408.

Vorderer, P. & Reinecke, L. (2012). Zwei-Prozess-Modelle des Unterhaltungserlebens: Unterhaltung im Schnittbereich hedonischer und non-hedonischer Bedürfnisbefriedigung. In L. Reinecke & S. Trepte (Hrsg.), *Unterhaltung in neuen Medien. Perspektiven zur Rezeption und Wirkung von Online-Medien und interaktiven Unterhaltungsformaten* (S. 12–29). Köln: Herbert von Halem Verlag.

Vorderer, P. & Trepte, S. (2000). Medienpsychologie. In J. Straub, A. Koschinka & H. Werbik (Hrsg.), *Psychologie in der Praxis. Anwendungs- und Berufsfelder einer modernen Wissenschaft* (S. 705–736). München: dtv.

Vossel, G. & Zimmer, H. (1998). *Psychophysiologie*. Stuttgart: Kohlhammer.

Walther, J. B. (1992). Interpersonal effects in computer-mediated interaction: A relational perspective. *Communication Research, 19*(1), 52–90.

Walther, J. B. (1996). Computer-mediated communication: Impersonal, interpersonal, and hyperpersonal interaction. *Communication Research, 23*(1), 3–43.

Walther, J. B. (2007). Selective self-presentation in computer-mediated communication: Hyperpersonal dimensions of technology, language, and cognition. *Computers in Human Behavior, 23*(5), 2538–2557.

Walther, J. B. (2011). Theories of computer-mediated communication and interpersonal relations. In M. L. Knapp & J. A. Daly (Eds.), *The SAGE handbook of interpersonal communication* (4th ed., pp. 443–479). Thousand Oaks, CA SAGE.

Walther, J. B., Liang, Y. J., DeAndrea, D. C., Tong, S. T., Carr, C. T., Spottswood, E. L. & Amichai-Hamburger, Y. (2011). The effect of feedback on identity shift in computer-mediated communication. *Media Psychology, 14*(1), 1–26.

Watts, F. N. (1979). Habituation model of systematic desensitization. *Psychological Bulletin, 86*, 627–637.

Weaver, J. B. (2000). Personality and entertainment preferences. In D. Zillmann & P. Vorderer (Eds.), *Media entertainment: The psychology of its appeal* (pp. 235–248). Mahwah, NJ: Lawrence Erlbaum Associates.

Weber, R. & Behr, K.-M. (2012). Mediale Unterhaltung als Flow-Erlebnis: Neue theoretische Perspektiven. In L. Reinecke & S. Trepte (Hrsg.), *Unterhaltung in neuen Medien. Perspektiven zur Rezeption und Wirkung von Online-Medien und interaktiven Unterhaltungsformaten* (S. 82–99). Köln: Herbert von Halem Verlag.

Weber, R., Ritterfeld, U. & Mathiak, K. (2006). Does playing violent video games induce aggression? Empirical evidence of an functional magnetic resonance imaging study. *Media Psychology, 8*, 39–60.

Weber, R., Tamborini, R., Westcott-Baker, A. & Kantor, B. (2009). Theorizing flow and media enjoyment as cognitive synchroniziation of attentional and reward networks. *Communication Theory, 19*(4), 397–422.

Westera, W., Hommes, M. A., Houtmans, M. & Kurvers, H. J. (2003). Computer-supported training of psycho-diagnostic skills. *Interactive Learning Environments, 11*(3), 215–231.

Whitaker, J., Velez, J. & Knobloch-Westerwick, S. (2012). Mood Management und Selective Exposure in interaktiven Unterhaltungsmedien. In L. Reinecke & S. Trepte (Hrsg.), *Unterhaltung in neuen Medien. Perspektiven zur Rezeption und Wirkung von Online-Medien und interaktiven Unterhaltungsformaten* (S. 30–47). Köln: Herbert von Halem Verlag.

White, R. W. (1959). Motivation reconsidered: The concept of competence. *Psychological Review, 66*(5), 297–330.

White, S. E., Brown, N.J. & Ginsburg, S. L. (1999). Diversity of body types in network television programming: A content analysis. *Communication Research Reports, 16*, 386–392.

Williams, D., Ducheneaut, N., Xiong, L., Zhang, Y., Yee, N. & Nickell, E. (2006). From tree house to barracks: The social life of guilds in World of Warcraft. *Games and Culture, 1*(4), 338–361.

Williams, D., Martins, N., Consalvo, M. & Ivory, J. D. (2009). The virtual census: Representations of gender, race, and age in video games. *New Media & Society, 11*(5), 815–834.

Winterhoff-Spurk, P. (1989). Medienpsychologie: Themen, Befunde und Perspektiven eines expandierenden Forschungsfeldes. *Psychologische Rundschau, 40*, 18–31.

Winterhoff-Spurk, P. (1997). Violence in television news. In P. Winterhoff-Spurk & T. H. v. d. Voort (Eds.), *New horizons in media psychology. Research cooperation and projects in Europe* (pp. 105–115). Opladen: Westdeutscher Verlag.

Winterhoff-Spurk, P. (1998). Psychologie und Medienpsychologie – Perspektiven einer langen Freundschaft? *Medienpsychologie, 4*, 231–240.

Wirth, W. (2006). Involvement. In J. Bryant & P. Vorderer (Eds.), *Psychology of entertainment* (pp. 199–213). Mahwah, NJ: Lawrence Erlbaum Associates.

Wirth, W. (2012). Präsenzerleben und Involvement in Neuen Medien. In L. Reinecke & S. Trepte (Hrsg.), *Unterhaltung in neuen Medien. Perspektiven zur Rezeption und Wirkung von Online-Medien und interaktiven Unterhaltungsformaten* (S. 100–121). Köln: Herbert von Halem Verlag.

Wirth, W. & Schramm, H. (2005). Media and emotions. *Communication Research Trends, 24*(3), 3–25.

Wirth, W., Hartmann, T., Böcking, S., Vorderer, P., Klimmt, C., Schramm, H., Saari, T., Laarni, J., Ravaja, N., Gouveia, F. R., Biocca, F., Sacau, A., Jäncke, L., Baumgartner, T. & Jäncke, P. (2007). A process model of the formation of spatial presence experiences. *Media Psychology, 9*(3), 493–525.

Wirth, W., Hofer, M. & Schramm, H. (2012). The role of emotional involvement and trait absorption in the formation of spatial presence. *Media Psychology, 15*, 19–43.

Wirtz, B. W. (2006). *Medien- und Internetmanagement* (5. Aufl.). Wiesbaden: Gabler.

Wise, S. L., Cameron, L., Yang, S.-T. & Davis, S. (2009). *Information literacy test: Test development and administration manual*. Harrisonburg, VA: The Center for Assessment & Research Studies.

Yao, M. Z., Mahood, C. & Linz, D. (2010). Sexual priming, gender stereotyping, and likelihood to sexually harass: Examining the cognitive effects of playing a sexually-explicit video game. *Sex Roles, 62*, 77–88.

Yee, N. & Bailenson, J. (2007). The proteus effect: The effect of transformed self-representation on behavior. *Human Communication Research, 33*, 271–290.

Zahn, C., Krauskopf, K., Hesse, F. W. & Pea, R. (2012). How to improve collaborative learning with video tools in the classroom? Social vs. cognitive guidance for student teams. *International Journal of Computer-Supported Collaborative Learning, 7*, 259–284.

Zillmann, D. (1983). Transfer of excitation in emotional behavior. In J. T. Cacioppo & R. E. Petty (Eds.), *Social psychophysiology: A sourcebook* (pp. 215–240). New York, NY: Guilford Press.

Zillmann, D. (1988a). Mood management through communication choices. *American Behavioral Scientist, 31*(3), 327–340.

Zillmann, D. (1988b). Mood Management: Using entertainment to full advantage. In L. Donohew, H. E. Sypher & E. T. Higgins (Eds.), *Communication, social cognition, and affect* (pp. 147–171). Hillsdale, NJ: Erlbaum.

Zillmann, D. (1989). Effects of prolonged consumption of pornography. In D. Zillmann & J. Bryant (Eds.), *Pornography: Research advances and policy considerations* (pp. 127–157). Hillsdale, NJ: Lawrence Erlbaum Associates.

Zillmann, D. (1996). The psychology of suspense in dramatic exposition. In P. Vorderer, H. J. Wulff & M. Friedrichsen (Eds.), *Suspense: Conceptualizations, theoretical analyses and empirical explorations* (pp. 199–231). Mahwah, NJ: Lawrence Erlbaum Associates.

Zillmann, D. (2000). Mood management in the context of selective exposure theory. In M. E. Roloff (Ed.), *Communication Yearbook 23* (pp. 123–145). Thousand Oaks, CA: SAGE.

Zillmann, D. (2004). Emotionspsychologische Grundlagen. In R. Mangold, P. Vorderer & G. Bente (Hrsg.), *Lehrbuch Medienpsychologie* (S. 101–128). Göttingen: Hogrefe.

Zillmann, D. (2006a). Dramaturgy for emotions from fictional narration. In J. Bryant & P. Vorderer (Eds.), *Psychology of entertainment* (pp. 215–238). Mahwah, NJ: Lawrence Erlbaum Associates.

Zillmann, D. (2006b). Empathy: Affective reactivity to others' emotional experiences. In J. Bryant & P. Vorderer (Eds.), *Psychology of entertainment* (pp. 151–181). Mahwah, NJ: Lawrence Erlbaum Associates.

Zillmann, D. & Bryant, J. (1985). Affect, mood, and emotion as determinants of selective exposure. In D. Zillmann & J. Bryant (Eds.), *Selective exposure to communication* (pp. 157–189). Hillsdale, NJ.

Zillmann, D. & Bryant, J. (1986). Shifting preferences in pornography consumption. *Communication Research, 13*, 560–578.

Zillmann, D., Aust, C. F., Hoffman, K. D., Love, C. L., Ordman, V. L., Pope, J. T., Seigler, P. D. & Gibson, R. (1995). Radical Rap: Does it further ethnic division? *Basic and Applied Social Psychology, 16*(1&2), 1–25.

Zillmann, D., Taylor, K. & Lewis, K. (1998). News as nonfiction theater: How dispositions toward the public cast of characters affect reactions. *Journal of Broadcasting & Electronic Media, 42*, 153–169.

Zuckerman, M. (1994). *Behavioral expressions and biosocial bases of sensation seeking*. New York, NY: Cambridge University Press.

Zumbach, J. & Mohraz, M. (2008). Cognitive load in hypermedia reading comprehension: Influence of text type and linearity. *Computers in Human Behavior, 24*(3), 875–887.

Stichwortverzeichnis

A

Affekt 43
affektive Dispositionen 90–93, 101–103
Agenten 185, 196
Aggression 140–151
Aggressivität 58
Aktivation siehe Aktiviertheit
Aktiviertheit 42
Aktivierungsschwelle 117
Amount of Invested Mental Effort 86, 87
Anthropomorphismus 100
Appraisal 68
Appraisal-Theorien der Emotion 89–90
appreciation 73
Avatar 83, 104–105, 185, 200

B

Befragung 35
– Längsschnitt- 39
– mündliche 37
– Online- 38
– Panel- 39
– schriftliche 38
Bielefelder Medienkompetenzmodell 207
Big Five 54

C

CAM-Paradigma 189
CAS-Paradigma 189
Channel-Expansion-Theorie 162
chronische Verfügbarkeit 120
Coaching 233
Codalität 84
Cognitive Load 79
Cognitive Load Theory 83
– Extraneous Cognitive Load 84
– Germane Cognitive Load 84
– Intrinsic Cognitive Load 83
Cognitive Theory of Multimedia Learning 85, 88
Computers as social actors 189
Continuous Response Measurement 48
Cues-filtered-out-Ansatz 159

D

Deficiency-Hypothese 193
Design
– between-subjects 32
– within-subjects 32
Dissonanz 60
– kognitive 61
– -reduktion 60
– -theorie 60–61
Dysphorie 92, 95

E

Einstellungen 127
Elaboration-Likelihood-Model 127–133
– periphere Route der Informationsverarbeitung 128
– zentrale Route der Informationsverarbeitung 128

Electronic-Propinquity-Theorie 163
elektrodermale Aktivität 43
Elektroencephalografie 45
Elektrokardiografie 45
Elektrokardiogramm 44
Elektromyografie 46
Emotion 67
emotionale Desensibilisierung 134–137, 143, 147–149, 151
Empathie 91, 99, 151, 154
Entertainment Education 125–126
Erregung 81, 94–95, 134–137
Essstörungen 124
Euphorie 92, 94
Excitation Transfer 94–95
Experiment 29
- Labor- 30
- Selektions- 31
- Wirkungs- 31
externe Repräsentationen 83
Extraversion 55, 56
Eye-Tracking 45

F

Face-to-face-Kommunikation 15
feindseliger Attributionsstil 143
Flow 109–111

G

Gedächtnis
- Arbeitsgedächtnis 78, 85
- assoziatives Gedächtnisnetzwerk 117, 121
- Langzeitgedächtnis 78
General Aggression Model 143–149
gewalthaltige Medien 118, 135, 140–153
Gewissenhaftigkeit 55

H

Habituation 134
Herzfrequenz siehe Herzrate
Herzrate 44
Hyperpersonal Model 164

I

Identifikation 93, 102–105, 111
Impression Management 175
Individualkommunikation 15
Information Utility 70
Inhalteentwicklung 223
Inhaltsanalyse 49
Interaktivität 108
Interview
- halb-strukturiertes 50
- Leitfaden- 50
- offene Fragen 36
Involvement 105–107, 111

K

kognitive Wende 22
Kommunikation
- computervermittelte 158
- Face-to-face- 15
- Individual- 15
- Massen- 14
- medienvermittelte 17
Konsistenztheorien 22
Körperselbstbild 122–123

L

Lack of social context cues-Ansatz 160
Lernmedien 82–88
Limited Capacity Model 82, 84

M

Magnetresonanztomografie 46
Marketing 228
Massenkommunikation 14

Massenmedien 14
Mediaforschung 221
Media Literacy 211
Mediaplanung 223
Media Richness-Ansatz 161
Medien
- -rezeption 17
- -selektion 17
- -wirkung 17
Medienentwicklung 226
Medienkompetenz 205
- Prozessmodell der 208
Medienpsychologie 16
Mensch-Computer-Interaktion 158
mentale Repräsentation 78, 85
mentales Modell 108–109
Messartefakte 48
Meta-Emotionen 71
mindlessness 193
Modalität 84
Model of Social Influence 191
Mood-Management-Theorie 68

N

Narrative Engagement 112
need for cognition 128
Neurotizismus 55
Normerosion 152

O

Obtrusivität 100
Offenheit für Erfahrungen 55, 57
Orientierungsreaktion 80

P

parasocial breakup 101
parasoziale Beziehungen 100–101
parasoziale Interaktionen 98–100, 102–103

Persistenz 100
Persona 98
Persönlichkeit 195
- -variablen 71
Persuasion 105, 127–133
Pornografie 136–137
Presence (Präsenzerleben) 107–109, 111
Priming 116–121, 143, 146
Programmplanung 223
prosoziales Verhalten 151–154
Proteus Effekt 200
psychologische Beratung 233
Psychophysiologie 42
Publication Bias 150
Public Relations 230

Q

Qualitative Verfahren 50

R

Rating 36
reduced social cues siehe Cues-filtered-out-Ansatz
rich-get-richer Effekt 179
Risikobereitschaft siehe Offenheit für Erfahrungen
Robots 186

S

Selbstdarstellung 198 siehe auch Impression Management
Selbstoffenbarung 173
Selbstwirksamkeitserwartung 124–126
Self-Determination Theory 72
sensation seeking 58
Social Capital
- Bonding 179
- Bridging 179

Social Identity Model of De-Individuation Effects (SIDE-Model) 169
Social Influence Model 162
Social Information Processing 163
Soziale Identität 63
soziales Lernen (Modelllernen) 121–124, 142
Sozial-kognitive Theorie 121–127, 143
Spannungserleben 92, 93, 94
Stereotype 119
Stimmungen 67

T

Therapie 233
Think-aloud-Technik 39
Transformed Social Interaction 197, 201
Transportation 112, 131, 132

U

Unterhaltungserleben 93, 97, 112
Unternehmensberatung 232

V

Validität
– Externe 33
– Interne 33
Variable
– abhängige 30
– unabhängige 30
Verträglichkeit 55
Vignetten 33
virtuelle Realität 234
virtuelle Umgebung 186, 197
Vividness 107–108

W

Werbewirkung 130
Werbewirkungsforschung 222
Werbung 230